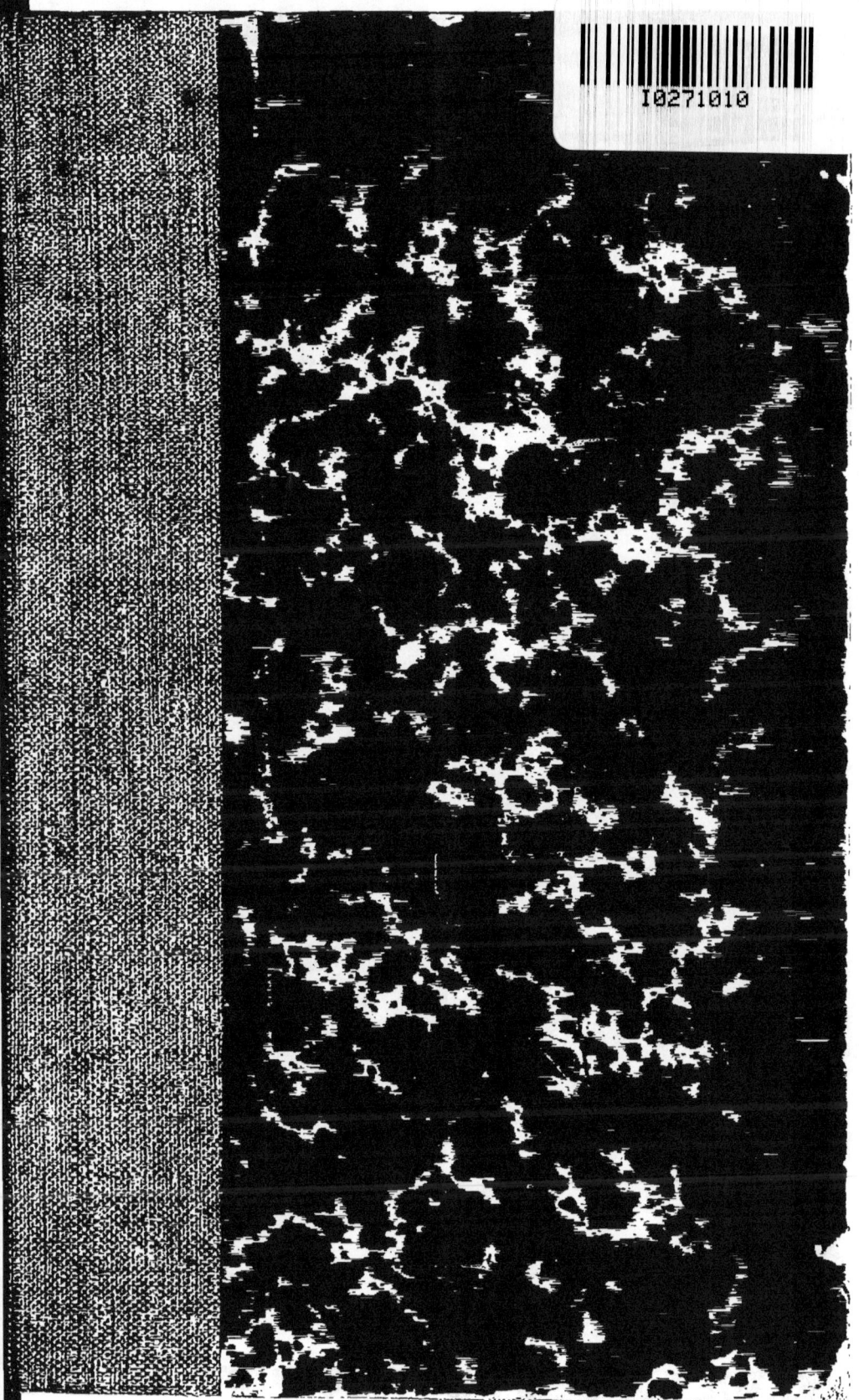

L'ÉCOLE MENAISIENNE

GERBET, SALINIS
ET
ROHRBACHER

PAR

Mgr RICARD

PRÉLAT DE LA MAISON DE SA SAINTETÉ
PROFESSEUR DE THÉOLOGIE AUX FACULTÉS D'AIX ET DE MARSEILLE

Troisième Édition

PARIS
LIBRAIRIE PLON
E. PLON, NOURRIT ET Cie, IMPRIMEURS-ÉDITEURS
RUE GARANCIÈRE, 10

Tous droits réservés

GERBET, SALINIS

ET

ROHRBACHER

L'auteur et les éditeurs déclarent réserver leurs droits de traduction et de reproduction à l'étranger.

Cet ouvrage a été déposé au ministère de l'intérieur (section de la librairie) en juillet 1886.

DU MÊME AUTEUR :

L'ÉCOLE MENAISIENNE.

I. Lamennais (3ᵉ *édition*).
II. Gerbet, Salinis et Rohrbacher (3ᵉ *édition*).
III. Lacordaire (2ᵉ *édition*).
IV. Montalembert.

———

Une victime de Beaumarchais.

Paris. — Typographie de E. Plon, Nourrit et Cⁱᵉ, rue Garancière, 8.

L'ÉCOLE MENAISIENNE

GERBET, SALINIS

ET

ROHRBACHER

PAR

Mgr RICARD

PRÉLAT DE LA MAISON DE SA SAINTETÉ
PROFESSEUR DE THÉOLOGIE AUX FACULTÉS D'AIX ET DE MARSEILLE

Troisième Édition

PARIS

LIBRAIRIE PLON

E. PLON, NOURRIT et Cie, IMPRIMEURS-ÉDITEURS
RUE GARANCIÈRE, 10

Tous droits réservés

PRÉFACE

DE LA DEUXIÈME ÉDITION.

J'ai cru pouvoir rapprocher dans un même volume les deux premiers disciples de l'École Menaisienne, d'autant que, admis les premiers dans l'intimité du maître, ils le suivirent avec une unanimité de vues et de sentiments telle que leur action se confond souvent, comme leur biographie, au point de créer quelques difficultés, quand on veut les distinguer l'une de l'autre. Une fois séparés de Lamennais, tous deux suivent une voie semblable, jusqu'à ce que la mort les réunisse tous deux à peu d'intervalle, après une carrière analogue, et une parfaite union d'esprit et de cœur, dans les milieux et les événements les plus divers.

La précédente édition ne parlait guère que de Gerbet. Celle-ci, en le réunissant à Salinis, les mettra tous deux dans le jour et le rapprochement qui leur conviennent. S'il en résulte certaines répéti-

tions, on voudra bien me les pardonner, elles sont la conséquence inévitable d'un sujet qui se mêle à chaque pas dans une touchante et fraternelle liaison.

Les nombreux amis de cette double mémoire, à Juilly, à Bordeaux, à Amiens, à Perpignan, à Auch, et ailleurs, me sauront peut-être gré d'en avoir fixé, sous un mince volume, les traits épars dans vingt publications, dont ils savent tout le mérite. Le mien, si mon livre en a un, sera de les avoir mises à profit.

P. S. de la 3e édition. — *Pour répondre à un vœu qui nous a paru justifié, nous plaçons, à la suite, l'étude sur* Rohrbacher, *précédemment éditée en un petit volume à part.*

L'ÉCOLE MENAISIENNE

GERBET

I

NAISSANCE, ÉDUCATION, SÉMINAIRES.

Sommaire. — Les montagnards du Jura. — Un cœur de mère. — Première communion. — La voix de Dieu dans le silence. — En rhétorique. — Modestie et douceur. — Sur le chemin du séminaire. — L'esprit de Dieu sur l'Église de France. — L'abbé Astier. — Une victime du doute. — Jouffroy et Gerbet. — Attendons! — Les cinq cents élèves en théologie à Besançon. — La place de Gerbet. — Académie au Séminaire. — Le régime intellectuel des grands Séminaires d'après M. Renan. — M. Olier et Saint-Sulpice. — L'Ange du Séminaire. — Gerbet à Saint-Sulpice. — Gerbet et Salinis. — Les amitiés de séminaire. — Lettre de Lacordaire. — Jonathas et David. — Devant le cercueil d'un ami.

I

Dieu plaça son berceau au sein des montagnes du Jura, « contrée riante et poétique, féconde en grands et beaux « tableaux, qui a son histoire à elle, ses traditions, son « caractère, et qui, du haut de ses montagnes sauvages, « regarde sans envie les montagnes vantées de la Suisse et « les cimes hautaines des Alpes [1] ».

Les montagnards du Jura ont l'âme ardente, un peu

[1] X. Marmier, *Guides Joanne*.

rêveuse, profondément attachée au culte de leurs pères.

Entre tous, ceux de Poligny offrirent de tout temps[1] le type le plus complet du caractère franc-comtois.

C'est à Poligny que naquit, le 5 février 1798, PHILIPPE-OLYMPE GERBET, d'une famille riche et honorée.

Pour qui a connu la limpidité d'âme, la pureté de regard de l'abbé Gerbet, il ne saurait y avoir de doute : une mère pieuse veilla sur son berceau. Rien ne laisse sur la physionomie d'un enfant une empreinte reconnaissable, comme le rayonnement d'un cœur maternel qui vit de la vraie vie, de celle que l'on puise dans l'Eucharistie. Femme de devoir, la mère de Philippe Gerbet veilla elle-même sur les premiers développements du cœur de ses enfants. Femme de foi, elle leur parla de Dieu en termes qui se gravèrent au plus intime de leur conscience. Femme d'exemple, elle leur apprit à conformer toujours leur vie à leurs convictions. Femme forte, elle leur montra comment il faut soutenir les épreuves de Dieu[2].

II

Aussi, quand l'heure de la première communion arriva pour le pieux enfant de cette femme forte, l'enfant sentit, dans son âme, les émotions impérissables qu'il a depuis si magnifiquement décrites[3].

---

[1] A. ROUSSET, *Dictionnaire historique et géographique.*
[2] LADOUE, *Mgr Gerbet et l'École menaisienne,* t. Ier.
[3] GERBET, *Considérations sur le dogme générateur de la piété catholique.*

« La communion, a-t-il dit, s'accomplit comme sous le
« vestibule entr'ouvert du sanctuaire invisible où se con-
« somme l'éternelle union. Tandis que les sens restent dans
« l'ordre actuel, l'âme ressent la présence de l'autre ordre;
« elle y entre, elle prend possession de sa substance, comme
« un homme transporté aux limites de cet étroit univers
« visible, étendant sa main au delà, saisirait déjà les pré-
« mices de l'autre monde. Alors, il se passe en elle de ces
« choses que la parole humaine craint de profaner en les
« exprimant. A ce murmure confus des passions, qui gronde
« encore dans l'âme fidèle comme le dernier bruit des agi-
« tations de la vie, succède tout à coup un grand silence.
« Bientôt une commotion également forte et douce annonce
« la présence d'un Dieu; et soudain les saints désirs, et la
« prière, et la patience, et l'esprit de sacrifice, souvent lan-
« guissants, se raniment : tout ce qu'il y a de divin en elle
« s'allume à la fois. Son regard s'épure et reçoit quelques
« rayons de cette lumière qui éclaire ce qui est au delà du
« cœur. Des émotions indéfinissables, vives comme des
« sensations, calmes comme des idées, attestent l'harmonie
« renaissante de l'esprit et des sens. On éprouve, dans
« mille autres circonstances, les joies de la vertu : c'est là
« seulement qu'on en savoure toute la volupté. Contemplez
« les traits de ce chrétien qui adore en lui son Sauveur :
« ne diriez-vous pas que si cette bouche, fermée par le
« recueillement, s'ouvrait tout à coup, une voix en sorti-
« rait, essayant, d'un ton plaintif encore, le cantique des
« cieux? Elle chanterait comme un ange gémit, elle gémi-
« rait comme chante un mortel. »

C'est au collége de Poligny que Gerbet fit sa première
communion, durant laquelle « il se passa dans son âme de

ces choses que la parole humaine craint de profaner en les exprimant ».

III

Dieu parla à cette jeune âme ce langage mystérieux, que tant de vies sacerdotales se souviennent d'avoir entendu, ce jour-là, tandis que, tout faisant silence autour des facultés du dedans, celles-ci se sentirent tout d'un coup comme divinisées et s'inclinèrent, comme une tendre moisson, sous un souffle subit qui la dompte sans la briser et lui donne, quand elle se relève, une vigueur nouvelle pour atteindre la maturité.

Dès lors, à la tête de ses condisciples, l'élève de Poligny se montrera le « pieusement docte et le doctement pieux [1] » que toute sa vie il sera.

En rhétorique, dit Mgr Besson [2], il rencontre « un pro-« fesseur plein de goût autant que de piété, dont les « exemples valaient les leçons ». Cet homme, dont l'Église de France se doit de conserver le nom avec respect, M. Gauthier, de Largilley, « remarqua le jeune Gerbet entre « tous ses autres élèves, et le forma à l'art de bien faire « comme à celui de bien dire ».

La piété chez le jeune homme se revêtait de modestie et de douceur, les deux caractères distinctifs de celui qu'on a appelé « le Mélanchthon du nouveau Luther », de celui

---

[1] *Pie sciens, scienter pius.* (Saint Augustin.)
[2] Besson, *Étude sur Mgr Gerbet.*

qu'à la Chesnaie Maurice de Guérin nommait « le doux abbé Gerbet ».

A quatorze ans, il avait achevé ses études littéraires.

IV

La voix qui avait parlé au pied de l'autel de sa première communion, il en avait gardé pieusement l'écho au plus intime de son être. Elle le poussa à revoir cet autel et à y réveiller, dans une longue oraison, des souvenirs « précieux, parce qu'il avait été fidèle ».

Quand il se releva, ce fut pour dire adieu à ses maîtres, embrasser sa mère et prendre le chemin du séminaire.

Son principal historien, Mgr de Ladoue, dont nous suivons les données aussi sûres que filialement attendries, introduit ici un dialogue qui rappelle, à s'y méprendre, la manière de Gerbet :

« Je me figure qu'au moment où il s'éloignait ainsi dans son modeste équipage, il eût été rencontré par quelque haut dignitaire de l'Empire, un général, — il y en avait alors un peu sur tous les grands chemins, recrutant des hommes pour combler les vides de la Grande Armée. — En voyant ce jeune homme à la taille élancée, à la physionomie ouverte, il s'approche, espérant peut-être faire une heureuse recrue :

— Où allez-vous ainsi, jeune homme ?

— Monsieur, je vais me faire prêtre.

— Prêtre ! il n'y en a donc pas assez ? Mais, pourquoi voulez-vous vous faire prêtre ?

— Pour enseigner la religion et pour la défendre.

— Vous allez défendre là une cause perdue. Ne savez-vous pas que le Pape est en prison? L'Empereur vient de le faire venir à Fontainebleau, et, après celui-ci, il n'y en aura plus d'autre.

— En êtes-vous bien sûr?

— Vous feriez bien mieux de vous enrôler dans les armées de l'Empereur : d'ici à quelques années, il sera le maître du monde.

— Vous ignorez sans doute, monsieur, que celui à qui Dieu a donné le monde est Jésus-Christ, dont le Pape est le vicaire?

— Vieilleries que cela!... Mais enfin, mon ami, pourquoi voulez-vous vous faire prêtre? Est-ce que vos parents n'ont pas de fortune?

— Mes parents sont riches, et j'aurais pu, en continuant leur honorable profession, vivre dans l'aisance.

— Est-ce qu'on ne vous a pas trouvé assez d'esprit pour faire autre chose?

— Je viens de terminer mes études, et mes maîtres ne m'ont pas trouvé plus bête qu'un autre.

« Ne comprenant rien à ce langage, le général s'éloigne, en murmurant assez haut, pour être entendu :

— Fanatisme! »

Et il disait plus vrai qu'il ne pensait.

Il fallait, en effet, une foi bien robuste, pour pousser vers la milice sacerdotale une âme jeune, intelligente, devant qui s'ouvraient toutes les carrières conduisant à la fortune et aux honneurs[1].

---

[1] LADOUE, *Mgr Gerbet et l'École menaisienne*, t. Ier, p. 15 et suiv.

Mais l'esprit de Dieu remuait l'Église de France, et, sur des points divers, il préparait dans l'ombre la brillante génération sacerdotale, d'où la nôtre est sortie, qui a ressuscité le catholicisme dans le pays et l'a réconcilié avec lui, au prix de tant d'efforts et de luttes contre l'esprit des vieux mécontents et les préjugés des fils de Voltaire.

V

A Besançon, où il arriva en 1812, Gerbet trouva, comme à Poligny, un professeur, qui en fit son disciple chéri et développa les dons merveilleux de cette intelligence d'élite.

Le professeur de philosophie, à l'Académie de Besançon, dont le futur séminariste suivit d'abord les cours, suivant l'usage du moment, était « un des hommes les plus singu- « liers et les plus habiles de son temps[1] ». Il s'appelait l'abbé Astier.

Mgr Besson nous a conservé un portrait achevé de ce maître, qui exerça tant d'action sur le développement intellectuel de Gerbet.

« M. Astier avait plus de cinquante ans, quand il parut pour la première fois dans la chaire de l'Académie. Son extérieur n'imposait pas, mais il attirait. Tous les yeux de son auditoire se fixèrent sur lui avec l'intérêt qu'inspirent un nouveau maître et un nouvel enseignement. C'était un homme d'un brun foncé et d'une petite taille; son caractère

---

[1] BESSON, *loc. cit.*

était plein de vivacité et son esprit plein de saillies ; doué d'une mémoire prodigieuse, il parlait le latin aussi bien que le français, et professait, selon la méthode scolastique, la philosophie de l'ancienne Sorbonne. Sa voix était aiguë et pénétrante, sa conversation instructive et variée. Le prêtre en lui dominait tout le reste.

D'une foi vive, d'une piété profonde, d'une moralité exemplaire, il mêlait à toutes ces qualités quelques excentricités de caractère qui semblaient les relever encore. Ses distractions sont devenues fort célèbres, mais il ne souffrait guère qu'on l'en avertît.

Un jour qu'un chanoine lui fit observer, dans une sacristie, qu'il avait déjà mis trois chasubles l'une sur l'autre, et qu'il était inutile d'en ajouter une quatrième :

— Croyez-vous donc, repartit M. Astier, que je n'aie, comme vous, autre chose à faire qu'à aboyer le parchemin ?

Si sa verve railleuse n'épargnait pas assez les chanoines, elle vengeait en toute occasion l'Église et ses dogmes. Fidèle au costume ecclésiastique comme à toutes les règles de son état, il s'entendit reprocher un jour par un de ses collègues, diacre défroqué, d'être vêtu comme un curé de village :

— Monsieur, répondit-il, apprenez que les curés de village ont plus d'esprit dans leur petit doigt que vous n'en avez dans toute votre personne, et je le sais, car je viens de l'être.

Dans une voiture publique, où un riche électeur avait engagé une querelle avec lui sur la religion, il allait réduire son adversaire au silence, quand une dame l'arrêta, en lui disant à l'oreille :

— Prenez garde : monsieur paye pour plus de 1,000 francs d'impôts.

— Et moi, repartit M. Astier à haute voix, je vous déclare que, si on imposait l'esprit, il ne payerait pas un centime[1].

Ces traits de vivacité spirituelle firent à l'abbé Astier la réputation d'un redoutable jouteur et ne le rendaient que plus cher à ses élèves. Aussi charitable dans ses procédés qu'il était parfois incisif dans ses paroles, il frappait ainsi l'esprit, gagnait le cœur et gravait dans l'âme de ses disciples cette vive et forte empreinte qu'un professeur habile laisse sur tout ce qui l'entoure.

« J'ai peint l'abbé Astier, c'est déjà peindre l'abbé Gerbet. A la différence des élèves qui ne copient que les défauts de leur maître, Gerbet ne prit de M. Astier qu'un goût passionné pour les études philosophiques, avec quelques habitudes familières aux esprits distraits. On se figure difficilement aujourd'hui, avec le discrédit qui a frappé les hautes spéculations et *la méthode actuelle*[2] des professeurs de nos facultés, quels étaient l'avide empressement et les préoccupations studieuses des cent vingt élèves de l'abbé Astier. Ils allaient le chercher à sa demeure, lui faisaient escorte le long des rues et le ramenaient chez lui, non sans s'arrêter autour d'une borne ou sous une porte cochère, pendant des heures entières, pour prolonger, quelques-uns par malice, la plupart par envie de s'instruire, la leçon que le professeur finissait trop tôt à leur gré. Les élèves discutaient, l'abbé Astier s'emportait parfois, le jeune

---

[1] Besson, *Vie de l'abbé Busson*, p. 61.
[2] Nous avons cru devoir atténuer par ces mots l'expression de « MISÉRABLE *auditoire auquel sont réduits* les professeurs de nos Facultés ». Les auditoires qui se pressent autour des chaires du haut enseignement ne nous paraissent plus mériter cette qualification.

Gerbet écoutait surtout. Les promenades du jeudi n'étaient pour le maître amoureux de la vérité que de nouvelles occasions de voir plus familièrement et d'intéresser plus longuement la jeunesse bisontine. Partout M. Gerbet était au premier rang. On l'appelait le bras droit de M. Astier, son élève chéri, l'espoir de la science [1]. »

VI

Parmi les *Victimes du doute,* dont M. l'abbé Baunard a éloquemment décrit les tortures, il en est un plus célèbre que ses autres contemporains, peut-être parce qu'il a analysé lui-même, avec une poignante tristesse, les ravages de ce Doute, qui lui arracha peu à peu ses tranquilles croyances d'autrefois.

« Je n'oublierai jamais, écrit-il, la soirée de décembre
« où le voile, qui me dérobait à moi-même mon incrédulité,
« fut déchiré. J'entends encore mes pas dans cette chambre
« étroite et nue, où, longtemps après l'heure du coucher,
« j'avais continué de me promener... Je suivais, avec
« anxiété, ma pensée qui, de couche en couche, descen-
« dait vers le fond de ma conscience, et, dissipant l'une
« après l'autre les illusions qui m'en avaient jusque-là dérobé
« la vue, m'en rendait de moment en moment les dé-
« tours plus visibles. En vain je m'attachais à ces croyances
« dernières, comme un naufragé aux débris de son na-

---

[1] Besson, *Étude sur Mgr Gerbet.*

« vire... Je sus alors qu'au fond de moi-même il n'y
« avait plus rien qui fût debout... Ce moment fut affreux ;
« et, quand le matin je me jetai épuisé sur mon lit, il me
« sembla sentir ma première vie, si riante et si pleine,
« s'éteindre, et derrière moi s'en ouvrir une autre sombre
« et dépeuplée, où désormais j'allais vivre seul, seul avec
« ma pensée, qui venait de m'y exiler et que j'étais tenté
« de maudire. Les jours qui suivirent furent les plus tristes
« de ma vie. »

Franc-Comtois comme Gerbet, celui qui notait ainsi les déchirements de son âme, jusque-là croyante, avec cette poétique tristesse de l'enfant des montagnes qui chante son mal, Jouffroy s'en revint, un jour de vacances, dans son Jura, et, sur sa route, il rencontra Gerbet. « Jouffroy,
« dit Sainte-Beuve dans ses *Causeries du lundi*[1], Jouffroy,
« dans le premier orgueil de la jeunesse et de la science,
« et l'auréole au front, ne dédaigna point de discuter avec
« le jeune séminariste de la province. »

Le « jeune séminariste de province » était de taille à tenir tête au brillant disciple de Cousin, qui « ne dédaigna pas de discuter avec lui ».

C'était pendant les dangers de l'invasion. La scène se passe dans la montagne, chez un curé, où Gerbet s'était retiré.

L'historien de Gerbet, s'aidant des écrits des deux interlocuteurs, a dramatisé cette entrevue[2], qui se termina par le fameux « Attendons! » remarqué de Sainte-Beuve.

L'élève de l'École normale entre brusquement en matière.

---
[1] Sainte-Beuve, *Causeries du lundi*, t. IV, p. 13.
[2] Ladoue, *op. cit.*, t. Ier, p. 30 et suiv.

— Quelle philosophie vous a-t-on enseignée à Besançon?

— On nous a enseigné la philosophie traditionnelle dans les écoles catholiques.

— Les vieilleries scolastiques!... Est-ce que vous en avez été complétement satisfait?

— Non, il y a bien des choses qui m'ont paru laisser à désirer. J'ai, en particulier, trouvé la manière de procéder défectueuse [1].

— Je ne suis pas surpris que vous n'ayez pas été satisfait : la vraie philosophie n'existait pas encore. J'ai été assez heureux pour assister à la naissance de la philosophie nouvelle. J'ai entendu l'homme de génie, destiné à éclairer son siècle, nous vanter, dans son langage un peu enthousiaste, les gloires méconnues : « La philosophie », nous disait-il, « est la lumière de toutes les lumières, l'autorité « des autorités, l'unique autorité [2]. » Il nous expliquait que, jusqu'à présent, la philosophie n'avait pas pu exister, parce qu'on acceptait aveuglément la solution donnée par la révélation. Or, je vous le demande, croyez-vous que, dans l'époque actuelle, une solution puisse être proposée à l'acceptation des masses, à ce titre qu'elle a été révélée? Croyez-vous qu'elles sentissent du goût pour une doctrine qu'on leur envelopperait de figures? Quant à moi, j'incline fortement pour la négative [3].

— Comment! votre premier pas en philosophie consiste

---

[1] Gerbet, *De l'Enseignement philosophique*. (Art. du *Mémorial Catholique* de 1824, t. Ier, p. 205.)

[2] Cousin, *Cours d'histoire de la philosophie*.

[3] Jouffroy, *Du problème de la destinée humaine*, p. 436 et suiv.

à renverser le seul fondement de toute investigation philosophique! Vous n'êtes donc plus catholique?

— Eh! mon Dieu, je vais vous faire ma profession de foi : elle vous étonnera peut-être; mais, pour peu que vous vouliez suivre le chemin que j'ai suivi, vous arriverez au même résultat. Né de parents pieux dans ce pays où la foi catholique était encore pleine de vie au commencement de ce siècle, j'avais été accoutumé de bonne heure à considérer l'avenir de l'homme et le soin de son âme comme la grande affaire de la vie, et toute la suite de mon éducation avait contribué à fortifier en moi ces dispositions... J'étais heureux de ce bonheur que donne une foi vive et certaine en une doctrine qui résout toutes les grandes questions qui peuvent intéresser l'homme... Je n'oublierai jamais la soirée de décembre, où le voile qui me dérobait à moi-même mon incrédulité fut déchiré[1].

— J'espère bien ne jamais vous suivre dans cette triste voie. Arrière toute philosophie qui n'aurait pas pour résultat de confirmer en moi les convictions catholiques!

— Vos convictions catholiques! Vous ne savez donc pas qu'il n'est plus possible aujourd'hui, en présence des découvertes de la science, de croire ce qu'enseigne l'Église?

— Quelles sont ces découvertes?

— Avez-vous entendu parler du Zodiaque de Denderah?

— Non. C'est la première fois que ce nom est prononcé devant moi.

— Le Zodiaque, que l'on appelle de Denderah parce qu'il a été découvert, pendant les campagnes de l'armée française en Égypte, dans le grand temple de Denderah,

---

[1] JOUFFROY, *Mélanges philosophiques*.

l'ancienne Tentyris, représente l'état du ciel à l'époque où il fut dessiné. Or, pour retrouver cet aspect céleste, il faut remonter à quarante-cinq, à soixante-cinq siècles. Que devient dès lors la chronologie de la Bible?

— Êtes-vous bien sûr de ces calculs? S'il y a désaccord entre la Bible, qui a pour elle une certitude infaillible, et un moment très-incertain, le bon sens dit qu'il faut se prononcer pour la Bible...... Mais, attendons!

« Le jeune séminariste, dit Sainte-Beuve, mis en présence du monument inconnu, ne put que répondre : « Atten-« dons! »

Il eut raison d'attendre.

Lorsque la vraie science eut parlé, il fut constaté que le Zodiaque de Denderah appartenait à l'époque de la domination des Romains en Égypte, c'est-à-dire au premier ou au deuxième siècle de notre ère.

Le normalien et le séminariste se séparèrent.

VII

Celui-ci regagna sa chère solitude studieuse de Besançon.

Cinq cents jeunes gens s'y pressaient autour des chaires de théologie.

Et quels jeunes gens!

« En regardant leurs fronts avec les lumières que projette sur eux un avenir assez rapproché, on peut distinguer, dans leurs rangs pressés, le prélat éminent qui aura pour mission de répandre dans la France du dix-neuvième siècle les vraies doctrines de l'Église romaine, les saints enseignements de la morale, les solides principes du droit canonique, Mgr Gousset.

« A côté de lui, dans l'ombre où il se plaît, un autre prélat, qui exercera aussi sur le clergé français, par la solidité, la profondeur de sa doctrine, une influence salutaire, Mgr Doney, le savant évêque de Montauban.

« Puis, deux autres évêques, dont l'épiscopat sera béni [1]; des apôtres [2], dont l'un recevra la palme du martyre; des écrivains distingués, les abbés Blanc et Receveur, auteurs l'un et l'autre d'ouvrages d'*Histoire ecclésiastique,* d'esprit et de valeur différents; l'abbé Gaume, qui laissera plus que le souvenir de ses livres; d'autres ecclésiastiques, de vertu et de savoir, qui occuperont les postes les plus importants de la hiérarchie ecclésiastique!

« Si vous demandez aux anciens du sanctuaire, écrit l'éloquent évêque de Nîmes [3], quelle était la place de M. Gerbet parmi tant de réputations qui commençaient et d'espérances déjà couronnées par la renommée, aucun d'eux n'hésitera à lui assigner la première place.

« De brillants concours, dont on ne saurait trop déplorer la suppression, terminaient alors l'année scolaire. Quatre prix et huit accessits suffisaient pour animer les meilleurs esprits. Les quatre cent cinquante jeunes gens qui composaient cette grande école pouvaient tous prétendre à ces modestes récompenses; mais, outre les notes obtenues

---

[1] Mgr Mabile, évêque de Versailles, et Mgr Legain, successeur de Mgr Doney à Montauban.
[2] L'abbé Gagelin, mis à mort pour la foi en Cochinchine.
[3] BESSON, *Étude sur Mgr Gerbet.*

pour les réponses de l'année, on tenait compte, pour déterminer le rang, des décisions données par écrit sur des cas de conscience, et surtout d'une argumentation à laquelle les plus forts prenaient part, sous la direction des maîtres et sous les yeux de tout le séminaire.

« M. Gerbet partagea le premier prix en 1816; il l'obtint seul en 1817. Le nom, le talent, le savoir de ses rivaux, qui sont devenus les oracles de l'Église, indiquent assez à quelle hauteur il s'était élevé.

« Les hommes d'élite qui composaient cette brillante phalange, loin de se borner aux études imposées par la règle, se réunissaient chaque mercredi en académie, et employaient ce jour de congé à lire des dissertations, préparées pendant la semaine, sur l'Écriture sainte, sur l'histoire ecclésiastique et sur le droit canon. Les principaux commentaires de la Bible étaient lus, traduits, analysés. Fleury servait de texte aux études historiques; mais, en résumant chacun des livres de son histoire, on en signalait les points douteux ou incomplets. Enfin, la littérature et les langues avaient leur part dans ces modestes travaux, en sorte que l'imagination, le goût, la mémoire, tout ce qui fait l'homme, s'exerçait et se formait à la fois.

« Qu'il était agréable aux maîtres de surprendre, par une visite inattendue, une de ces académies si heureusement composées! Ils trouvaient dans la même séance M. Gousset et M. Blanc, M. Gerbet et M. Dartois... M. Gousset était un casuiste plus habile, M. Blanc un dialecticien plus serré, M. Dartois un linguiste plus érudit; mais M. Gerbet avait plus que personne le don de plaire et de charmer. »

« Il aurait pu être tout ce qu'étaient ses condisciples; mais le poëte avait ses heures, et le malicieux causeur prenait quelquefois le dessus, à moins qu'une distraction ou une rêverie ne le plongeât dans un silence profond ou une étude solitaire. »

VIII

L'observation en a été faite par un ancien séminariste, qui, en perdant le don de la foi, n'a point perdu cette estime et, je l'ose dire, cet amour du séminaire qui survivent à tout, dans le cœur de ceux qui y ont vécu.

« Le régime intellectuel des grands séminaires, a dit M. Renan, est celui de la liberté la plus complète : rien ou presque rien n'étant demandé à l'élève comme devoir rigoureux, il reste en pleine possession de lui-même ; qu'on joigne à cela une solitude absolue, de longues heures de méditation et de silence, la constante préoccupation d'un but supérieur à toutes les vues personnelles, et on comprendra quel admirable milieu de pareilles maisons doivent former pour développer les facultés réfléchies. Un tel genre de vie anéantit l'esprit faible, mais donne une singulière énergie à l'esprit capable de penser par lui-même. On en sort un peu dur, parce qu'on s'est habitué à placer une foule de choses au-dessus des intérêts, des jouissances et même des sentiments individuels ; mais cela même est la condition des grandes choses, qui ne se réalisent jamais sans une forte passion désintéressée. Voilà pourquoi, conclut le célèbre académicien, — bon juge d'ailleurs en cette matière, — voilà pourquoi les Séminaires sont une source si féconde d'esprits distingués, et tiennent une si grande place dans la statistique littéraire¹. »

Lorsque l'Église, réunie en concile à Trente, décréta la fondation des séminaires, Dieu marqua, dans les mystérieux desseins de ses prédestinations, un homme qui devait s'inspirer de la pensée dominante de cette institution sublime et la réaliser dans une association qui n'a eu sa pareille nulle part.

Cet homme fut l'abbé Olier, fondateur du Séminaire, type et modèle de tous les séminaires de la chrétienté, Saint-Sulpice.

Les étrangers qui, visitant la capitale, passent devant ce grand bâtiment sans caractère, que l'on appelle le Séminaire de Saint-Sulpice, ne se doutent guère que, derrière ces murs modernes, subsiste une institution ancienne; que, dans ces bâtiments bourgeois sans style et sans grandeur, s'abrite une des œuvres merveilleuses du grand siècle. Quelle révélation, s'il leur était donné de converser quelques instants avec ces prêtres vénérables qui consument, dans des labeurs obscurs, fatigants par leur éternelle monotonie, des existences de quarante et soixante ans, n'ayant d'autre ambition que de remplir le mieux qu'ils peuvent leur tâche quotidienne, et de donner à l'Église des serviteurs dévoués! Et ces hommes, dont souvent personne ne connaît le nom, en dehors de cette enceinte, ce sont des savants de premier ordre, comme l'abbé Le Hir, des prêtres éminents qui brilleraient sur les plus hauts degrés de la hiérarchie[2]!

[1] E. RENAN, *Essais de morale et de critique* (Étude sur Lamennais), pp. 148 et 149.
[2] LADOUE, *op. cit*, t. Ier, p. 39.

Le but unique et exclusif de Saint-Sulpice, c'est de former le prêtre. Il se refuse à tout autre ministère; il n'a jamais voulu et ne voudra jamais faire que cela. Son idéal, c'est le prêtre, et ce qu'il y a de plus essentiel à l'Église dans le prêtre, le pasteur... Les trois vertus les plus indispensables au prêtre vivant dans le siècle forment aussi l'esprit particulier de Saint-Sulpice : l'éloignement du monde, l'amour des choses saintes et le respect de la hiérarchie.

Cette vénérable association, qui forme ou anime de son souffle le clergé français depuis trois siècles, si semblable à elle-même depuis l'origine, si humble, si faible en apparence, et en réalité si forte, ne repose point sur l'engagement irrévocable des vœux. Le Sulpicien ne connaît d'autre joug que celui de l'Église, d'autre promesse que celle de tout prêtre à son évêque, afin que le spectacle de cette volonté, toujours libre d'elle-même et toujours soumise, serve d'exemple au prêtre qui, dans le monde, doit être à lui-même sa règle et sa sanction.

Les statuts du Sulpicien sont simples, peu nombreux, à la portée de tous, afin que tout prêtre y trouve l'exemplaire de sa vie, et qu'il puise, dans cette espèce de *presbyterium*, le goût et l'amour de la vie commune, autant que le ministère paroissial la rend praticable et possible..... De là vient en partie, au clergé français, formé par la règle ou l'esprit de Saint-Sulpice, l'honneur et l'estime dont il jouit partout [1].

Un ancien élève de Saint-Sulpice a décrit l'accueil qu'on reçoit à Saint-Sulpice, lorsqu'un jeune aspirant à la cléricature s'y présente :

---

[1] CHOCARNE, *Vie du Père Lacordaire*, t. Ier, pp. 66 et 67.

« Vous venez d'entrer, dit-il ; on vous a conduit dans la chambre du supérieur, qui s'est levé pour vous recevoir, qui vous a embrassé, qui a pris la peine de vous donner toutes les indications qui vous sont nécessaires. A la porte, vous rencontrez un séminariste, qui vous prend par le bras comme s'il vous connaissait depuis longtemps, et qui s'empresse de vous déclarer qu'il est tout entier à votre disposition : c'est votre *Ange!* — En effet, à partir de ce moment, il veillera sur vous comme un ange, attentif à prévenir vos moindres désirs, à vous éviter le plus léger souci... Qui peut avoir oublié son *Ange* du séminaire [1] ! »

C'est qu'aussi, sous des dehors empreints d'une réserve empreinte elle-même d'un parfum des anciennes mœurs ecclésiastiques, suave et touchante réminiscence du passé [2], rien, suivant la douce expression du prêtre, qui a fait peut-être jusqu'ici le plus d'honneur à l'institution de M. Olier [3], « rien n'est maternel comme Saint-Sulpice ».

IX

Gerbet avait entrevu de loin tout cela.

L'enseignement élémentaire de Besançon ; le besoin qu'il éprouve, en revêtant enfin l'habit ecclésiastique, — qu'il n'avait point encore pris après trois ans de séminaire, — de se tremper fortement dans l'esprit de son saint état ;

[1] Ladoue, *op. cit.*, t. Ier, p. 40.
[2] Renan, *op. cit.*, p. 158.
[3] Fénelon, *Discours pour l'Épiphanie.*

puis, un secret instinct, qui lui fit comprendre que son ministère s'exercerait toujours hors du pays natal, le portèrent à s'en aller demander au séminaire de Saint-Sulpice ce complément d'éducation cléricale dont il sentait la nécessité.

C'est au commencement de l'année 1818 qu'il frappa à la porte de Saint-Sulpice.

La compagnie obéissait alors au saint abbé Duclaux, et le séminaire avait pour directeur le savant abbé Garnier, ayant sous ses ordres des directeurs comme les Boyer, les Carrière, les Teysseyrre, dont les noms restent si justement vénérés dans le clergé de France.

Lorsque M. Duclaux vit l'abbé Gerbet, son âme, tempérée d'austérité et de tendresse, se sentit attirée vers le jeune Bisontin, dont la physionomie réfléchie et un peu triste révélait une âme d'élite.

Il lui assigna, pour être son *Ange,* un séminariste de haute distinction, en qui le Sulpicien exercé devina le compagnon naturel du nouvel arrivant.

C'était l'abbé de Salinis!

Comme plus tard Lacordaire, Gerbet se mit tout aussitôt à cultiver et à cueillir avec délicatesse cette fleur de l'amitié et à en jouir sans scrupule [1].

Les amitiés de séminaire, d'ailleurs surveillées avec un soin jaloux par les directeurs qui en savent les avantages et aussi les périls, laissent, dans une vie sacerdotale, un parfum pénétrant et suave que rien n'emporte, et qui demeure le meilleur abri aux jours de l'épreuve.

Lacordaire séminariste a décrit le charme de ces amitiés,

---

[1] CHOCARNE, *op. cit.*, t. Ier, p. 74.

contractées sous l'œil de Dieu et scellées, sous le regard de maîtres vénérés, dans le recueillement du sanctuaire.

« Tu ne sais pas un de mes enchantements, écrit-il à
« un de ses amis du dehors, c'est de recommencer ma
« jeunesse, je veux dire cet âge qui est entre l'enfance et
« la jeunesse, avec les forces morales qui appartiennent
« à un âge plus élevé... Au collége, on est encore trop
« enfant, on ne connaît pas le prix des hommes et des
« choses; on manque de trop d'idées pour savoir se choi-
« sir et s'attacher des amis par des liens puissants. Les
« rapports élevés de l'amitié échappent à des âmes si fai-
« bles, à des intelligences si neuves. Ensuite, dans le
« monde, on n'est plus à même de se créer des liaisons
« bien solides, soit que les hommes ne vivent plus si rap-
« prochés, soit que l'intérêt et l'amour-propre se glissent
« jusque dans les unions qui semblent les plus pures, soit
« que le cœur soit moins à l'aise au milieu du bruit et de
« l'activité sociale. L'amitié a bien plus de prise, au milieu
« de cent quarante jeunes gens qui se voient sans cesse,
« qui se touchent par tous les points, qui sont presque
« tous comme des fleurs choisies et transportées dans la
« solitude [1]. »

X

Gerbet, âme tendre, un peu rêveuse, moins faite pour les réalités pratiques de la vie que pour les spéculations

[1] LACORDAIRE, *Lettre à M. Lorain*, 31 janvier 1825.

de l'esprit, avait, plus qu'un autre, besoin d'un ami qui suppléât à ce qui lui manquait, tout en étant en communion d'idées avec les siennes.

Or, il se trouva que Salinis avait des besoins de son temps, des aspirations du prêtre au dix-neuvième siècle, de la sainte Église et de Rome, les mêmes intuitions que Gerbet[1].

Dès lors, entre les deux séminaristes que Dieu destinait à être un jour les princes de son peuple, s'établit une amitié, ou mieux une union si complète de l'esprit, du cœur, de l'âme, que l'on eût dit Jonathas et David.

Quarante années durant, ces deux grands hommes marcheront dans les sentiers les plus glorieux de l'Église de France, la main dans la main, sans que rien vienne jamais ternir ce pur et doux attachement.

La mort seule les séparera pour un temps, et, lorsque Gerbet, survivant à Salinis, regardera son ami dans le cercueil, c'est avec des larmes dans la voix et des sanglots au cœur qu'il s'écriera :

« Mes frères, je suis appelé, par une vieille et sainte
« amitié, à vous adresser quelques paroles dans cette heure
« si tristement solennelle. On a désiré que celui qui a si
« bien connu votre grand archevêque[2], vous laissât, pour
« consolation dernière, une image de sa vie, telle qu'on
« peut le faire à la hâte, dans ces instants troublés que
« nous venons de passer près de son lit de mort. Je vous
« apporte des souvenirs de quarante ans. Nos affections,
« nos travaux ont été, durant ce long espace de temps,

---

[1] LADOUE, *Notice sur Mgr de Salinis*, passim.

[2] Antoine de Salinis, d'abord évêque d'Amiens, est mort archevêque d'Auch.

« tellement entremêlés, qu'il fallait, ce semble, que ce
« mélange se produisît jusqu'à la fin, et qu'à la voix qui
« sort de cette tombe pour vous prêcher encore vos de-
« voirs, vînt se joindre la mienne pour proclamer vos
« regrets. Ma douleur eût mieux aimé garder le silence ;
« mais un autre sentiment m'invite à parler. Nous avons
« besoin, moi, de lui offrir ; vous, de recueillir pour lui ce
« suprême hommage, par lequel on fait ses adieux non
« plus à l'âme qui part, mais au corps qui s'en va. Nous
« avons besoin de nous représenter quelques traits impé-
« rissables de cette grande âme, au moment où ce cer-
« cueil, qui déjà nous cache ses traits mortels, est sur le
« point de disparaître aussi [1]. »

Quand il fallut finir, c'est avec un accent déchirant, que les auditeurs n'ont pas oublié, que Gerbet, s'adressant à son ami, disait :

« O grand évêque, ô saint ami, faites par vos prières
« que je participe à vos dons. Laissez tomber sur moi cette
« grâce, comme Élie, montant vers le ciel, jeta son man-
« teau sur son disciple et ami. C'est le meilleur présent
« que puisse me faire votre céleste amitié, pour me sou-
« tenir, moi, pauvre évêque, dans ce qui me reste à par-
« courir de la route, où je rencontre les devoirs que vous
« avez si bien remplis, et les tristesses dont vous êtes
« délivré [2]. »

[1] GERBET, *Éloge funèbre de Mgr de Salinis.* (Exorde.)
[2] GERBET, *ibid.* (Péroraison.)

II

GERBET ET LAMENNAIS

Sommaire. — Félicité de Lamennais. — Secret de séduction. — Affinité de natures. — Lecture du premier volume de l'*Essai sur l'indifférence*. — Le premier noyau de l'École menaisienne. — Aux Missions étrangères. — La thèse soutenue en Sorbonne. — Aumônier du collége Henri IV. — Le *Mémorial catholique*. — Gerbet journaliste. — Gerbet controversiste. — Opposition des Jésuites. — Secret de l'influence des doctrines de Lamennais. — A la Chesnaie. — Comment on y vivait. — Quelques noms. — Gerbet d'après Maurice et Eugénie de Guérin. — Le David du nouveau Saül. — Parfaite communion d'idées. — Premières inquiétudes. — L'*Avenir*. — A Juilly. — Lion et épagneul. — Lamennais à Juilly. — Retour de la Chesnaie. — Le cri de l'amitié blessée. — Adieu, mon père bien-aimé, mon meilleur ami, adieu! — Les *Paroles d'un croyant*. — Réfutation. — Prières. — Seigneur, grâce et miséricorde!

I

Gerbet et Salinis avaient contracté une de ces amitiés qui scellent deux vies l'une à l'autre : un homme « alors le plus célèbre et le plus vénéré des prêtres français[1] »,

---

[1] Montalembert, *le Père Lacordaire*, p. 13.

allait ajouter une affinité de plus à cette union, forte et tendre, née sous l'abri favorable du séminaire.

Le prêtre s'appelait Félicité de Lamennais.

Nous avons longuement étudié cette figure, trop peu connue malgré sa grande renommée, — faute de quoi, on ne comprend rien au mouvement religieux et apologétique du dix-neuvième siècle[1]. — En l'étudiant, nous avons rencontré Gerbet, et tout ce que nous avons dit alors de lui nous dispense de revenir, aussi longuement qu'il le faudrait, sur cette phase si importante de la vie du futur évêque de Perpignan. Nous n'y insisterons donc pas, et il nous suffira, après avoir rappelé les grandes lignes, de noter quelques épisodes, forcément négligés dans notre précédente étude.

II

Comment Lamennais put-il exercer une séduction si profonde sur Gerbet?

« Jamais plus grandes passions n'excitèrent dans une plus grande âme de plus violentes tempêtes; jamais l'enfantement laborieux d'un monde nouveau n'arracha des cris de douleur plus éloquents. Comme la femme de la Bible, dans le sein de laquelle deux peuples, l'un d'élus, l'autre de réprouvés, se heurtaient, il sentit dans son ardente poitrine la lutte de siècles entiers... Lamennais

---

[1] *Lamennais*, 1 vol., chez les mêmes éditeurs.

fut un ressort terrible, un arc tendu toujours prêt à lancer le trait... Le tour absolu des opinions de Lamennais, qui nous a valu tant de pauvres raisonnements, tant de jugements défectueux, nous a valu aussi les cinquante pages de grand style les plus belles de notre siècle... Lamennais est inexplicable, si l'on n'accorde que le même homme peut être à la fois un artiste supérieur, un philosophe médiocre et un politique insensé [1]. »

Gerbet ressembla plus qu'on ne croit à Lamennais, avec ces différences profondes que creusent entre deux natures, d'une part l'obstination à enchaîner son cœur à ses idées [2], et de l'autre un irrésistible besoin d'écouter toujours le langage du cœur, « ce doux conseiller repoussé de tous les séraphins foudroyés [3] ».

Les côtés artistiques du génie de Lamennais attirèrent et fixèrent longtemps Gerbet. Il fut, lui aussi, contemplatif comme Platon, soldat comme Achille. Sous la soutane et sous la mitre, ce fut un lutteur vaillant et un doux docteur. On disait de lui, quand il siégeait sur sa chaire pontificale de Perpignan : « C'est l'abeille de l'épiscopat, bien supérieure à l'abeille attique [4]. »

A Besançon, Gerbet avait lu et savouré le premier volume de l'*Essai*. On ne l'a dit nulle part, mais je soupçonne à plus d'un indice que le désir de connaître et le besoin d'aimer l'auteur ne furent pas étrangers à sa détermination de venir à Paris.

---

[1] RENAN, *M. de Lamennais*, passim.
[2] LACORDAIRE, *Lettre à Montalembert*.
[3] CHOCARNE, *le Père Lacordaire*, t. Ier, p. 113.
[4] FÈVRE, *l'Abbé Gerbet*, Ier article. (Personnages catholiques contemporains.)

Aussi, quelle émotion il éprouva, le jour où son *Ange* lui dit : « Seriez-vous bien aise de voir l'abbé de Lamennais? Il vient souvent ici chez M. Teysseyrre : c'est lui qui l'a décidé à publier son *Essai*. Je suis déjà en rapport avec lui, et il veut bien me témoigner de l'affection [1]. »

C'est ainsi que se forma, à l'insu de tout le monde, à l'insu du séminaire lui-même, le premier noyau de cette École menaisienne qui devait révolutionner l'Église et le pays, en France.

III

Quand il eut fait la connaissance de Lamennais, Gerbet, peu propre d'ailleurs à se plier aux exigences minutieuses d'une règle de vie monotone, songea à quitter Saint-Sulpice, où sa santé délicate souffrait visiblement. Attiré par l'un de ses anciens directeurs de Besançon, il alla se loger au Séminaire des Missions étrangères, d'où il suivit les cours de la Sorbonne.

Son assiduité, son attention et ce rayonnement d'une grande âme qui se refléta toujours en lui, attirèrent les regards des professeurs. Il n'avait pas vingt ans, mais, dit Sainte-Beuve, « il annonçait un talent philosophique et littéraire des plus distingués ». La faculté de théologie le choisit pour soutenir, au début de l'année scolaire, une thèse publique. « Il avait naturellement les fleurs du dis-

---

[1] LADOUE, *Mgr Gerbet*, t. I*er*, p. 42.

cours, le mouvement et le rhythme de la phrase, la mesure et le choix de l'expression, même l'image, ce qui, en un mot, deviendra le talent d'écrire. Il y joignait une faculté de dialectique élevée, déliée, fertile en distinctions, les multipliant parfois et s'y complaisant, mais ne s'y perdant jamais [1]. »

Plus tard, racontant volontiers ce premier succès de son docte ami, l'abbé de Salinis aimait à répéter qu'il n'avait jamais entendu parler latin avec autant de facilité et d'élégance.

Tous les deux ne perdaient pas de vue le grand but de leur vie : s'ils se complaisaient dans ces joutes de l'esprit, ils y voyaient surtout le moyen de devenir des prêtres instruits, en état d'exercer fructueusement leur apostolat, en un temps où la naissance et la condition sont si peu, comparées au savoir et à la valeur personnelle.

Le 1er juin 1822, tous deux recevaient, sous les voûtes de Notre-Dame, des mains de Mgr de Quélen, l'onction sacerdotale, et tous deux, prosternés aux pieds du pontife qui semblait le mieux représenter la transition entre l'ancienne Église gallicane et la nouvelle Église de France, promettaient de vouer leur vie à la gloire de cette Église, qu'ils ont tant contribué à faire aimer, en la faisant mieux connaître et en dissipant les préjugés, amoncelés contre elle par les souvenirs du passé.

Il n'est point raconté que Lamennais assista à cette ordination. J'aime à le croire. Le grand lutteur s'était pris d'une véritable passion pour le jeune ecclésiastique : il ne pouvait manquer de prendre part aux grandes dates de sa vie.

---

[1] SAINTE-BEUVE, *Causeries du lundi*, t. V.

IV

A peine ordonné prêtre, l'abbé Gerbet fut nommé professeur suppléant à la chaire de théologie morale, à la Sorbonne.

Ce n'est point là que le voulait Lamennais.

On se préoccupait beaucoup, à ce moment, de réorganiser les aumôneries dans les établissements universitaires. Relever, dans les colléges, le niveau de l'enseignement religieux, en le confiant à des ecclésiastiques intelligents et zélés, fut la grande préoccupation de M. de Frayssinous. Salinis lui écrivit : « Monseigneur, il serait « impossible de trouver mieux que M. Gerbet. Il a tout ce « qu'il faut pour ce ministère : la piété, le zèle, l'attrait, « le talent. Je m'estimerais heureux de pouvoir partager « avec lui l'œuvre dont vous avez daigné me charger[1]. »

Salinis et Gerbet furent chargés tous deux de l'aumônerie du collége Henri IV. Les deux aumôniers se complétaient l'un par l'autre : le premier était plus actif, plus entreprenant ; l'autre, plus spéculatif, plus philosophe. Tous deux prirent rapidement un ascendant considérable sur cette jeunesse, alors, plus que jamais peut-être, désireuse de s'instruire des controverses religieuses qui passionnaient à ce moment les esprits. Tous deux, par leur prosélytisme sage et leur influence douce, attiraient les jeunes gens, et leurs salons ne désemplissaient pas.

[1] Lettre de l'abbé de Salinis au grand maître de l'Université, 15 septembre 1822.

V

Lamennais aimait à les surprendre au milieu de leurs labeurs dévoués, et c'est dans ces conversations que naquit définitivement le plan de l'École dont nous avons raconté les débuts.

La presse catholique laissait alors beaucoup à désirer.

Parmi les journaux qui s'étaient donné la mission de défendre l'Église, les uns surbordonnaient constamment les intérêts religieux aux intérêts politiques, ou tout au moins ils étaient tellement inféodés aux querelles d'un parti que leur action restait nulle, ou à peu près, en dehors de ce parti. Les autres feuilles religieuses, traînant une existence misérable à force d'économies et d'aumônes, étaient vouées au gallicanisme.

Les deux aumôniers résolurent de donner, sous le patronage de M. de Lamennais, un organe aux doctrines romaines : ils fondèrent le *Mémorial catholique*. Cette revue mensuelle préluda aux fautes et à l'éclat de l'*Avenir*.

« La polémique du bien devint agressive, hautaine, provocante, prodigue d'amertume et d'ironie. Tous les adversaires, quels qu'ils fussent, adversaires catholiques surtout, furent mis au pilori, et, dans ces exécutions périodiques, on ne saurait dire avec quel *dilettantisme* les exécuteurs épuisaient toutes les formules de la dérision [1]. »

---

[1] Foisset, *Vie du R. P. Lacordaire*, t. Ier, p. 115.

Dans la circonstance de cette fondation, comme en beaucoup d'autres occasions, ce fut Salinis qui prit l'initiative, mais ce fut Gerbet qui fit le succès du recueil. Sa collaboration active produisait, avec une verve inépuisable, des polémiques où la séve de la jeunesse débordait sous mille formes.

Réhabilitation de la constitution catholique du moyen âge, et, dès lors, réhabilitation de la grande mémoire de Grégoire VII, ce fut la première entreprise du jeune polémiste. Il s'éprit, pour cette imposante figure du moyen âge, si amoindrie par les gallicans, d'une véritable passion, comme le témoigne une lettre qu'il écrivait à Lamennais, alors malade aux eaux de Saint-Sauveur : « Nos pensées, « nos vœux, nos prières, s'envolent toutes du côté des Py- « rénées. *Au nom de saint Grégoire VII,* soyez guéri. Que « je voudrais être pour un moment l'ange de ces eaux « minérales ! »

Nous ne saurions suivre, même par une simple énumération, l'infatigable journaliste dans ses études ou redressements historiques sur la déclaration de 1682, sur la Ligue, etc., ni dans ses réfutations des Traités de théologie alors adoptés dans les séminaires, des ouvrages de M. Boyer de Saint-Sulpice, du travail de M. Affre sur la suprématie temporelle des Papes, des Conférences ecclésiastiques de Gap, etc.

A côté de ces questions d'histoire, Gerbet s'était donné la mission de lutter, sur le terrain philosophique, contre les deux erreurs qu'il jugeait les plus fatales aux esprits contemporains : le Rationalisme, qui proclamait l'indépendance absolue de la raison, et le Cartésianisme, qui, sans nier l'ordre surnaturel, lui paraissait avoir la prétention d'organiser la philosophie et les sciences, en dehors des données de la Révélation.

VI

Après avoir réfuté, il fallait édifier. Nous savons déjà quel système philosophique le Maître prétendit substituer aux méthodes traditionelles et aux systèmes antichrétiens. Gerbet épousa la querelle du Maître avec une vivacité toute juvénile, dont Lamennais était ravi.

Dans deux ouvrages de controverse [1] et dans un travail synthétique [2], l'abbé Gerbet s'efforça de prouver qu'il est impossible de faire de la bonne théologie sans prendre pour base le système philosophique du sens commun.

Ces études éveillèrent l'attention des professeurs de théologie : elles contribuèrent à combler une des lacunes les plus sensibles de l'enseignement des séminaires, comme il est aisé de s'en convaincre en comparant Bailly avec errone. Les Jésuites les attaquèrent par la plume du Père de Rozaven, en des termes dont Mgr de Ladoue n'a pas craint de dire : « Le ton général de la discussion affecte, « à l'insu probablement du vénérable auteur, un ton de « supériorité qui va quelquefois, dans l'expression, jus- « qu'à la suffisance et au mépris. Presque à chaque instant,

---

[1] *Des doctrines philosophiques sur la certitude dans leurs rapports avec les fondements de la théologie*, 1826. — *Coup d'œil sur la controverse chrétienne*, 1828.
[2] *Sommaire d'un système des connaissances humaines*, 1830.

« il dit ou sous-entend que son adversaire n'a pas compris
« les théologiens; qu'il n'a pas lu, qu'il n'a pas étudié¹... »

Gerbet fut sensible à cette attaque. Lamennais en fut irrité, comme d'une insulte. Ses correspondances en portent la trace vive et acerbe².

Substituer la méthode d'autorité, qui est la méthode traditionnelle dans l'Église, à la méthode cartésienne dans l'enseignement scientifique de la théologie, c'était une entreprise que beaucoup d'enthousiastes acclamaient comme un acte de courage et un acte de foi. Elle était tout à fait dans le mouvement d'idées au sein duquel se mouvait alors Lamennais, qui passa plus tard au fanatisme du principe de liberté, tout comme à ce moment il en était au fanatisme du principe d'autorité. Seulement, on ne s'aperçut que plus tard aussi, lors de la défection du Tertullien moderne, que cette autorité était pour lui celle du genre humain ou du sens commun.

Comment ce système, dont on a si clairement depuis démontré l'inanité, comme le faisait avec tant de vigueur ces temps derniers M. Ferraz à la Faculté des lettres de Lyon³, comment ce système put-il si longtemps séduire de grands esprits comme l'était Gerbet, et entraîner en si grande majorité le clergé de France ?

Lacordaire, lui aussi séduit comme les autres, s'est posé cette question :

« Je me suis demandé, dit-il, comment une philosophie
« dont j'aperçois si clairement le vice aujourd'hui, avait pu

---

¹ LADOUE, *op. cit.*, tome Iᵉʳ, page 136.
² Lettres des 8 et 28 janvier et du 1ᵉʳ février 1832.
³ *La Philosophie au dix-neuvième siècle*, t. II. Leçons professées à la Faculté des lettres de Lyon en 1879, par M. Ferraz. (Lamennais.)

« si longtemps tenir en suspens ma raison; et j'ai com-
« pris que, luttant contre une intelligence supérieure à la
« mienne, et voulant lutter seul contre elle, il était impos-
« sible que je ne fusse pas vaincu. Car la vérité n'est pas
« toujours un auxiliaire suffisant pour rétablir l'équilibre
« des forces; autrement jamais l'erreur ne triompherait de
« la vérité. Il faut donc qu'il y ait dans le monde une puis-
« sance qui soutienne les intelligences faibles contre les
« intelligences fortes, et qui les délivre de l'oppression la
« plus terrible de toutes, celle de l'esprit. Cette puissance,
« en effet, est venue à mon secours; ce n'est pas moi qui
« me suis délivré, c'est elle. Arrivé à Rome, au tombeau
« des saints apôtres Pierre et Paul, je me suis agenouillé,
« j'ai dit à Dieu : Seigneur, je commence à sentir ma fai-
« blesse; ma vue se couvre; l'erreur et la vérité m'échap-
« pent également; ayez pitié de votre serviteur qui vient à
« vous avec un cœur sincère; écoutez la prière du pauvre.
« Je ne sais ni le jour ni l'heure; mais j'ai vu ce que je ne
« voyais pas, je suis sorti de Rome libre et victorieux.
« J'ai appris de ma propre expérience que l'Église est la
« libératrice du genre humain; et, comme de la liberté de
« l'intelligence découlent nécessairement toutes les autres,
« j'ai aperçu sous leur véritable jour les questions qui
« divisent le monde aujourd'hui [1]. »

[1] *Considérations sur le système philosophique de M. de Lamennais*, chap. XII, p. 60.

VII

Quand il soutenait ces polémiques, Gerbet était déjà à la Chesnaie.

Sans vouloir recommencer cette histoire, rappelons que Lamennais avait entrepris de fonder là une espèce d'Ordre religieux, mi-parti bénédictin, mi-parti séculier.

De la Chesnaie, qui en était le noviciat et la pépinière, il dirigeait, sous le titre modeste de Congrégation, son jeune institut, qui avait déjà une succursale importante dans le Morbihan, à Malestroit.

Le genre d'existence que l'on embrassait en entrant au petit monastère de la Chesnaie, tenait à la fois de l'austérité du cloître et de la liberté du monde. La diversité des travaux, dont chacun avait son heure et son temps déterminés, variait, de la manière la plus agréable, l'uniformité des exercices communs; et l'unité de la vie spirituelle établissait dans cette famille une fraternité touchante, où revivait l'idéal parfait des mœurs chrétiennes, telles que les vit l'âge d'or du christianisme au berceau. Quand on a dit que la Chesnaie apparaissait à ses hôtes comme la république de Platon, ou mieux, comme un Portique chrétien, on n'a peint encore que faiblement cette maison sainte, qui fut réellement pleine de science et de piété [1].

D'ailleurs, — et c'est là, à mon sens, tout le secret du succès de ce Port-Royal du dix-neuvième siècle, — « c'était

---

[1] Fèvre, *op. cit.*, 1er art.

un principe de laisser à chaque individualité le plus de jeu possible, afin que chacun pût se développer librement, et la règle ne déterminait que les choses indispensables [1] ».

La vie de la Chesnaie convenait merveilleusement à l'abbé Gerbet. Son cœur suave et aimant, sa raison profonde ne pouvaient que se complaire à cette vie de méditation, de prière, de travail et de gaie liberté. D'ailleurs, il trouvait des échos dignes de lui dans la docte et pieuse tribu.

« Le nom et la réputation de M. Félicité de Lamennais y avaient, en effet, attiré des jeunes gens de toutes les parties de la France. L'Est y avait envoyé plusieurs ecclésiastiques du diocèse de Besançon, dont l'esprit froid et modéré, le caractère ferme, doux et posé, et le maintien digne et réservé, contrastaient avec l'enthousiasme, le feu et la vivacité des jeunes gens du Midi. L'énergie des Bretons, leur franchise âpre quelquefois et la constance de leur volonté, ne formaient pas un moindre contraste avec la nature douce, aimante, mais faible, molle parfois, de l'Anjou et du Maine. Tous ces contrastes, rapprochés et fondus ensemble par la charité, formaient une communauté où l'on ne savait lequel admirer davantage de la variété de tant d'éléments divers ou de l'unité qui régnait entre eux. Les membres qui la composaient ne formaient véritablement qu'une famille [2]. »

Rappelons quelques noms. Plus d'un a laissé son sillon lumineux parmi les grands esprits de ce temps, parmi ceux qui travaillèrent à populariser la cause catholique et à réconcilier l'Église avec la société.

Le monastère projeté ou plutôt la famille religieuse de

[1] Maupoint, *Vie de Mgr de Hercé,* passim.
[2] *Ibid.*

la Chesnaie, compta, parmi les siens, le neveu du fondateur Ange Blaize, Élie de Kertanguy, François de Marzan, Eugène Boré, Frédéric de la Provostaye, Edmond de Cazalès, Charles de Montalembert, Joseph d'Ortigue, Charles de Coux, Maurice de Guérin, Hippolyte de la Morvonnais, Sainte-Beuve, Éloi Jourdain mieux connu sous le pseudonyme de Charles Sainte-Foi, Mermet, d'Ault-Dumesnil, Chavin de Malan, etc.

VIII

Au milieu de cette élite, l'abbé Gerbet avait une situation particulière.

Avec Lamennais, il était disciple; avec les autres, il était maître, maître très-doux et très-respecté.

Maurice de Guérin l'appelle « le plus doux et le plus endolori des hommes [1] »; Eugénie, sa sœur, charmée par

---

[1] « Le soir, après souper, nous passons au salon. Il (M. de Lamennais) se jette dans un immense sofa, vieux meuble en velours cramoisi râpé, qui se trouve précisément placé sous le portrait de sa grand'mère, où l'on remarque quelques traits du petit-fils, et qui semble le regarder avec complaisance. C'est l'heure de la causerie. Alors, si vous entriez dans le salon, vous verriez là-bas, dans un coin, une petite tête, rien que la tête, le reste du corps étant absorbé par le sofa, avec des yeux luisants comme des escarboucles, et pivotant sans cesse sur son cou; vous entendriez une voix tantôt grave, tantôt moqueuse, et parfois de longs éclats de rire aigus : c'est notre homme. Un peu plus loin, c'est une figure pâle, à large front, cheveux noirs, beaux yeux, portant une expression de tristesse et de souffrance habituelle, et parlant peu : c'est M. Gerbet, le plus doux et le plus endolori des hommes. » (MAURICE DE GUÉRIN, *Journal et lettres*, p. 195.)

les décisions de casuistique données à Maurice pour elle[1], lui trouve « la suavité d'un ange[2] ». F. de Marzan l'appelle « le platonique abbé Gerbet[3] ». Mais nul n'a mieux

---

[1] « Je sors à l'instant de chez M. Gerbet ; je lui ai proposé ton cas de conscience, qui l'a d'abord fait sourire ; puis il m'a dit : Mademoiselle votre sœur peut s'occuper, en toute sûreté de conscience, de littérature et de poésie. Il n'y aurait de mal à faire des vers qu'autant que ce travail entraînerait la négligence des devoirs et des soins de famille. Il faut aussi prendre garde à ne pas se laisser emporter par l'imagination si loin dans l'ordre idéal, qu'on se prenne de dégoût pour l'ordre réel et que la vie imaginative nuise à la vie pratique. Il n'y a pas d'autre danger à cela, et je suis bien persuadé que mademoiselle votre sœur saura s'en garder. Il n'y a pas au monde de délassement plus innocent que la poésie. Si l'on défend la poésie aux femmes, il faut aussi leur proscrire la musique : la poésie et la musique, c'est tout un, elles conviennent également aux femmes. Encore un coup, rassurez-la... » (*Ibid.*, p. 54.)

[2] Charmée de la décision, Eugénie exprimait à son frère un vœu où se révèlent bien la sûreté de son jugement et sa tendresse fraternelle : « Quels torrents de foi et d'amour t'inondent dans ta solitude de la Chesnaie ! Tu me représentes un religieux à Clairvaux, du temps de saint Bernard. Seulement M. de Lamennais me semble un peu moins doux que cet aimable saint ; mais M. Gerbet a la suavité d'un ange. *Je te préférerais sous sa direction toute d'amour et d'humilité.* Recueille bien les conférences qu'il vous fait, et que tu destines à tes sœurs, les anachorètes du Cayla. Je suis au reste fort satisfaite de sa décision ; veuille bien lui en témoigner mes remercîments et combien je serais charmée de l'avoir toujours pour mon casuiste. » (EUGÉNIE DE GUÉRIN, *Lettres.*)

[3] « L'aimable et platonique abbé Gerbet occupait toujours, à mes yeux du moins, la première place dans ce *Portique* chrétien, dont il était la lumière pure en même temps que le charme. Mais il y avait dans son esprit des inquiétudes et de la rêverie. Ce visage, habituellement si calme, laissait voir par moments des signes de préoccupations pénibles, qui le faisaient ressembler à celui d'un ange commis à la garde d'un temple dont il pressentait la ruine prochaine et peut-être la profanation. » (DU BREUIL DE MARZAN, *Impressions et souvenirs*, p. 427.)

Le même observateur fait remarquer que si l'abbé Gerbet parlait décrit son influence et son rôle dans l'École du maître que Charles Sainte-Foi.

« Le baromètre de son humeur (à M. de Lamennais) était sujet à bien des variations, et souvent, dans l'espace d'un jour, il descendait de beau fixe à tempête. Souvent, après avoir été gai, aimable et charmant au dîner, il était, au souper, triste, taciturne, maussade et bourru. Ses tristesses et son silence duraient quelquefois plusieurs jours. Et alors, tout notre petit Olympe était dans la gêne et dans l'émoi, comme lorsqu'un nuage fronçait les sourcils du grand Jupiter. Dans ces circonstances, c'était l'abbé Gerbet qui faisait les frais de la conversation et qui, avec une grâce charmante, cherchait à voiler à nos yeux les tristesses de son maître, et à interposer entre son humeur chagrine et notre curiosité inquiète les saillies douces et aimables de cet esprit toujours si placide et si serein [1]. »

Comme Saül, le grand homme qui dominait à la Chesnaie sentait passer devant lui le souffle de l'esprit mauvais, et alors on cherchait la harpe de David pour apaiser ces colères subites, de plus en plus terribles à mesure que l'abîme l'attirait.

Gerbet était ce David du nouveau Saül.

C'est encore Sainte-Foi qui nous révèle ce petit drame de l'intimité, dans une notice, écrite avec des larmes, où

peu habituellement, il avait « une manière originale et toute à lui d'effectuer, au cœur même de la conversation, des rentrées ou charges imprévues, succédant alternativement à certaines pauses ou absences demi-rêveuses, illuminées tout à coup par un éclair charmant, qui faisait tout aimer et apprécier en cet homme, même les distractions ». (*Ibid.*, p. 429.)

[1] CHARLES SAINTE-FOI, *M. de Lamennais* (*Revue du Monde catholique*), t. II, p. 438.

l'on aime à trouver un ton de respect affectueux qui survit, dans l'âme de ce disciple, à la rupture. Noble exemple, malheureusement trop rare : nos apologistes se croyant obligés, dirait-on, d'injurier ce qu'ils ont aimé, quand le devoir les en sépare !

« Le sentiment du beau, dit Sainte-Foi, était très-développé chez lui (Lamennais) : il sentait et goûtait avec un tact exquis les œuvres d'art, surtout la musique. Mais là aussi, c'était la simplicité qui le charmait davantage. Les chants de l'Église et les vieux cantiques le touchaient quelquefois jusqu'aux larmes. Jamais je n'oublierai les extases de cet homme lorsqu'il faisait chanter à l'abbé Gerbet une mélodie que Choron avait découverte et qu'il avait adaptée à l'hymne de la Toussaint : *Cœlo quos eadem*. Mais il fallait qu'elle fût chantée par l'abbé Gerbet ; car lui seul savait donner à sa voix ces inflexions qui sont comme les notes intérieures et immatérielles d'un chant, et qui sont aux notes invisibles ce que l'esprit est au corps. Vous auriez vu alors sa figure longue et sévère s'épanouir et comme se dissoudre dans un sourire triste et doux, et le feu de son regard se voiler sous un nuage humide [1]. »

Puis, ce souvenir évoquant devant sa mémoire des images toujours chères, malgré la distance des ans et les tristesses de la séparation, le fidèle enfant de la Chesnaie ajoute : « Cet air, je ne l'oublierai plus jamais ; il est pour moi un son mélodieux et une image délicieuse. Il flatte et mon oreille et mes yeux, car jamais je ne le chante sans voir devant moi les visages émus et recueillis de tous ces

[1] CHARLES SAINTE-FOI, *M. de Lamennais*. (*Revue du Monde catholique*), t. II, p. 446.

hommes avec qui j'ai vécu, et que la main du temps a dispersés loin de moi [1] ».

C'est ainsi qu'on vivait à la Chesnaie, ce cher asile « qui « devait être le Cambridge ou l'Oxford de la France, répa- « rant les désastres du schisme [2]. »

Mais Gerbet était le trait d'union entre le Maître et les disciples.

IX

Lui-même vivait en parfaite communion avec Lamennais, qui avait fini par se reposer sur lui comme sur la plus sûre portion de lui-même. Les lettres du grand homme sont remplies des témoignages de sa confiance en son lieutenant fidèle, d'angoisses quand la santé du cher malade donne plus d'inquiétudes qu'à l'ordinaire. Ces deux hommes se complétaient l'un par l'autre. Celui-là avait le coup d'œil, la pénétration, la vigueur mâle; celui-ci, la mesure, la règle, l'élévation et la grâce. Puis, les deux amis n'avaient alors au cœur qu'un seul désir : le triomphe de la sainte Église.

Cependant, malgré cette grande intimité intellectuelle, la fusion des idées ne fut jamais absolue. Tout en épousant les systèmes d'apologétique, en dehors desquels

---

[1] CHARLES SAINTE-FOI, *M. de Lamennais* (*Revue du Monde catholique*), t. II, p. 447.

[2] LÉZÉLEUC, *Oraison funèbre de l'abbé Jean-Marie de Lamennais*, page 31.

Lamennais ne voyait plus de salut pour la religion, Gerbet n'alla jamais aussi loin. Sa disposition d'esprit, son jugement exquis, sa réserve instinctive, tout, jusqu'à la parfaite pureté de ses mœurs et son admirable modestie, le préserva des excès qui affligeaient dès lors les voyants d'Israël. Il acceptait les vues de son ami, il défendait même les conséquences qu'il en tirait, et cependant, tout en les acceptant, il s'efforçait de les adoucir.

Déjà même, comme le racontait tantôt François de Marzan, un nuage assombrissait parfois ce front si pur : il y avait dans sa pensée un doute qu'il n'osait s'avouer à lui-même, une inquiétude qui faisait trop souffrir son affection pour qu'il cherchât à en découvrir les fondements. Qui n'a connu cet état, où l'esprit, même le plus ferme, ne veut pas regarder en face ce qu'il ne peut réussir à se dérober !

Lamennais, trop absolu pour le confesser publiquement, sentait le service que lui rendait Gerbet. Il s'efforçait de le retenir, et, comme il était à ses heures le plus séduisant et le plus irrésistible des hommes [1], il avait bien vite raison du cœur de son ami. Celui-ci alors consentait à continuer de prêter à ce grand esprit, vigoureux et hardi, mais violent et absolu, le concours de sa plume « plus fine, plus retenue et plus douce [2] », et à revêtir du caractère de persuasion et de ménagement qui lui était propre le système de son illustre maître [3].

[1] Card. Wiseman, *Souvenirs sur les quatre derniers Papes*, p. 35.
[2] Sainte-Beuve, *Causeries du lundi*, t. IV, p. 3.
[3] Charles Hamel, *Histoire de Juilly*, p. 499.

X

J'ai déjà longuement raconté ailleurs les destins de l'École menaisienne en face de la révolution de Juillet, la fondation de l'*Avenir*, l'éclat des polémiques de ce journal et la part qu'y prit Gerbet [1].

Tant qu'il fut là cependant, son rôle de pondérateur s'exerça sensiblement sur le ton du journal. Sa collaboration, très-active au début, se ralentit cependant, quand il dut céder aux fatales exigences de sa santé, alors gravement compromise.

Le voyant si malade, Lamennais s'alarma.

Il savait les liens qui attachaient son ami à l'abbé de Salinis, pour lors directeur du collége de Juilly. Là se trouve, à mon sens, le secret de la détermination, singulière en apparence, qui décida le Maître à transférer de la Chesnaie à Juilly sa colonie studieuse. On a cherché d'autres raisons : celle-là me semble péremptoire.

Gerbet fut heureux de se retrouver près de Salinis, trop heureux peut-être! Lamennais était exigeant. « S'il vous
« aime, disait un de ceux qui l'ont connu, son amitié sera
« passionnée comme l'amour le plus violent. Il se nourrira
« en quelque sorte de vous : son âme s'imbibera de vos
« pensées, de vos sentiments, de vos goûts. Il sera l'es-
« clave même de vos caprices. Il ne vous demandera rien

---

[1] *Lamennais*, chap. VIII et suiv.

« et vous donnera tout. Vous n'aurez rien à faire qu'à
« vous laisser aimer et absorber par lui. Il établira entre
« vous et lui les mêmes rapports qui existaient entre ce
« lion et cet épagneul qui vivaient dans la même cage [1]. »

Mais malheur à l'imprudent qui venait caresser l'épagneul ! surtout si, comme l'abbé de Salinis, il exerce facilement une influence quelconque sur l'esprit de celui que le lion garde avec un soin jaloux. « Malheur à vous si
« vous essayez de soustraire votre esprit à la puissance de
« ses idées. Car, dans ses affections, il donne son cœur
« à ceux qu'il aime, à condition qu'ils donneront leur
« intelligence, qu'ils la placeront, sous la sienne, comme
« un vase pour la remplir de ses pensées [2] ! »

Bientôt, en effet, le séjour de Juilly devint difficile, puis impossible. « Il n'avait aucun rapport avec les élèves. Ils
« le voyaient seulement, enveloppé dans une longue douil-
« lette noire qui couvrait sa soutane, se promenant de
« longues heures dans le parc, quelquefois entouré de
« ses disciples, le plus ordinairement seul, méditant les
« leçons de philosophie qu'il leur donnait tous les jours ou
« ses articles de l'*Avenir*. La pâleur et la mélancolie de
« son visage, la vivacité et la profondeur de son regard, et
« plus encore peut-être la singulière énergie de ses traits,
« qui contrastait tant avec la maigreur et la débilité de
« son corps, inspiraient à tous le respect et la crainte ; on
« eût aimé à le contempler de près, mais chacun redoutait
« sa présence [3]. »

Un an à peine s'était écoulé depuis qu'on était venu à

---

[1] CHARLES SAINTE-FOI, *op. cit.*, p. 443.
[2] *Ibid.*
[3] CHARLES HAMEL, *op. cit.*, p 493 et 494.

Juilly. Il fallut en partir vers la fin de 1831 et regagner « la maison solitaire et sombre, dont aucun bruit ne trou- « blait la mystérieuse célébrité [1] ».

A la Chesnaie non plus, Gerbet ne trouva pas le repos. Le voyage de Rome, l'Encyclique *Mirari vos,* les lettres et les plaintes de son illustre ami, troublaient sans cesse sa conscience, en mettant son cœur au supplice.

— Que voulez-vous? lui disait Laurentie, il faut bien que tout homme obéisse à l'autorité du Pape!

— Oui, s'écriait Gerbet, mais M. de Lamennais n'est pas un homme comme un autre!

C'était le cri de l'amitié blessée, ce n'était pas une résistance [2].

Lorsque Lacordaire se sépara de Lamennais, Gerbet éprouva une douleur qui s'épanche dans une lettre attendrie, qu'il termine ainsi : « Adieu, mon père bien-aimé ; « mon meilleur ami, adieu! Je prends la part d'un fils, du « fils le plus tendre et le plus dévoué, à tous vos chagrins, « à toutes vos espérances, à tous vos travaux. Je sens plus « que jamais, depuis que vous êtes loin, que ma vie est « enchaînée à la vôtre. Et ce n'est que justice ; c'est vous « qui m'avez donné une vie nouvelle. Comment ne vous la « consacrerais-je pas tout entière [3] ! »

---

[1] *Mémoires* inédits du Père Lacordaire, cités par le P. Chocarne, t. 1ᵉʳ, p. 105.

[2] Souvenirs d'une conversation entre l'abbé de Ladoue et Laurentie. (t. Iᵉʳ, p. 240.)

[3] Lettre de Gerbet, 13 février 1838.

XI

Quelques années auparavant, veillant auprès du lit où son ami était mourant, il avait ouvert le livre de l'*Imitation* et il n'y avait lu que ceci : « Et vous aussi, apprenez « donc à quitter pour l'amour de Dieu l'ami le plus « cher[1] ! »

Le grand révolté poursuivait sa voie. Les *Paroles d'un croyant* avaient répondu à l'Encyclique. « Lorsque l'abbé « de Lamennais a souffleté l'Église par son livre coupable, « tous les yeux se sont tournés vers l'abbé Gerbet et l'abbé « Lacordaire, parce que tous les cœurs sentaient que c'était « à eux qu'il appartenait de venger leur mère[2]. »

Gerbet prit la plume, et, les yeux pleins de larmes, il écrivit cette magnifique réfutation, qui consola l'Église, en brisant le cœur du prêtre fidèle.

« Grand Dieu ! pourquoi faut-il que ce soit moi qui sois « chargé de montrer le fond de ce précipice[3] ?... On sent « tout ce que ces paroles me coûtent. Celui qui déclare « une guerre ouverte à l'Église, qui prophétise sa chute, « qui n'a pas craint d'outrager l'auguste vieillard que la « chrétienté salue du nom de Père, a eu en moi un ancien « ami qui l'aime d'une amitié née au pied des autels, et qui

---

[1] *Imit. J. C.*, liv. III, chap. XXXII.
[2] Lettre de M. de Montalembert à madame de La Ferronnays, *Récit d'une sœur*, t. II, p. 91.
[3] *Univ. cath.*, III, 88.

« avait pour lui, je le crois, autant de dévouement qu'au-
« cun des nouveaux amis qui sont venus courtiser sa ré-
« volte. A ce souvenir, je tombe à genoux, offrant pour
« lui à Dieu des prières dans lesquelles il n'a plus foi, et
« je ne me relève que pour combattre, dans l'ami de ma
« jeunesse, l'ennemi de tout ce que j'aime d'un éternel
« amour [1]. »

Depuis, le nom de Lamennais ne revient plus sur les
lèvres de Gerbet que sous cette forme de la prière. Il offrait
à Dieu sa vie pour ce retour tant désiré.

« J'unis ma pauvre prière à ces gémissements infinis des
« saintes âmes qui s'élèvent vers vous de tous les coins du
« monde où son nom est parvenu, afin que la vraie vie lui
« revienne avec abondance et surabondance, afin qu'il porte
« le repentir si haut que les anges du ciel aient bien peu à
« descendre pour se réjouir près de lui, afin que le Père
« commun, de ses bras toujours ouverts, le prenant enfin
« contre son cœur, le bénisse de ces bénédictions que saint
« Ambroise fit descendre sur Augustin repentant, que ses
« amis, dans la vivacité de leur joie, doutent de leur dou-
« leur passée comme d'un songe, et que son frère oublie
« même qu'il l'a pleuré [2]. »

Et cela dura ainsi pendant vingt ans, jusqu'au jour où
un témoin des derniers moments vint attrister l'évêché
d'Amiens du récit de cette fin lugubre. Ce fut Joseph d'Ortigue, mort depuis dans de tout autres sentiments, qui
assuma la pénible mission d'arracher du cœur des deux
vieux amis cette espérance tant caressée. Mon Dieu! que ce
jour fut triste! » Je vois encore, dit M. de Ladoue, la figure

[1] *Univ. cath.*, III, 9.
[2] *Id., ibid.*, 88.

atterrée de l'abbé Gerbet. Trop affecté pour pouvoir parler, il se contenta de dire à Dieu : « Seigneur, grâce et miséricorde[1]!... »

---

[1] Ladoue, *op. cit*, t. 1ᵉʳ, p. 291.

III

A JUILLY

Sommaire. — Châtiment et récompense. — L'abbé Migne. — Fondation du journal *l'Univers*. — Soupçons. — Études sur la philosophie des Pères de l'Église. — Les trois âges de la science. — Alcuin. — Retour à Juilly. — Salinis à Juilly. — Ce qui manquait à Gerbet. — La maison de Thieux. — Le *Précis de l'histoire de la philosophie*. — Rôle de Gerbet à Thieux. — Quelques noms de visiteurs. — Les comédiens ordinaires de Juilly. — Un collége dans la lune. — Les deux courants des esprits. — Double travail de l'apologiste. — Programme salué par M. Guizot. — Les cinq Facultés. — Vide douloureux. — Spirituel envoi. — Confessionnaux à cornes dorées. — Que sainte Hiltrude me pardonne! — La vie de château. — Fort comme le diamant et plus tendre qu'une mère. — Le secret royal. — Albert et Alexandrine. — Harmonies des heures. — Première et dernière communion. — Sois toute à Dieu! — Le *Credo de la douleur*. — L'imagination, le cœur, la volonté. — Le papillon de nuit. — Le Vicicili. — Une épitaphe.

I

« Dieu résiste aux superbes, et il réserve ses douces consolations pour les humbles.

« En s'élevant dans son insoumission orgueilleuse, Lamennais rencontra les résistances de Dieu; il vit briser successivement entre ses mains tous les moyens d'action, qu'il eût pu rendre si féconds s'il les eût humblement consacrés au service de la sainte Église : l'apostolat de la jeunesse, le dévouement de l'amitié, et jusqu'à la plume du publiciste.

« Ce qui était refusé comme châtiment à l'orgueil révolté était réservé comme récompense à l'humilité soumise.

« De disciple, l'abbé Gerbet devenait maître; il voyait se grouper autour de lui de jeunes hommes avides de recueillir ses leçons; il se sentait environné d'amis dont la tendre affection adoucissait la blessure qu'une amitié brisée laissait au fond de son cœur; il était assez heureux pour ressusciter la presse catholique, qui aurait dû, ce semble, rester écrasée sous les anathèmes prononcés par l'Église contre l'*Avenir*[1]. »

II

Un prêtre dont le nom est demeuré célèbre dans les annales de la librairie, et qui, à travers certaines excentricités d'allures et de langage, a su rendre à la France et à l'Église d'incomparables services, l'abbé Migne, venait de lancer dans le monde un de ces prospectus écrits dans le style pyramidal qu'il avait inventé et dont il a emporté le secret en mourant.

Le prospectus fut suivi, à peu de distance, de l'apparition du journal qu'il annonçait. Le nom du journal est

---

[1] LADOUE, *Mgr Gerbet, etc.*, t. II, pp. 1 et 2.

demeuré célèbre, et il réveille bien des souvenirs. C'est une date importante dans l'histoire des luttes religieuses au dix-neuvième siècle, que celle du dimanche 3 novembre 1833, où parut le premier numéro de l'*Univers*.

« Catholiques dans l'âme, disait l'abbé Migne dans sa
« langue particulière, nous ne voulons arriver au but le
« plus catholique que par les moyens les plus catholi-
« ques[1]. »

A la suite des articles dont la paternité revenait visiblement au fondateur, dès le premier numéro, il y en eut un autre, signé également *l'abbé Migne*, mais de style tout différent. C'était une vision, intitulée « la Toussaint », où l'École menaisienne reconnut bien vite la touche du principal disciple de l'auteur des *Paroles d'un croyant*.

Le soupçon suffit pour éveiller quelques défiances et permettre aux ennemis de répandre charitablement le bruit que l'*Univers* était, en somme, le continuateur de l'*Avenir*. Gerbet, par prudence, crut devoir s'abstenir de signer, craignant de nuire à la prospérité du journal ; mais ses belles études sur la philosophie des Pères de l'Église, publiées chaque semaine, eurent bientôt conquis la faveur du public.

Des Pères des premiers siècles, Gerbet, passant aux docteurs du moyen âge, s'arrête et s'attarde complaisamment devant une figure, solitaire mais majestueuse, celle « du
« vénérable Alcuin, avec son froc de moine anglo-saxon et
« sa tonsure cléricale, qui semble sortir de l'Océan, comme
« les sages Orientaux avaient semblé descendre des mon-
« tagnes[2] ».

---

[1] *Univers religieux*, numéro du 5 novembre 1833.
[2] GERBET, *Littérature du moyen âge. Alcuin*, etc. (*Univers religieux* du lundi 2 et du mardi 3 février 1836.)

L'abbé Gerbet considère Alcuin comme le père de la science moderne.

« La science des peuples modernes, dit-il, considérée
« dans ses formes extérieures, a eu trois âges, son âge
« patriarcal, son âge épique ou héroïque, son âge drama-
« tique. Son âge patriarcal commence sous Charlemagne;
« elle arrive à son âge héroïque dans les écoles des onzième,
« douzième et treizième siècles, bruyant tournoi de la
« pensée. On l'a dit : La scolastique était la chevalerie de
« l'intelligence. Les docteurs cherchaient les combats de
« l'argumentation, comme les preux cherchaient des que-
« relles et des aventures : époque passionnée pour les idées
« où les étudiants de l'Université de Paris, divisés en deux
« armées, *transfrétaient la Séquane,* dit un chroniqueur,
« et s'allaient battre, à la *Lriparre*, pour décider, en champ
« clos, la question du nominalisme et du réalisme. Mais,
« depuis que les pensées humaines ont été troublées par
« des luttes plus profondes, plus intimes, la science a pré-
« senté le spectacle d'un drame solennel et terrible, où se
« jouent les destinées du genre humain. Nous sommes
« encore mêlés à ce drame, nous aurons passé avant qu'il
« soit fini, nous en entendrons encore le bruit dans nos
« tombes. Mais déjà nous pouvons en entrevoir le dénoû-
« ment; il finira par un hymne à la foi [1]. »

Puis, revenant à Alcuin, Gerbet l'interpelle, dans une vive prosopopée, qui est bien dans sa nature et dans ses habitudes littéraires.

« Bon précepteur de Charlemagne! s'écrie-t-il, on t'avait
« bien oublié, mais on revient à toi : car ta statue s'élève

---

[1] GERBET, *Littérature du moyen âge. Alcuin, etc.* (*Univers religieux* du lundi 2 et du mardi 3 février 1835.)

« sur le seuil de ce grand temple gothique qu'on appelle le
« moyen âge, et dont on s'est mis enfin à étudier l'archi-
« tecture et les tombeaux. Nous nous plaisons aussi, pour
« notre part, à secouer la poussière qui a recouvert ta
« mémoire. Tu fus le vénérable instituteur primaire de la
« vieille société européenne, comme saint Anselme fut son
« professeur de philosophie, comme saint Thomas, qui était
« à lui seul une université, lui donna l'enseignement supé-
« rieur et une encyclopédie. Karl le Grand signa ton brevet
« avec la pointe de son épée triomphante ; il se fit l'inspec-
« teur des études que tu dirigeais ; il s'assit lui-même sur
« les bancs de ta classe. Donc, nous aurons à parler de
« toi, glorieux maître d'école [1] ! »

III

Malgré les ressources de l'étude et les jouissances d'une collaboration active au journal que le jeune clergé accueillait avec enthousiasme, le jeune publiciste se sentait bien seul, à Paris.

Aussi ne fallut-il pas à Salinis beaucoup d'instances pour que Gerbet « ne sût pas résister à l'appel d'un ami « égal et tendre, et tout conforme à sa belle nature [2] ».

Il revint donc à Juilly.

Salinis régnait à Juilly et s'y faisait aimer, témoin ce

---

[1] GERBET, *Littérature du moyen âge, Alcuin*, etc. (*Univers religieux* du lundi 2 et du mardi 3 février 1835.)

[2] SAINTE-BEUVE, lettre citée dans la *Vie de Mgr de Salinis*.

cri du cœur qu'un de ses collaborateurs, devenu évêque comme lui, lui envoyait à vingt années d'intervalle :

« O Juilly! Juilly! délicieuses causeries, frais ombrages,
« douce confiance, tendres épanchements, quelle place
« vous aurez toujours dans mes souvenirs! C'est là qu'au-
« rait dû s'écouler ma vie avec vous, très-bon et vénéré
« seigneur! Croyez bien que je serai toujours pour vous
« ce que j'étais sous votre toit, quand vous teniez mon
« âme charmée par la grâce de votre parole et de votre si
« aimable hospitalité [1]! »

La solitude, les souvenirs d'un grand passé, les nouvelles du présent transmises par les meilleurs témoins, une belle bibliothèque, aucun souci des choses matérielles, et, à côté de ces charmes de la vie, une amitié tendre et forte : c'était bien tout ce qui convenait à Gerbet, il s'y complut avec délices, et, si l'on veut nous pardonner l'application, il s'y roula comme une abeille dans sa fleur.

Mais, au bout de quelque temps, l'œil perspicace de son ami découvrit qu'il ne tarderait pas de manquer à Gerbet une chose que la Chesnaie lui avait donnée : un auditoire digne de lui.

« L'abbé Gerbet ne pouvait pas s'assujettir au rôle de professeur. Esprit éminemment synthétique, saisissant la vérité par les côtés où elle touche à l'infini, celui qui est le moins accessible aux intelligences naissantes; manquant d'ailleurs d'une certaine clarté d'exposition, il n'aurait pas pu se plier aux exigences d'un enseignement scolaire [2]. »

Les directeurs de Juilly eurent alors la pensée de créer

---

[1] Mgr Cœur, *Lettre à Mgr de Salinis*, 11 septembre 1853.
[2] Ladoue, *op. cit.*, II, 2.

une maison de hautes études, sorte de transition entre la vie de collége et la vie du monde, où la règle plus large et plus flexible se bornerait à préserver du passage subit à l'indépendance absolue, et où l'on ferait aux élèves des cours supérieurs de littérature et de philosophie de l'histoire, pour les préparer aux études du droit [1].

[1] Gerbet avait le don de s'attacher les élèves. Voici comment l'un d'eux décrivait les souvenirs que lui laissa, de son séjour à la Chesnaie, le lieutenant de Lamennais : « Je n'oublierai jamais, dit M. le comte Werner de Mérode, l'hiver que j'ai passé dans cet intérieur. Mon père m'y avait placé en 1833 pour faire ma philosophie. Nous étions sept ou huit jeunes gens, entre autres les deux Boré, dont l'un, devenu Lazariste, était fort occupé dans l'étude des langues orientales, qui contribue tant aujourd'hui au succès de son saint ministère. Je suivais des cours en Sorbonne pendant toute la journée, nous dînions et nous passions la soirée chaque jour avec MM. de Lamennais et Gerbet. Quel contraste entre les deux amis! Le premier, toujours exagéré, passionné, violent, poussant tout à l'extrême; le second, cœur aimable, nature fine et délicate, esprit pénétrant, caractère d'une rare bienveillance qui n'excluait pas une certaine malice, fort contenue sans doute, mais saisissant à merveille le côté comique des hommes et des situations. M. de Quélen venait de temps en temps pendant cet hiver voir M. de Lamennais. Il mettait une grande charité à lui faciliter sa soumission, et il y avait vraiment quelque chose de touchant à voir la bonne volonté, le zèle, la persévérance avec lesquels le prélat, d'un sentiment si opposé à l'auteur des *Paroles d'un croyant*, cherchait à le ramener et à lui faire éviter une ruine irrémédiable. J'assistais aussi, en quelque sorte, à la lutte intérieure qui se livrait dans le cœur du futur évêque de Perpignan, entre sa vive affection pour son malheureux ami, hélas! si près de périr, et son obéissance à l'Église et au Saint-Père. Ces deux sentiments finirent par s'accorder. Que de larmes et de prières quand M. Gerbet cédait au premier; mais quelle droiture et quelle fidélité quand il fallut exprimer le second! M. Gerbet m'avait promis une leçon de philosophie tous les matins; mais, très-absorbé par les préoccupations du temps et les études chères à son esprit, il reculait la leçon d'heure en heure jusqu'à dix ou onze heures du soir. Je me rappelle que, lorsque tout le monde était retiré, il me faisait venir dans sa chambre et me

IV

Une vaste maison fut louée à Thieux, à deux kilomètres de Juilly, et la direction en fut confiée à l'abbé Gerbet.

De là sortit ce *Précis de l'histoire de la philosophie*, — le premier ouvrage de ce genre paru en France, — qui fit toute une révolution dans l'enseignement, et rendit un véritable service à la cause religieuse, en mettant en regard l'histoire des dogmes et l'histoire des systèmes. « Le *Précis* est excellent, écrivait un bon juge. C'est M. Gerbet qui l'a écrit sans le signer [1]. »

Il ne se borna pas à laisser l'empreinte de son génie dans l'enseignement de Juilly : il embellit encore la studieuse solitude du charme et de la douceur de son esprit.

Les traditions de la Chesnaie et les souvenirs de Lamennais [2] le suivirent à Juilly et à Thieux.

---

dictait jusque fort avant dans la nuit un cahier de philosophie. Il excellait à développer l'histoire de cette science, et oubliait de dormir pendant la nuit, comme il avait oublié de professer pendant le jour. Il me faisait rêver, debout et éveillé, de Zoroastre, de Confucius et de Bouddha. Plusieurs fois, le jour était venu que la leçon durait encore. Je pouvais m'appliquer le mot de Voiture, en le modifiant un peu : « Jamais leçon de philosophie ne commença si tard « et ne finit si tôt. » Mgr Besson, *Étude sur Mgr Gerbet* (Annales franc-comtoises, t. III, p. 93).

[1] Ozanam, *Lettres*, II, 24.

[2] Les travaux classiques ne pouvaient distraire M. Gerbet de l'apostasie de l'abbé de Lamennais. Ses yeux, son esprit, son cœur,

A la Chesnaie, Lamennais lui avait appris à « descendre des hauteurs du génie et de la gloire, pour se mêler aux divertissements de ses disciples, pour se faire jeune, enfant même avec eux [1] ».

C'étai toujours Gerbet qui composait les chansons, les petits poëmes allégoriques de fête et de circonstance; et, malgré le voile de l'anonyme dont il avait soin de les couvrir, leur spiritualité discrète et leur gracieuse gaieté trahissaient chaque fois l'aimable poëte [2].

Les divertissements et les études firent bientôt une réputation à la maison de Thieux. Le croira-t-on? Les visiteurs les plus éminents s'y succédaient, et la chronique de l'école prétend que les divertissements avaient pour eux autant d'attraits que les études; et les visiteurs s'appelaient Berryer, Lacordaire, Montalembert, Berteaud, Combalot, Lamartine, Sainte-Beuve, Rio, Ozanam, Jules le Chevalier, Margerin, etc.

Bref, les choses en vinrent au point que ceux de Thieux s'étaient constitués et avaient été agréés comme les *comédiens ordinaires de Juilly.* Gerbet était le directeur assermenté de la troupe.

---

semblaient chercher à Juilly cet ami, aussi malheureux que coupable, et dire à ceux qui l'entouraient :

Un seul être vous manque, et tout est dépeuplé.

(Mgr Besson, *Étude sur la vie et les Œuvres de Mgr Gerbet*, loc. cit., p. 434.)

[1] Charles Sainte-Foi, *Lamennais.* (*Revue du monde catholique*, n° du 10 janvier 1862.)

[2] Dans son *Histoire de l'abbaye et du collége de Juilly*, M. Charles Hamel a complaisamment décrit ce rôle de Gerbet auprès des élèves.

V

Son biographe raconte tout au long une de ces amusantes inventions du directeur, qui faisaient le bonheur de Sainte-Beuve [1].

Les journaux de l'époque venaient de mystifier leur crédule public en racontant les prétendues découvertes faites dans la lune par le célèbre Herschell : avec une lunette d'une puissance remarquable, l'illustre astronome avait aperçu dans notre satellite des êtres vivants qui ressemblaient à des hommes.

S'emparant de cette découverte, l'abbé Gerbet composa une pièce ingénieuse, intitulée : *Un élève de Juilly dans la lune.*

Les élèves sont curieux de leur nature, ils aiment les nouveautés; un jour de grand congé, un élève, s'étant séparé de la communauté, avait rencontré des individus qui partaient pour visiter leurs nouveaux amis de la lune; il s'était joint à eux. Au moment où ces voyageurs débarquèrent, une grave question préoccupait le public lunaire; il s'agissait de fonder un collége dans le genre des colléges sublunaires les plus renommés. Pendant que l'on délibérait, la nouvelle se répand dans la lune que des étrangers sont arrivés et que parmi eux se trouve un élève du célèbre collége de Juilly, dont la réputation est montée jusqu'à ces

---

[1] LADOUE, *op. et loc. cit.*, p. 7 et suiv.

hauteurs ; on s'empresse de le mander, et, sans lui donner même le temps de la réflexion, on le constitue directeur de l'instruction publique et supérieur du collége modèle. L'élève se laisse faire, et le voilà en train d'organiser son établissement. Il va sans dire que, sous prétexte d'organiser, il se livre à une critique des plus amusantes de ce qui se fait à Juilly. Rien n'est épargné : depuis les maigres dîners de l'économe jusqu'aux conférences religieuses du directeur, tout est agréablement critiqué.

On juge de l'enthousiasme que cette critique joyeuse excitait dans l'auditoire. Mais ce qui émerveilla surtout, ce fut le dénoûment.

La réputation du nouveau collége se répandant jusqu'aux extrémités de la lune, les élèves affluaient de tous les côtés. Le directeur accueillait avec une grâce parfaite les enfants qu'on lui présentait, et il écoutait avec une bienveillance que rien ne lassait les observations des parents, assez semblables, naturellement, à celles dont les parloirs des colléges de la terre sont les témoins.

Au milieu d'une de ces scènes de présentation, on voit se lever dans l'auditoire un monsieur que personne ne connaît, et qui, s'adressant à M. le supérieur, se plaint en termes très-vifs de ce que l'on vient de reproduire mot pour mot la conversation qu'il a eue la veille avec lui au sujet de son fils, et, sans vouloir entendre aucune raison, il se précipite sur le théâtre pour obtenir raison, et la toile se baisse.

Dire la stupéfaction de l'auditoire, la rage des petits, surtout, contre cet importun qui venait interrompre la pièce, serait difficile.

Ce ne fut que le lendemain que le mot de l'énigme fut

connu, et que le rire remplaça la colère. L'interrupteur n'était qu'un acteur déguisé !...

VI

L'influence religieuse de Juilly devint assez considérable pour donner à Salinis et à Gerbet la pensée de la faire rayonner par un enseignement public.

La loi s'y opposant, ils essayèrent d'y suppléer par une publication périodique dont les séries d'articles principaux formeraient, en quelque sorte, des cours correspondant aux diverses facultés universitaires.

Comme toujours, Gerbet tint la plume.

Il assigna son but à cette Revue, avec une merveilleuse intuition des besoins de l'apologétique à ce moment. Ces hommes de l'École menaisienne avaient bien compris leur temps. Si, d'une part, les révoltes du chef, et d'autre part, les mesquines entraves de la jalousie, — toujours aux aguets contre quiconque osera tendre une main loyale à ceux qui ne nous connaissent pas encore, — n'avaient point arrêté cet élan, le dix-neuvième siècle aurait assisté à ce triomphe de la foi et à cette réconciliation des esprits que Joseph de Maistre avait prophétisés.

Gerbet voulait que la revue nouvelle correspondît au double courant des esprits.

L'un de ces courants les rapprochait du catholicisme, en montrant en lui le plus grand préceptorat du genre humain qui ait jamais existé.

L'autre les en éloignait, en les persuadant que l'humanité, parvenue aujourd'hui à l'âge viril, n'avait plus besoin de ses leçons et pouvait se charger, seule et sans appui, de constituer la science, la morale, les arts, la société.

Pour correspondre à ce double courant, la revue effectuera un double travail.

Un travail d'épuration et d'élimination, qui tendra à cultiver les diverses parties des connaissances humaines, à les dégager de plus en plus des conceptions erronées qui pouvaient y avoir été mêlées, et à favoriser ainsi le mouvement de retour des esprits à la foi.

Puis un travail d'organisation, tendant à montrer que la foi catholique engendre la philosophie, science générale qui constitue l'unité de toutes les sciences diverses; que la hiérarchie catholique, combinée avec les résultats de la science, peut seule résoudre les problèmes les plus importants de l'économie politique; que tout art doit être chrétien; enfin, que tout ce qui est chrétien émane du catholicisme ou y rentre.

Ce programme passionna l'attention publique.

Dans un article magistral, reproduit par tous les journaux de l'époque, M. Guizot salua cette généreuse entreprise.

« Grâces leur en soient rendues! » s'écriait noblement le célèbre homme d'État, « grâces soient rendues à ces
« hommes vraiment pieux, vraiment catholiques, qui por-
« tent sur la France catholique, sur la France de la Charte,
« un regard équitable et affectueux. C'est déjà de leur
« part une marque de leur haute intelligence que ce pre-
« mier rayon de justice envers notre époque, cette espé-

« rance hautement manifestée qu'elle accueillera la vérité
« éternelle et ne doit pas être maudite en son nom !

« Ils ne gardent contre elle (la société) point d'arrière-
« pensée, point de mauvais dessein; ils comprennent et
« acceptent les principes sur lesquels elle se fonde et ils
« s'efforcent sincèrement, sérieusement, de rétablir, entre
« ces principes et les doctrines catholiques, une harmonie
« qui ne soit pas purement superficielle et apparente.

« Leur plan est simple : après avoir tracé un cadre géné-
« ral des sciences humaines et des rapports qui les lient,
« soit entre elles, soit à l'unité sublime vers laquelle elles
« tendent, ils placent dans ce cadre des cours spéciaux sur
« chacune des sciences diverses, tant de l'ordre matériel
« que de l'ordre intellectuel, et s'appliquent, dans ces
« cours, à faire pénétrer tantôt la religion dans la science,
« tantôt la science dans la religion, les tenant sans cesse en
« vue l'une de l'autre, afin qu'elles se connaissent, se rap
« prochent et s'unissent dans un commun progrès [1] ».

En effet, tout comme dans une *Université*, les *Cours*
étaient divisés en *Facultés*. Au début, ces Facultés étaient
au nombre de cinq :

1° Faculté des sciences religieuses et philosophiques,
avec les abbés Gerbet, de Salinis et Juste, pour titu-
laires;

2° Faculté des sciences morales, où professaient le comte
de Coux et le vicomte de Villeneuve-Bargemon;

3° Faculté des lettres et arts, dirigée par l'abbé de
Cazalès et par Rio;

4° Faculté des sciences physiologiques, physiques et

---

[1] Guizot, *De la religion dans les sociétés modernes*. (Art. publiés par la *Revue française*.)

mathématiques, inaugurée par le brillant enseignement d'un saint-simonien converti, Margerin;

5° Faculté des sciences historiques, avec des professeurs comme Édouard Dumont, Charles de Montalembert, Foisset, Douhaire, etc.

Ils intitulèrent naturellement leur Revue l'*Université catholique*.

Le premier muméro parut en janvier 1836.

L'œuvre a vécu trente ans et se soutint vaillamment entre les mains de Bonnetty.

L'abbé de Salinis y a publié son magnifique *Cours de religion*, Gerbet son *Introduction à l'étude des vérités chrétiennes*, de Coux son *Économie sociale*, Rio son *Art chrétien*, Montalembert l'*Introduction à l'histoire de sainte Élisabeth* et plus d'une étude sur les *Moines d'Occident*, Alban de Villeneuve une remarquable *Histoire de l'économie politique*, etc.

VII

Quand il rompit avec Lamennais, Gerbet avait senti se creuser sous lui un vide qui lui faisait peur. Et pourtant, quel contraste entre les deux amis[1]! Le premier, toujours

---

[1] C'est Gerbet qui fit la fortune du système de Lamennais sur la certitude. Le livre qu'il composa sur ce sujet, dit Mgr Besson, est l'exposé le plus clair, le plus logique, mais aussi le plus adouci de ce système célèbre. S'il a fait illusion à tant de bons esprits, c'est à l'influence modératrice de M. Gerbet plutôt qu'à la violente domination

exagéré, passionné, violent, poussant tout à l'extrême; le second, cœur aimable, nature fine et délicate, esprit pénétrant, caractère d'une rare bienveillance qui n'excluait pas une certaine malice, fort contenue sans doute, mais saisissant à merveille le côté comique des hommes et des situations [1].

Sa correspondance intime donne raison à cette appréciation.

Quel aimable et spirituel envoi, par exemple, que ce récit de la légende de sainte Hiltrude, vierge du huitième siècle, adressée sous forme de lettre à Charles de Montalembert!

« J'ai toutes sortes de raisons pour vous envoyer ces
« notes. Et d'abord, je vous les adresse à titre de rede-
« vance, car je vous reconnais pour le propriétaire féodal de
« toutes les légendes, l'aumônier de toutes les chapelles
« gothiques, l'abbé de tous les monastères en ruine, le
« grand maître de toutes les chevaleries, le connétable,
« le seigneur suzerain, le roi de tous les souvenirs poéti-
« ques du moyen âge. C'est pourquoi, Monseigneur, je
« viens, moi, votre féal et humble vassal, vous faire hom-
« mage de quelques souvenirs que j'ai glanés sur votre
« domaine [2]..... »

de M. de Lamennais qu'il faut attribuer ce résultat. « Ces deux intelligences, dit M. l'abbé de Ladoue, semblaient se compléter : l'une avait le coup d'œil, la pénétration, la vigueur mâle; l'autre, la mesure, la règle, l'élévation, la grâce... » Lamennais disait : L'abbé Gerbet et moi, nous ne nous parlons pas et nous nous comprenons. Cela était vrai dans un temps où ils n'avaient au cœur qu'un seul désir : le triomphe de l'Église. (Mgr BESSON, *Étude sur Mgr Gerbet*. Annales franc-comtoises, t. III, p. 91.)

[1] W. DE MÉRODE, *Souvenirs* racontés par Mgr Besson, p. 12.
[2] *Lettre au comte de Montalembert*, du 29 juillet 1834

Il écrivait cela de Trélon, résidence de la famille de Mérode[1]. Or, les châtelaines, se refusant à donner leur confiance au curé du lieu, s'en allaient, fort loin, chercher les absolutions dont elles pouvaient avoir besoin.

Gerbet en cherche la raison. Voici celle qu'il en donne à son correspondant :

« Vous saurez que l'église (de Trélon) n'a pas seulement
« des statues de saints de toutes couleurs, mais encore, ma
« parole d'honneur, des confessionnaux dorés, ou plutôt à
« cornes dorées; car la dorure de ces confessionnaux a été
« infligée particulièrement à des lames de bois pointues,
« placées de telle sorte qu'une imagination un peu vive
« transforme aisément ce confessionnal en un taureau sym-
« bolique. Je connais des paroissiennes très-ferventes, aux-
« quelles ce taureau de bois a fait une telle peur, qu'elles
« s'en vont chercher, à une distance considérable, à tra-

---

[1] Le journal *l'Avenir*, ayant été condamné par une encyclique de Grégoire XVI, disparut de la scène du monde, et ce fut à Trélon que M. l'abbé Gerbet alla reprendre haleine après cette disgrâce. C'était dans l'été de 1832. « Je me souviens encore, dit un témoin oculaire, de la peine qu'il avait ressentie, après l'encyclique de Grégoire XVI, de ce coup porté aux doctrines outrées que l'*Avenir* professait. Il expliquait les termes de l'encyclique *Mirari vos*, comme ils ont été expliqués depuis par l'évêque de Langres. Et quand, plongés que nous étions au milieu d'un monde imbu des idées les plus libérales, n'ayant pas encore subi les épreuves qui nous ont appris à nous défier des idées trop absolues, nous gémissions de ce qui paraissait incompréhensible dans le document pontifical, je vois encore l'abbé Gerbet disserter longuement et savamment sur la question. Il s'interrompait à peine pour répandre autour de lui une grande abondance de tabac, et il ajoutait, d'un air à la fois résigné et souriant : « Après tout, nous devons nous soumettre et nous laisser mener par l'Église; quand la colonne qui conduisait le peuple juif dans le désert présentait son côté ténébreux, elle n'était pas moins un excellent guide. » Mgr Besson, *Étude sur Mgr Gerbet* (Annales franc-comtoises, t. III, p. 92).

« vers la pluie, la boue ou la poussière, un confessionnal
« qui n'ait pas de cornes dorées[1]. »

Il continue son gracieux badinage : « Je me hâte, dit-il,
« de sortir aussi des réflexions biscornues que je vous con-
« damne à lire. Allons respirer en plein air. Le beau village
« de Trélon est voisin d'une grande et superbe forêt longue
« de plusieurs lieues. Elle touche, par une de ses extré-
« mités, à une habitation qui appartient, — que sainte
« Hiltrude me pardonne! — à M. de Talleyrand. Mais,
« par un effet tout particulier de la protection de la sainte,
« le propriétaire de cette demeure paraît avoir pour elle
« une bienheureuse aversion[2]. »

A Trélon, à Époisses, en plus d'un autre château, on se disputait les loisirs de l'abbé Gerbet. Partout, il demeurait l'aimable et doux abbé Gerbet; partout aussi, il restait prêtre!

Or, le prêtre est apôtre. Malheur à qui l'oublierait dans la milice sainte! Celui-là ne tarderait pas à subir des influences qui diminuent l'esprit de son état, en punition de ce qu'il a négligé de faire rayonner les siennes!

VIII

Gerbet partout fut apôtre. Dieu lui réservait là des consolations, qui compenseront avec surabondance le sacrifice généreux de son cœur.

[1] *Lettre au comte de Montalembert*, du 29 juillet 1834.
[2] *Ibid.*

« Fort comme le diamant, et plus tendre qu'une mère! » C'est l'idéal du prêtre, tel que Lacordaire l'a défini[1]. C'est la définition même de Gerbet.

Doux et consolant ministère que celui de la parole du prêtre et de son action mystérieuse sur les âmes, auprès desquelles il est le canal de la grâce divine!

D'ordinaire, ces opérations restent « le secret du roi, qu'il est bon, dit le saint livre, de tenir caché[2] ». Mais, dans la vie sacerdotale de Gerbet, plus d'un de ces ministères a eu un tel rayonnement qu'il a éclaté comme la lumière tirée du boisseau.

Je n'en citerai qu'un.

Qui n'a lu ce récit, ou plutôt ce chant, cet hymne à l'amour conjugal, chaste et doux comme l'amour de Valérien et de Cécile, ardent et pur comme l'amour de Pauline et de Polyeucte, poétique et charmant comme l'amour de Cymodocée et d'Eudore; ce *Récit,* tombé du cœur et de la plume *d'une sœur,* dont l'éloge est superflu, aujourd'hui qu'il est dans toutes les mains!

En 1832, à Rome, un jeune gentilhomme français, resté fidèle à sa race et à son baptême, rencontrait une jeune fille russe, en qui tout l'attira. Mais, en outre de certains obstacles matériels, il y avait entre ces deux âmes, violemment attirées l'une vers l'autre, un abîme : le jeune homme était catholique fervent, la jeune fille était luthérienne!

S'unir à une compagne qui ne le suivrait pas au pied des mêmes autels, semblait à Albert un sacrilége.

« Mon Dieu, s'écria-t-il un jour, je vous fais l'offrande

---

[1] MONTALEMBERT, *le Père Lacordaire,* Par. III, *sub fine.*
[2] TOBIE, XII, 7.

« solennelle de ma vie pour obtenir sa conversion [1] ! » De son côté, Alexandrine eut l'inspiration de faire « l'aban-« don de son bonheur pour obtenir la claire vue de la « vérité [2] ». Le mariage eut lieu. Huit jours après le mariage, elle aperçut du sang dans le mouchoir d'Albert.

A quelque temps de là, en plein mois de mai, consacré à la Vierge Mère de Dieu, — ce culte qui arrêta le plus longtemps son âme, pourtant si aimante, mais dominée par les préjugés luthériens, — elle écrit dans son *Journal :* « Je serai catholique avant la Fête-Dieu. L'abbé Gerbet sera « mon confesseur [3]. »

« Elle ne l'avait jamais vu alors, dit madame Craven, mais, un jour, à Venise, elle avait lu un article de lui dans l'*Université catholique* [4], et l'impression qu'elle en reçut fut si grande qu'elle résolut alors, si elle se faisait catholique, de n'avoir d'autre confesseur que lui.

« Quand, le 31 mai 1836, elle se présenta pour la première fois au saint tribunal, elle eut peur, et fut bien longtemps à se décider à y entrer. Quand elle en sortit, elle dit à Dieu : « O mon Père céleste ! quel prêtre tu m'as « envoyé, surpassant tout ce que j'avais désiré trouver « dans un confesseur [5] ! »

Ame essentiellement poétique, l'abbé Gerbet avait l'oreille ouverte à toutes les harmonies de la nature. « Il « croyait aux harmonies des heures en faveur de cer-« taines âmes, il croyait que le temps, si fantasque, si

---

[1] *Récit d'une sœur,* t. Ier, p. 30.
[2] *Ibid*, p. 31.
[3] *Ibid.,* p. 393.
[4] Ce sont les articles intitulés *Vues sur le dogme catholique de la pénitence,* dont il sera parlé plus loin.
[5] *Récit d'une sœur,* t. Ier, p. 395.

« souvent rebelle à nos arrangements profanes, est, sous
« la main de Dieu, un rhythme souple et docile, qui obéit
« mieux que nous ne pensons aux convenances divines. »

Il imagina pour Albert mourant une consolation suprême, et pour Alexandrin nouvellement convertie une émotion impérissable, en confondant, dans un seul et même acte, ce que Mgr de la Bouillerie a si admirablement nommé « le plus doux souvenir et la meilleure espé-« rance [1] », une première communion et une communion dernière en viatique.

« Comme le pauvre malade ne pouvait aller à l'église assister au saint sacrifice, le sacrifice vint à lui, et, par une dispense miséricordieuse, sa chambre, presque funèbre, fut transformée en sanctuaire. En face de ce lit, qui était déjà comme une espèce d'autel, où l'ami mourant du Christ offrait à Dieu sa propre mort, on éleva un crucifix et un autel où le mystère du Christ mourant allait se renouveler. Elle y suspendit des ornements et des fleurs, car une première communion est toujours une fête. Mais les broderies que sa main attacha au devant de l'autel rappelaient une autre fête : elles avaient été portées dans une autre cérémonie ; et, après avoir été depuis lors mises à l'écart, elles sortaient de nouveau ; elles reparaissaient là comme pour nous dire que la joie de ce monde n'est qu'un tissu à jour, bien frêle, et que nos espérances ne sont guère qu'une parure qui se déchire.

« Tout à coup, cette chambre, sombre jusqu'alors, s'éclaira de la lumière qui jaillissait des flambeaux de l'autel ; comme la mort, la ténébreuse mort, s'illumine pour le

---

[1] *Méditations sur l'Eucharistie*, 5ᵉ médit.

juste des rayons que Dieu tient en réserve pour ses derniers regards. Le sacrifice commença, et il était minuit [1]. »

« Dans cette chambre, dit Sainte-Beuve, près de ce lit, tout à l'heure funéraire, on célébra une nuit, — à minuit, heure de la naissance du Christ, — la première communion de l'une en même temps que la dernière communion de l'autre. L'abbé Gerbet fut le consécrateur et l'exhortant dans cette scène si profondément sincère et si douloureusement pathétique, mais où le chrétien retrouvait de saintes joies [2]. »

Mais pourquoi demander à d'autres ce récit et ces impressions? Alexandrine elle-même les a écrits dans son journal :

« Albert était au lit, il n'avait pu rester levé. Je me mi à genoux près de lui, je pris sa main, et c'est ainsi que commença la messe de l'abbé Gerbet. Je ne savais où j'étais, ce qui m'arrivait, lorsque, la messe s'avançant, Albert me fit quitter cette main, que je regardais comme si sacrée, que, dans le moment le plus saint de ma vie, je ne croyais pas manquer à Dieu en la tenant. Albert me la fit quitter, en me disant : « Va, va, sois toute à Dieu. »

« L'abbé Gerbet m'adressa quelques paroles avant de me donner la communion, ensuite il la donna à Albert, en partageant l'hostie entre l'époux et l'épouse, — double viatique pour lui de la mort, pour elle de la douleur ; — puis je repris sa main. Je m'attendais à le voir mourir cette nuit [3]. »

La mort tarda quelques jours. Quand elle arriva, Gerbet

---

[1] *Récit d'une sœur*, t. Ier, p. 400 et suiv.
[2] SAINTE-BEUVE, *Causeries du lundi*, t. VI, p. 105.
[3] *Journal d'Alexandrine* (loc. cit), p. 400.

avait dû rentrer à Thieux. Alexandrine eut la force de lui écrire :

« Monsieur, il y a quelques heures qu'Albert m'a quittée.
« Oh! mon Dieu! sa mort a été douce, et il est mort ap-
« puyé sur moi... A cette dernière messe que vous lui
« avez dite, quand je le regardais, ne me faisait-il pas
« toujours signe de regarder l'autel, et m'aurait-il aimée
« comme il l'a fait, s'il n'eût encore plus aimé Dieu que
« moi [1]?... »

Cette énergie surhumaine ne pouvait durer. Elle écrit encore :

« Monsieur, il y a huit jours aujourd'hui qu'il n'est plus.
« Comme c'est long déjà! et comme je déteste m'éloigner
« davantage du moment où il m'a parlé, où je l'ai vu
« encore, à moins que ce ne soit pour le rejoindre! Quel-
« quefois, j'espère que Dieu me fera cette grâce... Vous
« devez trouver qu'il serait bien charitable de me souhaiter
« la mort... Oh! Monsieur, daignez m'assurer que je rever-
« rai Albert. Vous, si bon, vous que Dieu doit tant aimer ;
« votre conviction m'y fera croire ; et puis, permettez-moi
« de mourir [2]... »

Gerbet comprit qu'avant d'essayer de réconcilier cette veuve désolée avec la vie, il fallait toucher la fibre de la foi, la seule qui fût encore vibrante, et il composa cet incomparable *Credo de la douleur,* où passent toute la tendresse de son âme et toute l'énergie de sa foi :

« Je crois, ô mon Dieu, qu'en souffrant avec résignation, j'achève en moi la passion du Christ.

---

[1] *Récit d'une sœur,* t. II, p. 6.
[2] Lettre d'Alexandrine de la Ferronnays à l'abbé Gerbet, du 6 juillet 1836.

« Je crois que toute créature en ce monde est gémissante et comme dans les douleurs de l'enfantement... et qu'elle attend le jour de la manifestation de Dieu.

« Je crois que nous n'avons pas ici de demeure stable et que nous en cherchons une autre dans l'avenir.

« Je crois que toutes choses coopèrent au bien de ceux qui aiment Dieu.

« Je crois que, s'ils sèment dans les larmes, ils moissonneront dans la joie.

« Je crois que bienheureux sont ceux qui meurent dans le Seigneur.

« Je crois que nos tribulations forment un poids éternel de gloire, si nous contemplons non ce qui se voit, mais ce qui ne se voit point; car les choses que nous voyons sont passagères, celles que nous ne voyons pas sont éternelles.

« Je crois qu'il faut que notre corps corruptible revête l'incorruptibilité, que notre corps mortel revête l'immortalité, et que la mort soit absorbée dans la victoire.

« Je crois que Dieu essuiera toute larme dans les yeux des justes, que la mort ne sera plus en eux, ni le deuil ni les gémissements, et que leur douleur s'arrêtera enfin, car tout le premier monde aura passé.

« Je crois que nous verrons Dieu face à face. »

Puis, peu à peu, sa charité, ingénieuse comme l'amour d'une mère, lui inspira de composer quelques cantiques qui, donnant aux douleurs d'Alexandrine l'accent de la prière, faisaient descendre sur son âme attristée des consolations d'autant plus vives, qu'elles arrivaient comme embaumées du lieu où son Albert était heureux.

Quand elle se fut reprise à la vie, le sage directeur la guérit successivement d'une certaine tendance au scrupule que les âmes pures connaissent bien, et qui fait leur torture et leur croix.

Puis, il régla cette imagination en la dirigeant vers les beautés chrétiennes et les harmonies saintes de l'ordre créé. Ici, il faudrait tout citer dans la correspondance de Gerbet avec madame de la Ferronnays. Bornons-nous à deux extraits.

C'était au premier anniversaire de la mort d'Albert.

« Minuit va bientôt sonner, et avec cette heure commence pour vous, ma pauvre enfant, la semaine des douleurs.

« Je viens d'écrire ces deux lignes, et j'ai interrompu quelques instants ma lettre pour une petite chose qu'il faut pourtant que je vous dise tout d'abord, parce qu'elle a une signification consolante et douce.

« Pendant que j'écrivais, un papillon de nuit, qui était entré par ma fenêtre entr'ouverte, s'est abattu sur les briques de ma chambre. Il s'était probablement fait mal et il voltigeait par terre, faisant un petit bruit par ses efforts pour se relever.

« Son bruit m'a fait penser à lui. Moi, qui dans ce moment ne pensais qu'à vous, je me suis dit que, s'il parvenait à voler comme de coutume, il viendrait bien vite brûler ses ailes à la lumière et mourir, et qu'il valait bien mieux le mettre dehors, en liberté, sous les étoiles. Je l'ai poursuivi avec un cornet de papier pour le prendre ; je l'ai pris et je l'ai mis en liberté.

« Pauvre papillon, nous sommes comme toi ; blessés par la douleur, nous nous agitons terre à terre, mais en même temps nous battons des ailes, des ailes que Dieu nous a faites, l'espérance et la prière, et c'est alors que Dieu pense particulièrement à nous. Quand je te poursuivais tout à l'heure, tu avais bien peur de moi : tu croyais que je voulais augmenter ton mal ! Et je ne te poursuivais que pour te sauver ! Et c'est comme cela que Dieu nous poursuit ! Mais, quand je t'ai jeté dehors par la sombre nuit, c'est alors surtout que tu as accusé ma cruauté ! Pauvre ignorant ! Cette grossière lumière que tu regrettais t'eût fait mourir, et, au lieu de cela, tu auras demain un air pur et doux au soleil levant. Cette sombre nuit est l'image de la mort; quand Dieu nous y jette, c'est pour nous faire retrouver, et la liberté, et la vie, et la joie, au lever de l'éternelle aurore. Voilà ce que je te dis, petit papillon, et voilà ce que vous nous dites, ô mon Dieu [1]. »

A un mois de cela, il écrit aux deux sœurs, la veuve d'Albert et Eugénie, la sœur d'Albert :

« Chères enfants, comme vous aimez les oiseaux et les symboles, je veux vous transcrire ici un passage sur un oiseau du Mexique, que j'ai lu ces jours-ci. Cet oiseau se nomme le *Vicicili;* c'est du moins l'ancien nom mexicain. Gomare décrit ainsi ce symbole vivant :

« Il n'a pas le corps plus gros qu'une abeille, son bec est
« long et très-délié; il se nourrit de la rosée et de l'odeur
« des fleurs, en voltigeant sans jamais se reposer. Son
« plumage est une espèce de duvet, mais varié de diffé-
« rentes couleurs, qui le rendent fort agréable.

« Le vicicili meurt, ou plutôt s'endort, au mois d'octo-
« bre, sur quelque branche à laquelle il demeure attaché,
« par les pieds, jusqu'au mois d'avril, principale saison
« des fleurs. Il se réveille alors, et de là vient son nom qui
« signifie : Ressuscité.

[1] *Lettre* écrite de Juilly *à madame de La Ferronnays,* le 24 juin 1837.

« Chères enfants, ce monde est notre hiver. Est-ce que nous ne valons pas le vicicili? Adieu [1]. »

De l'imagination à la volonté et au cœur, il y a connexité. Gerbet était trop habile dans l'art de gouverner une âme pour l'oublier.

Or, le grand emploi du cœur, c'est la charité et le dévouement.

C'est Gerbet qui l'a écrit quelque part : « La première association de charité fut fondée par des femmes, sous l'inspiration des derniers soupirs du Rédempteur... Il semble qu'elles ont recueilli une grande abondance de compassion avec les larmes des saintes femmes du Calvaire... les hommes n'ont hérité que des larmes uniques de saint Jean [2]. »

Il sollicita le cœur de la pauvre veuve désolée en faveur de diverses œuvres qui conviennent au « sexe dévoué [3] ». Alexandrine y goûta de pures jouissances et de vraies consolations. Son sage directeur avait su tourner une activité dévorante, qui aurait pu se perdre dans des extases, vers les œuvres extérieures, utiles au prochain.

Aussi, quand arriva le jour de la translation des restes de son Albert, cérémonie présidée par l'abbé Gerbet, madame de Craven put écrire dans son beau *Récit* : « Elle regardait avec une sorte de joie cette fosse vide, qui, fermée pendant un peu de temps encore, se rouvrira quand toutes ses peines auront cessé, quand sa soumission à la volonté de Dieu, sa constance dans l'espérance et sa cha-

---

[1] *Lettre de Juilly, le 26 juillet* 1837.
[2] *Keepsake religieux,* in-8°, art. de l'abbé Gerbet, intitulé *Marie.*
[3] *Devoto femineo sexu.* (Liturgie.)

rité lui auront obtenu la récompense promise, car elle aura *bien* souffert et *bien* aimé [1]. »

Sur cette tombe, elle inscrivit :

« Dieu a donné à la douleur et à l'amour quelque chose de sa toute-puissance [2] !... »

[1] *Récit d'une sœur*, t. II, p. 144.
[2] *Ibid.*, p. 194.

IV

A ROME

SOMMAIRE. — Parti pour quelques jours. — Les souvenirs de Mgr de la Bouillerie. — *Considérations sur le dogme générateur de la piété catholique.* — Le parfum de Rome, d'après Mgr Berteaud. — *Esquisse de Rome chrétienne.* — Les tombeaux. — Le chant des Catacombes. — Gerbet aux Catacombes. — Une belle vue funèbre. — Louis Veuillot et Sainte-Beuve. — Rome vivante. — Le *Dialogue entre Platon et Fénelon.* — Une mort selon Jésus-Christ. — La conversion de M. de Ratisbonne. — Lettre de Gerbet à madame Craven. — Témoignage de madame Craven. — Chez les Volkrowski. — Comment Gerbet prêcha l'empereur Alexandre. — Pie IX hérite de l'affection de Grégoire XVI pour l'abbé Gerbet. — A Gaëte. — Appel de Mgr Sibour. — Offres de Mgr Donnet. — L'amitié dans un évêché. — Le concile provincial de Paris. — La requête d'un concierge.

I

L'abbé Gerbet partit une fois de Juilly, sans bagage, pour une visite de quelques jours dans les environs. Il prolongea son absence; la surprise eût été de le revoir au moment indiqué.

Puis, on apprit qu'il était à Rome, se préparant à revenir.

— Oui, dit l'abbé de Salinis, il reviendra, si quelqu'un nous le rapporte!

Ceux qui l'avaient emmené retournèrent sans lui; d'autres l'avaient gardé [1].

Un de ses compagnons de Rome l'a raconté éloquemment, le jour même des obsèques de Gerbet.

Mêlant ses propres souvenirs à ceux de son illustre ami, Mgr de la Bouillerie, avec cet accent du cœur et cette exposition ingénieuse qui étaient le propre de son génie, reprend la chose de plus haut :

« C'est surtout dans son cabinet et la plume à la main
« que cette belle nature était à l'aise... Et vraiment, je ne
« suis pas surpris qu'un jour, voulant se donner pleine
« carrière, elle ait choisi de préférence le beau thème de
« l'Eucharistie. Là où est le corps divin, c'est là que les
« aigles se rassemblent. Et en même temps les âmes les
« plus pieuses aiment à dire au pied de l'autel : « Mon
« bien-aimé est à moi, et moi je suis à lui. » L'Eucharistie
« convenait à cette âme tendre et élevée. L'Eucharistie
« inspira à votre évêque le plus beau livre qu'on ait écrit
« en ce siècle à l'honneur du Très-Saint Sacrement : *Le*
« *dogme générateur de la piété catholique* [2]... Je me sou-

---

[1] Louis Veuillot, *le Parfum de Rome*, t. II, p. 360.
[2] C'est un traité de l'Eucharistie, et l'un des beaux livres de ce siècle. Gerbet nous explique lui-même ce qu'il a entendu faire en publiant ses *Considérations sur le dogme générateur de la piété catholique* : « Ce petit ouvrage, dit-il, n'est ni un traité dogmatique,
« ni un livre de dévotion, mais quelque chose d'intermédiaire ; le
« genre auquel il appartient forme le lien qui unit ces deux ordres
« d'idées. La religion nourrit l'intelligence de vérités, comme elle
« nourrit le cœur de sentiments : de là deux manières de la considérer,
« l'une rationnelle, l'autre édifiante. Ces deux aspects, combinés entre
« eux, produisent un troisième point de vue, dans lequel on consi-
« dère la liaison des vérités, en tant qu'elle correspond aux développe-
« ments de l'amour dans l'âme humaine. C'est donc à ce point de

« viens que peu d'années après je méditais moi-même
« l'Eucharistie; mais je la méditais humblement, comme
« la colombe; et lui avait pris son vol jusque dans les
« profondeurs du mystère, comme l'aigle.....

« Le tabernacle eucharistique est la cité spirituelle des
« âmes, Rome en est la cité terrestre, et comme la capitale
« de leur empire. J'ai souvent remarqué que du tabernacle
« eucharistique à Rome, la distance est très-courte. Quand
« on aime l'Eucharistie, on aime aussi la pierre fondamen-
« tale sur laquelle repose l'Église qui abrite le tabernacle.
« L'Eucharistie avait été une des premières et des plus
« hautes inspirations de votre évêque : Rome fut sa plus
« constante et peut-être sa plus glorieuse.

« C'est encore un de mes souvenirs qu'il y a plus de
« vingt ans, nous entrâmes à Rome ensemble. Il me dit à
« son arrivée qu'il devait y passer trois semaines; il y
« demeura dix ans... Je n'en suis pas étonné. Un séjour à
« Rome ressemble beaucoup à l'éternité bienheureuse. Les
« jours s'y écoulent, et on ne les compte plus... Ils s'écou-
« lent pour votre évêque dans une contemplation et une
« étude constantes. Rome était tout à la fois pour lui et un
« admirable symbole et la réalité vivante de l'Église. A
« Rome, il étudia tout, il interpréta tout, depuis l'eau des
« fontaines qui coule si abondamment dans les rues et dans
« les places publiques, et qui lui semble l'image de la grâce,
« jusqu'aux majestueux secrets des catacombes qui lui
« ouvrirent leurs trésors[1]. »

« vue que nous nous sommes placé pour contempler le mystère
« qui est le fondement de la foi catholique. » (*Préface*)

[1] Mgr DE LA BOUILLERIE, *Discours prononcé à la cérémonie des obsèques de Mgr Gerbet.*

Un autre évêque, dont l'Église de France cherche et regrette les syllabes d'or, malheureusement négligées par celui-là même qui les prodiguait à tous vents favorables, sans se soucier qu'elles fussent recueillies et rangées dans l'écrin où nous les garderions avec fierté, lui aussi ami de Gerbet, l'a dit encore devant sa tombe :

« De bonne heure, le parfum de Rome l'avait attiré. La
« rose traduit sa présence par son parfum; on la saisit
« sans l'avoir vue, *odore tenetur antequam videatur*. —
« Dans un verger où se cache un buisson de ces belles et
« odorantes fleurs, des exhalaisons embaumées, s'échap-
« pant de tous les calices, décèlent leur présence au pro-
« meneur; et alors, il veut voir et admirer de près la cou-
« leur de ces fleurs, qui répandent une odeur si suave.
« Rome aussi, Rome chrétienne, a pour les âmes d'élite des
« parfums surnaturels qui n'affectent pas les âmes triviales.
« Le chrétien à Rome se trouve au milieu d'une ambroisie
« délicieuse, d'un nectar céleste, mais lui seul sait les sa-
« vourer : et cela ne doit pas vous surprendre : le chrétien
« a le sens plus exquis. Rien n'est beau comme cette Rome
« chrétienne, avec son manteau empourpré par le sang
« des martyrs, *excedit orbis una pulchritudines*. Mgr Gerbet
« avait senti de loin le parfum de Rome; il voulut voir et
« contempler de près la couleur du manteau de la Ville
« éternelle », ce « manteau de pourpre » que la corruption
« ne peut atteindre de ses souillures, ce manteau qui « ne
« peut s'érailler ni perdre sa couleur [1]. »

[1] Résumé de l'*Oraison funèbre de Mgr Gerbet*, prononcée par Mgr Berteaud, le 2 mars 1865.

5.

II

Ce long séjour dans la ville des Papes nous a valu un beau livre, un chef-d'œuvre : *Esquisse de Rome chrétienne*.

« La pensée fondamentale de ce livre, dit-il, est de « recueillir, dans les réalités visibles de Rome chrétienne, « l'empreinte, et, pour ainsi dire, le portrait de son essence « spirituelle [1]. »

Il avait d'abord voulu intituler son livre « *Idea Romæ*, l'idée de Rome [2] ».

« Interprète excellent dans cette voie qu'il s'est choisie, il se met à considérer les monuments, non avec la science sèche de l'antiquaire moderne [3], non avec l'enthousiasme naïf d'un fidèle du moyen âge, mais avec une admiration réfléchie [4], qui unit la philosophie et la piété [5]. »

Tout d'abord, ce sont les tombeaux qui l'attirent.

A Rome, les tombeaux sont un grand souvenir. Ils furent le berceau et l'asile du christianisme pendant trois siècles.

Quand il y entra pour la première fois, sa belle âme s'épancha en un hymne, connu, dans la littérature chrétienne, sous son vrai nom de *Chant des Catacombes*, car

---

[1] *Esquisse de Rome chrétienne*, Préface, p. vi.

[2] *Université catholique*, t. VIII, p. 245.

[3] « Je n'écris point pour l'Académie des inscriptions et belles-lettres. » (Préface, p. vii.)

[4] « J'ai dû choisir, parmi les innombrables produits de la science, les résultats qui répondent, non aux goûts favoris des antiquaires, mais à la raison et à l'âme du chrétien et de l'homme. » (*Ibid.*)

[5] Sainte-Beuve, *Causeries du lundi*, t. VI, p. 316.

il est destiné à être chanté, sur l'air de Scudo, la douce et triste mélodie du *Fil de la Vierge* :

> Hier, j'ai visité les grandes catacombes
> Des temps anciens;
> J'ai touché de mon front les immortelles tombes
> Des vieux chrétiens;
> Et ni l'astre du jour ni les célestes sphères,
> Lettres de feu,
> Ne m'avaient mieux fait lire en profonds caractères
> Le nom de Dieu.
>
> Un ermite au froc noir, à la tête blanchie,
> Marchait d'abord,
> Vieux concierge du temps, vieux portier de la vie
> Et de la mort;
> Et nous l'interrogions sur les saintes reliques
> Du grand combat,
> Comme on aime écouter sur les exploits antiques
> Un vieux soldat.
>
> Un roc sert de portique à la funèbre voûte.
> Sur ce fronton,
> Un artiste martyr, dont les anges, sans doute,
> Savent le nom,
> Peignit les traits du Christ, sa chevelure blonde,
> Et ses grands yeux,
> D'où s'échappe un regard d'une douceur profonde
> Comme les cieux.
>
> Plus loin, sur les tombeaux j'ai baisé maint symbole
> Du saint adieu,
> Et la palme, et le phare, et l'oiseau qui s'envole
> Au sein de Dieu;
> Jonas, après trois jours sortant de la baleine
> Avec des chants,
> Comme on sort de ce monde, après trois jours de peine
> Nommés le temps.

C'est là que chacun d'eux, près de sa fosse prête,
  Spectre vivant,
S'exerçait à la lutte, ou reposait sa tête
  En attendant.
Pour se faire d'avance, au jour des grands supplices,
  Un cœur plus fort,
Ils essayaient leur tombe, et voulaient par prémices
  Goûter la mort.

La vierge, destinée aux fleurs que l'hymen donne,
  Ces fleurs d'un jour,
Au tombeau d'une sœur méditait la couronne
  D'un autre amour.
Près d'un enfant sans pain, une mère intrépide
  Rêvait d'Abel,
Et ses pleurs, qui semblaient joncher le sol humide,
  Montaient au ciel.

Et quand l'enfant disait : Le soleil, ô ma mère,
  Astre si beau,
Reviendra-t-il bientôt chauffer de sa lumière
  Mon froid berceau?
La mère répondait qu'une aurore inconnue
  Bientôt luirait,
Et qu'un ange du ciel sur son aile étendue
  Le bercerait.

Lieux sacrés, où l'amour pour les seuls biens de l'âme
  Sut tant souffrir,
En vous interrogeant, j'ai senti que sa flamme
  Ne peut périr;
Qu'à chaque être d'un jour, qui mourut pour défendre
  La vérité,
L'Être éternel et vrai, pour prix du temps, doit rendre
  L'Éternité.

J'ai sondé du regard la poussière bénie,
  Et j'ai compris

Que leur âme a laissé comme un souffle de vie
    Dans ces débris ;
Que, dans ce sable humain, qui, dans nos mains débiles,
    Pèse si peu,
Germent, pour le grand jour, les formes éternelles
    De presque un Dieu.

C'est là qu'à chaque pas on croit voir apparaître
    Un trône d'or ;
Et qu'en foulant du pied des tombeaux, je crus être
    Sur le Thabor !
Descendez, descendez, au pied des Catacombes,
    Aux plus bas lieux ;
Descendez, le cœur monte, et, du haut de ces tombes,
    On voit les cieux [1] !

[1] Imprimé, pour la première fois, par Bonnetty, dans les *Annales de philosophie chrétienne* (t. X, l. III, p. 17), par une sorte d'indiscrétion et à l'insu de l'auteur, ce chant, admiré de Sainte-Beuve, fournit plus tard à Gerbet l'occasion de laisser voir son exquise modestie : « Très-peu supportable à la lecture, dira-t-il, cet opus« cule peut tout au plus offrir quelques-unes de ses stances aux per« sonnes qui aiment à chanter des paroles religieuses, et qui pardon« nent volontiers à la forme en faveur du fond, aux vers en faveur « de la musique... L'auteur a supposé que le chant pourrait faire « passer le reste. Il espère aussi qu'on lui pardonnera d'avoir dérobé « quelques moments à des occupations plus sérieuses. S'il osait citer « de grands noms pour couvrir une bien petite chose, il rappellerait « que le pape saint Damase a composé des vers pour les Catacombes, « que saint Grégoire de Nazianze parle dans les siens de sainte Anas« tasie, et que saint Paulin de Nole en a fait sur sa cathédrale. » (*Notice sur sainte Theudosie*, Préface.)

III

Les Catacombes restèrent le but de prédilection de ses promenades, durant ce long séjour de Rome. C'est là qu'il aimait à mener avec lui ses bons amis de Juilly quand ils venaient le visiter, l'abbé de Salinis et l'abbé Combalot; c'est là qu'il conduisit l'ami des jours difficiles, Lacordaire, quand il revint à Rome, sous la blanche robe des Frères Prêcheurs.

« Nous allons aux Catacombes avec l'abbé Gerbet, qui en fait un pèlerinage aussi édifiant qu'instructif », écrivait Ozanam au retour d'une de ces visites... « Rien n'est plus
« admirable que ce digne M. Gerbet, avec sa belle figure
« éclairée par les cierges, expliquant les peintures et les
« rites sacrés du temps des martyrs, ou bien s'asseyant sur
« de vieilles chaires épiscopales taillées dans le tuf, pour y
« lire une homélie de saint Grégoire le Grand sur les désirs
« du ciel, ou encore nous faisant réciter les Litanies devant
« l'image de la Vierge, découverte il y a quelques années
« au-dessus d'un tombeau du troisième siècle [1]. »

Les Catacombes ont fourni à l'auteur de l'*Esquisse* des pages admirables, qui ont fait de ce livre l'œuvre la plus considérable de Gerbet, celle qui lui fera le plus d'honneur devant la postérité.

Quel beau commentaire de la parole de Bossuet, disant, d'après Tertullien, que le cadavre de l'homme « devient

---

[1] Ozanam, *Correspondance*, t. II, p. 160.

« un je ne sais quoi qui n'a plus de nom dans aucune « langue », quel admirable développement de ce mot du grand Évêque, dans cette page que Gerbet finit ainsi :

« Dans le sépulcre voisin, tout ce qui fut un corps hu-
« main n'est déjà plus, excepté une seule partie, qu'une
« espèce de nappe de poussière, un peu chiffonnée et dé-
« ployée comme un petit suaire blanchâtre, d'où sort une
« tête. Regardez enfin dans cette autre niche : là, il n'y a
« décidément plus rien que de la pure poussière, dont la
« couleur même est un peu douteuse, à raison d'une légère
« teinte de roussure. Voilà donc, dites-vous, la destruction
« consommée ! Pas encore. En y regardant bien, vous
« reconnaîtrez des contours humains : ce petit tas, qui
« touche à une des extrémités longitudinales de la niche,
« c'est la tête ; ces deux autres tas, plus petits encore et
« plus déprimés, placés parallèlement un peu au-dessous, à
« droite et à gauche du premier, ce sont les épaules ; ces
« deux autres, les genoux. Les longs ossements sont repré-
« sentés par ces faibles traînées, dans lesquelles vous re-
« marquez quelques interruptions. Ce dernier calque de
« l'homme, cette forme si vague, si effacée, à peine em-
« preinte sur une poussière à peu près impalpable, volatile,
« presque transparente, d'un blanc mat et incertain, est
« ce qui donne le mieux quelque idée de ce que les anciens
« appelaient une *ombre*. Si vous introduisez votre tête dans
« ce sépulcre pour mieux voir, prenez garde : ne remuez
« plus, ne parlez pas, retenez votre respiration. Cette
« forme est plus frêle que l'aile d'un papillon, plus prompte
« à s'évanouir que la goutte de rosée suspendue à un brin
« d'herbe au soleil ; un peu d'air agité par votre main, un
« souffle, un son, deviennent ici des agents puissants qui

« peuvent anéantir en une seconde ce que dix-sept siècles,
« peut-être, de destruction, ont épargné. Voyez, vous
« venez de respirer, et la forme a disparu. Voilà la fin de
« l'histoire de l'homme en ce monde [1]. »

 « C'est là, ce me semble, dit Sainte-Beuve, une assez belle vue funèbre, et le chrétien s'en autorise aussitôt pour remonter vers ce qui est au-dessus de la destruction et qui échappe à toutes les catacombes, vers le principe immortel de vie, d'amour, de sainteté et de sacrifice. Je ne puis qu'indiquer, en passant, à tous ceux qui sont avides d'étudier dans Rome matérielle la cité supérieure et intelligible, ces hautes et vives considérations [2]. »

IV

A un autre point de vue, un autre critique, non moins compétent [3], a pu dire, parlant encore de ce livre :

---

[1] *Esquisse de Rome chrétienne*, t. Ier, chap. III, p. 179.

[2] SAINTE-BEUVE, *loc. cit.*, p. 320.

[3] Veuillot et Sainte-Beuve, dans des camps bien divers, ont plus d'un point de rapprochement. Par une de ces secrètes affinités d'esprit, sorte d'instinct supérieur, propre à certaines natures, qui ne s'en rendent même souvent pas compte à elles-mêmes, toutes les fois que le terrain le leur a permis, ces deux lettrés se sont tendu la main.

« Veuillot, dit M. Fréd. Godefroy, excelle dans les articles de critique littéraire... Nul ne sait mieux que lui mettre le doigt sur les endroits faibles; personne non plus ne sait mieux voir et faire valoir les beautés. *Il est nombre de ces morceaux qu'un Sainte-Beuve eût été fier de signer.* » (*Les Prosateurs du dix-neuvième siècle*, t. Ier, p. 419.)

Quand il parle de Sainte-Beuve, Veuillot ne contient pas son admi-

« Rome, notre Rome, est vivante dans ces pages, toutes vibrantes de ses profondes et mystérieuses harmonies. L'auteur ne possède pas seulement les connaissances variées de l'historien et les sûres lumières du docteur catholique; il a encore, au degré le plus éminent, le don de l'artiste, ce sens exquis et rare qui pénètre les choses, qui en saisit les secrètes beautés et qui les livre à nos regards. Il nous rend compte du charme mystérieux de Rome, il l'accroît en le divulguant. Sa langue est digne des majestueuses douceurs de la Ville sainte. C'est une langue sereine, mélodieuse, admirablement pure, dont le caractère fondamental est la grâce, mais qui atteint naturellement et sans effort toutes les hauteurs [1]. »

V

D'autres travaux marquèrent le séjour de Gerbet à Rome. Il ne pouvait y oublier les âmes dirigées par lui, et, parmi elles, cette veuve, qu'il avait élevée dans les hauteurs sur-

---

ration pour le critique littéraire. « Grâce à lui, dit-il, la critique est en meilleur état. » (*Mélanges*, 29 déc. 1854.) Il avait dit précédemment : « Portraits pleins de vie, jugements pleins de probité, « sincères partout, sinon partout irréformables... Dans l'art et dans « la morale, il ne laisse point franchir les bornes du goût que lui-même « alors, dans ses écrits personnels, il n'observait pas rigoureusement. « Avec une force douce et déférente, il fait ses réserves, il dit où il « prétend rester. Après trente et quarante ans, c'est là que le senti- « ment public est resté avec lui, et les esprits éminents qui ont passé « outre se sont égarés. » (*Univers*, 23 août 1851.)

[1] L. Veuillot, *loc. cit.*, p. 370.

naturelles, en secondant par la grâce les dispositions de la nature en elle.

Ce souvenir lui restait cher. Il lui inspira un Dialogue dont Lamartine disait : « C'est ainsi que parlerait Platon chrétien [1]. »

C'est en effet un *Dialogue entre Platon et Fénelon,* placé à la suite du *Dogme générateur* [2], dans l'opuscule que l'auteur y consacre à ses *Vues sur la Pénitence.*

Fénelon y révèle au disciple de Socrate ce qu'il lui a manqué de savoir sur les choses d'au delà, et il raconte, sous un voile à demi soulevé, ce que c'est qu'une mort selon Jésus-Christ.

« O vous, qui avez écrit le *Phédon,* vous, le peintre à
« jamais admiré d'une immortelle agonie, que ne vous est-
« il donné d'être témoin de ce que nous voyons de nos
« yeux, de ce que nous entendons de nos oreilles, de ce que
« nous saisissons de tous les sens de l'âme, lorsque, par un
« concours de circonstances que Dieu a faites, par une com-
« plication rare de joie et de douleur, la mort chrétienne,
« se révélant sous un demi-jour nouveau, ressemble à ces
« soirées extraordinaires dont le crépuscule a des teintes
« inconnues et sans nom! Vous ne comprendrez pas tout
« ce que je vais vous dire : je ne peux vous parler de ces
« choses que dans la langue nouvelle que le christianisme
« a faite ; mais vous en comprendrez toujours assez.

« Sachez donc que, de deux âmes qui s'étaient attendues
« sur la terre et qui s'y étaient rencontrées et que Dieu
« avait unies par le nom d'époux et d'épouse, en ouvrant

---

[1] LAMARTINE, *Entretiens de littérature,* art. *Gerbet.*

[2] Sainte-Beuve dit que ce dialogue est « peut-être le chef-d'œuvre » de Gerbet.

« devant elles une longue perspective de ce qu'on appelle
« bonheur; que, de ces deux âmes, l'une arrivait, par
« une volonté pure, à la vraie foi, au moment où l'autre
« arrivait, par une sainte mort, à la vraie vie; l'une sortait
« des ombres de l'erreur, comme l'autre était près de sortir
« des ombres de la terre; l'une se disposait à participer
« pour la première fois au plus auguste des mystères du
« Christ, lorsque l'autre allait le recevoir comme une tran-
« sition dernière à la communion éternelle [1]... »

Nous connaissons déjà cette scène touchante, l'abbé
Gerbet l'exprime admirablement. Que de larmes ont arrosé
ces pages!

VI

Le dimanche 16 janvier 1842, le comte de la Ferronnays
dînait chez madame la princesse Borghèse en compagnie
de l'abbé Dupanloup et de Théodore du Bussières, récemment converti au catholicisme. Il entendit ce nouveau converti, qui avait toutes les ardeurs généreuses du néophyte,
parler avec le plus vif intérêt d'un jeune Juif français, son
compatriote, de passage à Rome, et qu'il désirait vivement
gagner à Jésus-Christ.

Rentré chez lui sous l'impression des conversations de
la soirée, il parla aux siens du pieux projet conçu par M. de
Bussières, il se ménagea du temps pour aller déposer ses

---

[1] GERBET, *Vues sur la pénitence*, Dialogue.

vœux, ses espérances... son sacrifice!... aux pieds de la Sainte Vierge, dans l'église de Sainte-Marie-Majeure. « Il fit à genoux devant l'image de la Vierge de la chapelle Borghèse, qui était découverte ce jour-là, sa préparation à la mort qu'il disait tous les jours, puis plus de vingt fois le *Souvenez-vous* [1]. »

Dans la soirée, il fut pris d'un étouffement subit dont on crut d'abord s'être rendu maître, mais qui reparut plus menaçant. L'abbé Gerbet, l'hôte de la maison, eut le temps d'accourir, de donner à la hâte une absolution, et de prêcher la confiance.

— Oh! je suis plein de confiance, répondit le moribond [2].

C'était le 18 janvier. A quatre jours de là, Gerbet écrivait à madame Craven :

« Chère enfant, lorsque, dans une dernière lettre adressée à M. Craven, je vous disais que, tout en pleurant beaucoup, vous aviez aussi à remercier beaucoup; lorsque je vous disais d'élever votre cœur vers Dieu, parce que la sainte mort d'un père était aussi une grande grâce pour ses enfants, je ne savais pas encore à quel point ce mot se vérifierait. Dieu a accordé à votre famille, à vous, une des plus magnifiques consolations qu'on puisse imaginer; une de ces consolations rares, extraordinaires, qu'on n'oserait demander. Je ne puis encore vous donner, dans cette lettre, tous les détails, vous verrez tout à l'heure pourquoi; mais j'ai hâte de vous la faire connaître par le fond [3].

« Vous savez, chère enfant, combien je suis peu disposé à croire légèrement aux choses miraculeuses. La vénéra-

---

[1] Gerbet, *Vues sur la pénitence*, Dialogue.
[2] Craven, *Récit d'une Sœur*, t. II, p. 303
[3] De Ladoue, *Mgr Gerbet*, etc., t. II, p. 156.

tion même qu'on leur doit oblige à ne pas ajouter foi, sans de graves raisons, aux faits de ce genre. Mais ni beaucoup de personnes ni moi ne pourrons nous empêcher de croire à celle dont il s'agit. Écoutez.

« Un Juif, appartenant à une très-riche famille d'Alsace, qui se trouvait accidentellement à Rome, se promenant dans l'église de Sant' Andrea delle Fratte, pendant qu'on y faisait les préparatifs pour les obsèques de votre bon père [1], s'y est converti subitement comme saint Paul sur le chemin de Damas, par un de ces coups miraculeux de la puissance et de la bonté divines. Il se trouvait debout en face d'une chapelle dédiée à l'Ange gardien, à quelques pas, lorsque tout à coup il a eu une apparition lumineuse de la Sainte Vierge, qui lui a fait signe d'aller vers cette chapelle. Une force irrésistible l'y a entraîné, il y est tombé à genoux, et il a été à l'instant chrétien.

« Sa première parole à celui qui l'avait accompagné a été, en relevant son visage inondé de larmes : *Il faut que ce monsieur ait beaucoup prié pour moi!*... Quelle parole, chère enfant, sur votre bon père dont on allait apporter le corps dans cette église !

[1] Le converti a raconté lui-même ce qui se passa à ce moment : « On y faisait (dans l'église) des préparatifs funéraires, et je m'informais du nom du défunt qui devait y recevoir les derniers honneurs. M. de Bussières me répondit : « C'est un de mes amis, M. le comte « de la Ferronnays; sa mort subite, ajouta-t-il, est la cause de la « tristesse que vous avez remarquée en moi depuis deux jours. » Je ne connaissais pas M. de la Ferronnays; je ne l'avais jamais vu, et je n'éprouvai d'autre impression que celle d'une peine assez vague qu'on ressent toujours à la nouvelle d'une mort subite. M. de Bussières me quitta pour retenir une tribune destinée à la famille du défunt... » Tout ce récit, si plein d'intérêt, a été inséré dans les *Annales de philosophie chrétienne*. (T. XXIV, p. 236.)

« Il n'y a pas moyen de suspecter la sincérité de ce jeune homme, comme je vous l'ai dit. Il est très-riche, et on ne peut avoir, à son égard, le genre de soupçon qu'on pourrait avoir sur un Juif pauvre, qui pouvait se faire chrétien pour être secouru par des aumônes.

« Celui-ci se nomme M. Ratisbonne, il est fils d'un banquier de Strasbourg, qui jouit d'une très-grande fortune et de beaucoup de considération. Il devait épouser au printemps une jeune Juive, sa parente, et sa conversion rompra probablement son mariage. Tous ses intérêts temporels devaient empêcher sa conversion, et ses idées juives, jointes à un certain indifférentisme pour les pratiques religieuses, s'y opposaient aussi ; c'est d'ailleurs un jeune homme de très-bonnes manières, très-spirituel et s'exprimant très-bien.

« J'ai vu M. Ratisbonne, j'ai recueilli de sa bouche divers détails. Il est impossible de vous dire à quel point il donne une vive idée de la conversion de saint Paul. « J'ai été, me disait-il, retourné en un instant... » La première parole qu'il a dite, après le coup de la grâce, est déjà bien significative par rapport à l'influence de votre père, mais il y a d'autres circonstances que je vous dirai [1]... »

Ainsi, le père d'Albert, ce chrétien généreux, dont la direction de l'abbé Gerbet avait fait un saint, avait, comme son fils, obtenu de Dieu par un héroïque sacrifice la conversion d'une âme.

Madame Craven raconte qu'au mois de juin de l'année 1842, ayant eu occasion de rencontrer Théodore Ratisbonne à Paris, elle recueillit de sa bouche un témoignage

---

[1] Lettre à madame Craven du 22 janvier 1842.

dont il est impossible de méconnaître l'autorité : « Il n'y a pas sur la terre, lui dit-il, de lien aussi fort que celui par lequel je me sens attaché à votre père. — Je lui dois plus que la vie, et je me sens plus son enfant que vous-même[1]. »

VII

Toujours apôtre, l'abbé Gerbet fit aussi rayonner son action dans la famille Volkrowski, chez qui il avait été reçu lorsque les La Ferronnays quittèrent Rome. Le prince abjura le schisme, et Gerbet, instrument de la conversion du mari, instruisit sa pieuse femme dans les voies de la plus haute perfection.

Le fils de l'empereur Nicolas vint à Rome, — celui-là même qui devait mourir d'une façon si tragique. — La présence du czarewitch suggéra aux hôtes de l'abbé Gerbet une pensée dont ils lui confièrent l'appréciation et l'exécution.

Alexandre se trouvait à Rome à l'époque du carnaval, une des plus grandes réjouissances, comme on sait, de la vieille cité. Or, il est d'usage, lorsque le cortége carnavalesque traverse le *Corso,* que, des fenêtres qui bordent la rue, on jette, sur les voitures des grands seigneurs nationaux ou étrangers, qui défilent mystérieusement à la suite les unes des autres, des *confetti,* auxquels on joint

---

[1] *Récit d'une sœur*, t. II, p. 325.

souvent des placets, des requêtes. On avait tout lieu de croire que le czarewitch voudrait avoir sa place dans le cortége.

— N'est-ce pas, dit-on à l'abbé Gerbet, une bonne occasion de faire arriver la vérité jusqu'aux oreilles de ceux qui l'entendent si rarement? Qui sait si une parole catholique n'éveillera pas, dans l'âme du successeur de Nicolas, des sentiments d'humanité, peut-être même des sentiments conformes à ceux d'Alexandre?

L'idée est acceptée; une adresse est rédigée, inutile de dire avec quel tact et quelle délicatesse, et au moment du défilé, une main élégante dirigea l'adresse vers sa destination.

On sut le lendemain qu'elle avait passé sous les yeux du prince, qui en avait été vivement impressionné [1].

En racontant cette anecdote, l'abbé Gerbet aimait à dire :

— J'ai prêché l'empereur Alexandre !...

VIII

Rome n'est le centre de la catholicité que parce que Pierre y réside.

De la présence du Vicaire de Jésus-Christ résulte cet attrait, doux parfum, qui séduit et fixe les âmes. « Ces senteurs de Rome se trouvent surtout sur les lèvres de son

---

[1] LADOUE, *op. cit.*, p. 164 et 165.

saint Pontife, qui exhalent au loin les parfums de l'amour. Gerbet est allé à Rome, il s'est jeté aux pieds du Pontife, dont les parfums l'avaient attiré; mais, tandis qu'il se prosternait humblement, le Pontife le relevait avec amour[1]. »

Grégoire XVI se disait heureux de voir Gerbet prolonger son séjour dans la Cité des Papes. Les volumes de Gerbet sur Rome, ses dissertations sur le symbolisme chrétien et sur l'histoire de l'Église, ses observations pleines de grâce ou de grandeur, les beaux et touchants tableaux [2] qu'il intitulait si modestement une *Esquisse*, ravissaient le cœur du vieillard auguste, consolé de voir le disciple rangé à sa droite, tandis que le maître avait fui dans les sentiers déviés.

« Le christianisme, avait dit Gerbet, n'est, dans son
« ensemble, qu'une grande aumône faite à une grande
« misère[3]! »

Cette belle et profonde parole touchait l'âme de Grégoire XVI.

Son successeur n'eut qu'à voir Gerbet pour l'aimer.

Le prêtre fidèle assista aux ovations qui marquèrent le début du pontificat de Pie IX. Le nouveau Pape savait qu'il avait suffi d'une parole, d'un souffle émané du Vatican, pour dissiper ce qui pouvait sembler nuageux et obscur dans les doctrines de l'abbé Gerbet. Ses douces nuées, à lui, — Pie IX le savait — ne renfermaient pas d'orage, et, en s'écartant, elles avaient laissé voir un fond de ciel serein, à peine voilé par places, mais pur et serein[4].

Pie IX voulut s'attacher Gerbet.

---

[1] Mgr BERTEAUD, *Oraison funèbre de Mgr Gerbet*.
[2] SAINTE-BEUVE, *op. cit.*, p. 317.
[3] *Considérations sur le dogme générateur de la piété*, etc.
[4] SAINTE-BEUVE, *op. cit.*, p. 314.

6

En 1848, le coup de vent des agitations politiques les conduisit tous deux sur les bords du golfe de Gaëte. Entre les bouleversements de la veille et les incertitudes du lendemain, impossible de recueillir sa pensée pour travailler [1].

IX

On le sut en France, et un prélat, alors à l'affût de tout ce qui pouvait accroître le lustre du siége de Paris, Mgr Sibour, lui offrit de remplacer l'abbé Cœur dans la chaire d'éloquence sacrée à la Sorbonne.

Déjà, huit années auparavant, un autre prélat, dont le long et fécond épiscopat aura été mêlé à tous les grands faits de l'histoire ecclésiastique en France durant un demi-siècle, Mgr Donnet, archevêque de Bordeaux, avait voulu l'attacher à la Faculté de théologie de sa ville archiépiscopale. On murmurait autour de l'archevêque : « Je « sais, répondit-il, qu'il y a des gens qui ont peur de l'abbé « Gerbet. Mais il ne faut pas oublier que, dans tous les « temps, les hommes sortant de la ligne font peur, et ce « sont cependant ceux-là seuls qui font marcher [2]!... »

Admirable parole, qui dénote une rare intuition des hommes et des choses.

Mgr Sibour fut plus heureux en 1848.

Ici, nous laisserons parler l'historien de Gerbet [3].

[1] GERBET, *Lettre du 24 décembre 1848*, adressée à M. Bonnetty.
[2] Mgr DONNET, *Lettre à l'abbé de Salinis*, 4 octobre 1841.
[3] LADOUE, *op. et loc. cit.*, p. 245 et suiv.

En rappelant l'abbé Gerbet, Mgr Sibour n'avait pas eu, pensons-nous, pour but principal d'en faire un professeur à la Sorbonne; il avait songé avant tout à avoir près de lui un ami sûr et un coopérateur utile pour les œuvres qu'il méditait.

La solitude d'un évêché, même au milieu des cités les plus animées, est parfois bien sévère et bien lourde, sans les épanchements de l'amitié. Les sollicitudes d'un vaste diocèse, qui aboutissent toutes, et pour ainsi dire sans intermédiaire, au centre; les entraves perpétuelles, même pour les affaires les plus minimes, des règles administratives; les fatigues journalières de fonctions nombreuses à remplir : tout cela rend nécessaires les délassements qu'un évêque ne peut guère trouver que dans les rapports d'une intimité affectueuse.

L'abbé Gerbet vint donc s'asseoir comme ami au foyer du nouvel archevêque : logé sous son toit, partageant sa table, vivant de sa vie.

X

L'un des témoins de cette vie de douce intimité, qu'il partageait et dont il conserva jusqu'à la mort un souvenir précieux[1], attestait que l'abbé Gerbet en formait le charme principal. On eût dit qu'il avait apporté avec lui comme un parfum de Rome chrétienne, qui s'exhalait dans toutes ses conversations et dans toutes ses démarches.

[1] L'abbé Dedoue, chanoine de Notre-Dame.

Le soir, quand le petit cercle de famille était formé, et que l'abbé Gerbet de sa voix douce et faible[1] racontait quelque épisode des derniers événements de Rome, il captivait l'attention de tous, et ouvrait les cœurs à un amour plus effusif envers le Pontife élu de Dieu.

Parfois, les causeries étaient moins sérieuses; elles tournaient à la plaisanterie, mais à des plaisanteries que la charité purifiait et sanctifiait.

En voici un exemple.

Mgr Sibour, habitué à l'air vif des montagnes des Alpes et incommodé par les chaleurs accablantes de l'intérieur de Paris, avait à Saint-Germain une maison de campagne où il se retirait pendant l'été.

Il avait là pour concierge un homme qui cumulait beaucoup d'emplois : ébéniste de son état, il était encore sacristain et jardinier. Qui s'étonnera que l'un ou l'autre de ces services fût quelquefois négligé? Mgr Sibour avait résolu d'appliquer le remède recommandé par les économistes modernes : la division du travail; et le pauvre ébéniste était menacé dans sa place de concierge. Mais ce concierge ébéniste-jardinier-sacristain était en même temps

---

[1] Sainte-Beuve a fait un portrait charmant de Gerbet, causeur et dans l'intimité : « Imaginez-vous une démarche longue et lente, un peu penchée, dans une paisible allée où l'on cause à deux du côté de l'ombre, et où il s'arrête souvent en causant; voyez de près ce sourire affectueux et fin, cette physionomie bénigne où il se mêle quelque chose du Fléchier et du Fénelon, écoutez cette parole ingénieuse, élevée, fertile en idées, un peu entrecoupée par la fatigue de la voix, et qui reprend haleine souvent; remarquez, au milieu des vues de doctrines et des aperçus explicatifs qui s'essayent et naissent d'eux-mêmes sur ses lèvres, des mots heureux, des anecdotes agréables, un discours semé de souvenirs, orné proprement d'aménité : et ne demandez pas si c'est un autre, c'est lui. » (*Causeries du lundi*, t. VI, p. 321.)

charitable, il avait retiré auprès de lui une jeune fille qu'il faisait élever. Or, cette enfant, aimable et gracieuse, avait gagné le cœur de l'abbé Gerbet.

Un soir donc, que l'on était réuni après le dîner, le concierge vient remettre un *pli* important à Sa Grandeur, annonçant que c'est pour *affaire urgente*.

On décachette ce pli mystérieux, et l'on y trouve les vers suivants, que l'on n'attribua pas, assure-t-on, au concierge :

A MONSEIGNEUR SIBOUR

Archevêque de Paris

Vous n'avez pas, Monseigneur, pour portier
Un moliniste, ou bien un janséniste :
Ces métiers-là ne sont pas son métier ;
Il n'est ni plus ni moins qu'un ébéniste.
Vous comprenez que sa profession
Vous garantit un concierge exemplaire :
Lui qui posait les portes d'un salon,
Peut bien garder une porte cochère.

On vous dira qu'un artiste à rabot
Est du jardin un gardien malhabile.
Mais je détruis ce soupçon d'un seul mot,
Et, grâce à vous, ma réplique est facile :
Ne peut-on pas suffire à deux emplois,
Lorsqu'au travail les mains sont toujours prêtes!
Vous faites bien cent choses à la fois,
Qui n'en sont pas pour cela plus mal faites.

Nul soin, dit-on, ne vous est étranger,
Et rien n'échappe à votre surveillance.
Vous abaissez jusqu'au vil potager
Ces vifs regards qui planent sur la France.

6.

Oh! laissez donc le chou blanc, le chou vert,
L'oignon, l'asperge et tout grotesque herbage,
Hormis les jours où la place Maubert
Sait vous en faire un populaire hommage.

D'un autre soin votre cœur est jaloux :
C'est du bonheur de toute une famille.
Quels artichauts pourraient valoir, pour vous,
Les chapelets de ma petite-fille?
Dans l'atelier, dans la loge, au jardin,
Guettant le vent qui vers ces lieux vous porte,
Nous serions tous heureux, sauf le chagrin
De vous ouvrir trop rarement la porte.

Pour émouvoir votre cœur paternel,
J'ai confié ma requête à saint Pierre,
Ce porte-clefs, ce concierge du ciel,
Qui prend pitié des portiers de la terre.
Il voit les maux dans leur loge amassés...
Du ciel, hélas! elle n'est point l'image;
Mais, en ouvrant la porte où vous passez,
Du ciel du moins j'entrevois le présage.

Saint-Germain en Laye, septembre 1849.

V

A L'ÉVÊCHÉ D'AMIENS

Sommaire. — L'abbé de Salinis est nommé évêque d'Amiens. — Rôle de Gerbet au Concile provincial de Soissons. — On demande son élévation à l'épiscopat. — A l'évêché d'Amiens. — Un cabinet d'études. — Les *Conférences d'Albéric d'Assise*. — Le Communisme est la conséquence logique du Rationalisme. — Conclusions formulées dans un parallélisme. — Travail acharné. — Rôle de Gerbet dans l'administration du diocèse. — Gerbet directeur spirituel chez les Dames du Sacré-Cœur d'Amiens. — Les salons de l'évêché. — Portrait par Sainte-Beuve. — Les *Nigauds* de l'abbé Gerbet. — Au Concile provincial d'Amiens. — Les intérêts du clergé inférieur. — Retour aux saintes règles du Droit. — Les reliques d'une sainte amiénoise. — Le *Livre de sainte Theudosie*. — Né pour l'épiscopat. — Il n'est pas administrateur ! — Les génies d'administration. — Un manifeste académique. — La candidature de l'abbé Gerbet à l'Académie française échoue. — Nomination à l'évêché de Perpignan. — Joie de Pie IX. — Les larmes de l'adieu. — La Croix à l'entrée d'un chemin.

I

Le 29 août 1849, l'abbé de Salinis prenait possession de l'évêché d'Amiens.

A quelques jours de là, s'ouvrait, à Soissons, le concile de la province de Reims. Le nouvel évêque y vint, accompagné de Gerbet, qui venait de prendre part aux travaux du concile provincial de Paris et accourait prêter son concours, comme théologien, à son vieil et fidèle ami.

Le rôle de Gerbet à Soissons fut si considérable, qu'à la clôture du concile, les Pères adressèrent au Président de la République une adresse collective, demandant son élévation à l'épiscopat.

II

De Soissons, l'abbé Gerbet vint à Amiens. En entrant dans cet évêché, qui lui était inconnu la veille, il lui sembla qu'il rentrait chez lui[1]; il prit immédiatement possession de l'appartement modeste, mais commode, qui lui avait été préparé, et il ne jeta pas un regard préoccupé, soit vers le passé, soit vers l'avenir. Ne lui demandez pas combien de temps il compte rester dans cet asile. Le sait-il? — Êtes-vous inquiet de ses moyens d'existence? Est-ce que la Providence ne veille pas? — Mais quelle sera sa position? Est-ce qu'il n'est pas chez un ami? Si, quelques jours plus tard, vous étiez entré dans cette chambre, en supposant qu'elle ne fût pas fermée à l'intérieur, — ce qui

---

[1] Après la défection de M. de Lamennais, M. l'abbé Gerbet s'était attaché avec plus de force encore qu'auparavant à M. de Salinis, le compagnon de son séminaire, de son ordination et de ses premiers travaux. Il ne comprenait guère une médiocre amitié : la confiance, l'abandon, au besoin l'obéissance parfaite et le noble aveuglement, caractérisaient ses relations intimes. (Mgr Besson, *Étude sur la vie et les œuvres de Mgr Gerbet*, loc. cit., p. 432.)

arrivait souvent[1], — vous auriez vu, sur les fauteuils, sur le canapé, sur la commode, sur le poêle, des livres ouverts, des feuilles de papier, et... par-dessus livres et papiers... une bonne et belle couche de tabac. A ne pas s'y tromper, c'est le cabinet d'un homme de travail[2].

III

Examinons les œuvres qui en sont sorties.

Déjà, les économistes devaient à Gerbet les *Conférences d'Albéric d'Assise*.

Albéric est un jeune Père, réel ou imaginaire, de l'Ordre de Saint-François. Ce jeune Père, avec un esprit élevé et un charme séduisant, essaye d'expliquer à ses frères les deux grandes lois de justice et de charité. Cet essai contient

---

[1] A Perpignan, comme à Amiens, à Rome, à Juilly, il avait des jours de solitude complète, où il ne vivait qu'avec Dieu et avec lui-même. Enfermé dans son cabinet, on lui faisait passer, comme à la dérobée, la nourriture du jour; c'était tout le service qu'il souffrait autour de lui; puis, la porte, à peine entr'ouverte, se refermait sur le monde, et l'étude, mêlée de prière, reprenait avec une exigence impérieuse ses droits absolus sur son temps et sur son esprit. Ses distractions tenaient du prodige. Un jour, Mgr Doney, évêque de Montauban, alla lui rendre visite : c'était un vieil hôte qui recevait un vieil ami. La réception fut empressée, cordiale, affectueuse. Mgr Gerbet, par honneur pour un ancien condisciple, fit faire les apprêts d'un grand repas. On sert à l'heure dite. La table était de dix-huit couverts. — Et vos invités? demanda Mgr Doney. — Ah! vraiment, c'est singulier... mais, j'ai oublié de les inviter. (Mgr Besson, *Étude sur la vie et les œuvres de Mgr Gerbet*, loc. cit., p. 448.)

[2] Ladoue, *Mgr Gerbet*, t. II, p. 268.

les idées économiques de l'abbé Gerbet, son économie politique fondée sur les bases du christianisme.

Jusque-là, l'économie s'était traînée dans l'ornière des financiers et des physiocrates ; elle avait prôné comme oracles Quesnay, Turgot, Adam Smith, Jean-Baptiste Say, Malthus et Ricardo. Elle se disait la science de la richesse ; et, outre-passant ses limites comme elle méconnaissait ses devoirs, elle entendait réduire la vie sociale aux exigences d'un budget. — Combien vous dois-je? — Combien me devez-vous? — Telle était la loi et les prophètes.

Gerbet ne peut s'enfermer dans ces horizons étroits et s'arrêter à ces vues charnelles. Dans sa pensée, la propriété doit avoir pour correctif la charité, et au droit de posséder correspond, dans l'harmonie sociale, le devoir de donner.

Thèse admirable, connue dans l'Église depuis les premiers siècles, mais jusqu'alors négligée dans sa formulation scientifique.

Gerbet s'efforce d'en découvrir les lois : il le fait avec une langue enchantée et une adorable bonté [1].

Il développa cette œuvre à Amiens, en 1850.

A cette date, le communisme menaçait la propriété en France.

Quelques années auparavant, sous la Restauration et sous le gouvernement de Juillet, l'Église, revendiquant ses justes libertés, n'avait pu obtenir des sectaires du Rationalisme la reconnaissance de ses droits. Menacés aujourd'hui dans leurs intérêts, ils ouvraient les yeux à la vérité.

Gerbet entreprit de les éclairer complétement.

« J'entends, dit-il, par rationalisme, la souveraineté de

---

[1] J. Fèvre, *L'abbé Gerbet*, troisième et dernière partie.

« l'individu dans l'ordre intellectuel, son affranchissement
« des entraves et des règles qu'imposent les sociétés
« domestique et civile, fondées sur la transmission héré-
« ditaire des biens. Je veux démontrer que le communisme
« est la conséquence logique du rationalisme [1]. »

Sur quoi, il examine les théories rationalistes sur la raison humaine, sur l'origine des choses, sur l'état originaire du genre humain, sur l'organisation matérielle de l'Église, sur l'éducation, sur la société religieuse, sur les caractères de la propriété, et il démontre, avec une grande logique, qu'elles aboutissent toutes au plus pur communisme.

« S'ils rencontrent dans ce livre un seul passage où j'essaye de substituer la passion au raisonnement, je prie mes lecteurs de laisser ce livre [2]. »

Ainsi parlait l'auteur, en ouvrant son étude, et, arrivé au terme de sa rigoureuse démonstration, il en résumait les saisissantes conclusions dans un tableau dont nous donnerons au moins un aperçu, ne pouvant tout citer.

RATIONALISME	COMMUNISME
La société humaine tend nécessairement à s'affranchir du joug des prêtres, parce qu'elle passe par deux phases, l'une, qui est celle de l'enfance, pendant laquelle elle vit instinctivement de croyances et de tradition ; l'autre, qui est celle de la maturité, pendant laquelle elle substitue un ensemble de vérités rationnelles aux aveugles affirmations de la foi.	La société humaine tend nécessairement à s'affranchir du joug des propriétaires, parce qu'elle passe par deux phases, l'une dans laquelle elle s'attache instinctivement au principe d'hérédité, l'autre dans laquelle elle substitue une organisation scientifique aux aveugles combinaisons de la naissance.

[1] *Rapports du Rationalisme avec le Communisme.* Introduction.
[2] *Ibid.*

Toute inégalité intellectuelle, provenant d'une autre cause que l'inégalité des facultés, est une violation de l'indépendance naturelle de la raison de chaque homme; il ne doit point y avoir de privilégiés dans l'empire de l'intelligence.

Nul homme ne peut admettre comme vraies que les choses dont dont il a découvert la vérité par l'activité de sa propre raison.

La loi du progrès veut qu'un système de conceptions rationnelles remplace les croyances irrationnelles qui reposent sur la foi mystérieuse d'une révélation.

La loi du progrès veut que, dans l'ordre de l'intelligence, l'élément de liberté prévale sur l'enseignement traditionnel, qui est une sorte de fatalité pour la raison.

La loi du progrès veut que le privilége d'égalité extirpe le principe de la hiérarchie catholique, en vertu duquel les prêtres constituent une aristocratie dans l'ordre spirituel.

La loi civile sur la propriété ne doit être liée à aucun système religieux, parce qu'il ne doit point y avoir de théologie légale.

La liberté de l'esprit humain serait enchaînée, si le droit de propriété était érigé en dogme immuable au nom de la religion.

Le dogme religieux de la propriété, qui serait considéré aujourd'hui comme une vérité, peut être une fausseté demain.

La société doit être constituée indépendamment du dogme de la vie future, l'harmonie du devoir

Toute inégalité sociale, fondée sur l'hérédité des biens et provenant par là même d'une autre cause que la capacité personnelle, est radicalement illégitime, puisqu'en fournissant aux riches des moyens d'instruction dont les autres sont dépourvus, elle fait des privilégiés, même dans l'empire de l'intelligence.

Nul homme ne peut posséder comme bien légitime que les choses dont il a acquis la jouissance par son propre travail.

La loi du progrès veut qu'une répartition rationnelle des biens remplace la tradition irrationnelle qui repose sur la loi mystérieuse de la naissance.

La loi du progrès veut que, dans l'ordre des jouissances, l'élément de liberté prévale sur la transmission héréditaire des biens, qui est une sorte de fatalité dans la vie sociale.

La loi du progrès veut que le principe d'égalité extirpe le principe de la hiérarchie sociale, en vertu duquel les propriétaires constituent une aristocratie dans l'ordre temporel.

La loi civile sur la propriété ne doit être liée à aucun système religieux, parce qu'il ne doit point y avoir de métaphysique légale.

La liberté de l'esprit serait enchaînée, si le droit de propriété était érigé en dogme immuable au nom de la philosophie.

Le dogme philosophique de la propriété, qui serait une vérité aujourd'hui, peut être une fausseté demain.

L'harmonie du bonheur et du devoir devant se réaliser sur la terre, la société ne doit pas être et du bonheur doit se réaliser sur la terre.

La société tend à se faire son ciel sur la terre : l'individu peut croire à une rémunération théologique ; la société ne peut croire qu'à une loi de rémunération positive dans la vie présente.

constituée en deux classes d'hommes, dont les uns ont de grandes jouissances même sans travailler, et dont les autres sont privés de ces jouissances, même en travaillant.

Si la société tend à se faire son ciel sur la terre, elle doit y réaliser définitivement la justice distributive, suivant laquelle les biens de ce monde sont répartis, non d'après la loi de naissance, mais uniquement d'après la loi du mérite et des œuvres[1].

IV

A l'évêché d'Amiens, la plus grande partie de la vie de Gerbet appartenait à son cabinet d'études. A certaines époques, ce maître exigeant exerçait un tel empire qu'on ne pouvait lui arracher même un quart d'heure pour le déjeuner ou le dîner, à plus forte raison pour une distraction quelconque ; à peine permettait-il d'entr'ouvrir la porte pour laisser passer le peu de nourriture nécessaire pour soutenir le corps sans nuire au travail. — Et cela durait huit jours, quinze jours[2].

En dehors de ces circonstances, il faut le dire, exceptionnelles, l'hôte de l'évêché prêtait son concours, toujours utile, aux œuvres de l'administration ecclésiastique.

Quand venait un synode ou un concile, il ouvrait son trésor tout entier. Avait-on besoin de conseil dans une

---

[1] *Rapport du rationalisme avec le communisme.* Conclusion.
[2] Ladoue, *op. cit.*, passim.

affaire grave, on le trouvait chez lui, sûr, lumineux. Il assistait aux réunions ecclésiastiques qui se tenaient à l'Évêché, et l'on se pressait pour entendre les sons de sa voix, qui n'arrivaient que difficilement aux oreilles, mais qui jetaient dans les esprits de vives clartés; il prenait part aux œuvres de zèle; il consentit même à se charger de la direction des Dames du Sacré-Cœur, qui possèdent, à Amiens, au berceau même de leur congrégation, un pensionnat florissant.

V

Au début, le dévouement sacerdotal l'avait seul décidé à accepter cette mission, qui le détournait toujours un peu de ses occupations intellectuelles. Une affection tendre et paternelle vint plus tard se joindre à ce premier sentiment, et en augmenter l'activité [1].

Le directeur des religieuses s'occupait aussi des élèves, il songeait toujours à les instruire et quelquefois à les distraire, ou plutôt, pour dire le mot vrai, à les amuser. Quoi de plus touchant que cette condescendance attentive d'un puissant esprit! Le poëte aimable remplaçait alors le théologien. Il écrivait de charmantes pièces en vers, dont un connaisseur [2] a dit qu'il y passait comme un souffle d'*Esther;* mais d'une *Esther,* ajouterons-nous, où la muse, ne

[1] LADOUE, *op. cit.*, t. II, p. 276.
[2] SAINTE-BEUVE.

cherchant jamais le ton tragique, se livrait tout entière à l' « allégresse légère » d'un cœur tranquille et pur[1].

VI

L'abbé Gerbet se pliait à d'autres exigences. Mgr de Salinis, qui aimait à recevoir et s'y entendait parfaitement, ouvrait, le dimanche soir, les salons de l'Évêché...

Mais je laisse la parole au fin critique que je viens de citer, et qui a dit avec beaucoup de charme cet épisode de la vie de Gerbet à Amiens.

« La nature de l'abbé Gerbet est de celles qui, seules, ne se suffisent point à elles-mêmes et qui ont besoin d'un ami ; on dirait qu'il n'a toute sa force que quand il peut s'y appuyer. Longtemps, il crut avoir trouvé cet ami plus ferme de volonté et de dessein dans la personne de M. de Lamennais ; mais ces volontés plus fortes finissent, souvent sans y songer, par nous prendre comme leur proie et par nous jeter ensuite comme une dépouille. L'amitié vraie, telle que l'entendait La Fontaine, demande plus de soin et d'égalité. L'abbé Gerbet a donc trouvé un ami égal et tendre, et tout conforme à sa belle et fidèle nature, en M. de Salinis ; parler bien de l'un, c'est s'attirer aussitôt la reconnaissance de l'autre. Puis-je sans indiscrétion pénétrer dans l'agrément de cet intérieur et y ouvrir un jour, du moins pour ce qu'il a de littéraire et d'ingénieux ? L'abbé Gerbet,

[1] Eugène VEUILLOT, *Mgr Gerbet* (dans les *Célébrités contemporaines*), p. 235.

comme Fléchier que j'ai nommé à son sujet, a un esprit de société plein de charme, de douceur et d'invention. Ce qu'il a fait et semé, dans tous les lieux où il a vécu et dans les sociétés qu'il a traversées, de jolis vers, de petits poëmes allégoriques, de couplets de fête et de circonstance, il l'a lui-même oublié. Il est de ceux qui édifient sans tristesse, et qui savent animer les heures sans les dissiper. Dans cette vie déjà longue où pas une mauvaise pensée ne s'est glissée, et qui a échappé à toute passion troublante, il a gardé la joie première d'une belle âme pure. La spiritualité discrète se combine chez lui avec l'allégresse légère...

« Les soirs du dimanche, Mgr l'évêque d'Amiens a l'habitude de recevoir; on vient avec plaisir dans ce salon qui n'a rien de sévère, et où la bonne compagnie se trouve naturellement chez elle. On y joue à quelques jeux; on y tire quelque loterie, et, pour qu'il soit dit que personne ne perdra, il est convenu que l'abbé Gerbet fera des vers pour le perdant, pour celui qui s'appelle, je crois, le *nigaud*. Ces *nigauds* de l'abbé Gerbet sont pleins d'esprit et d'à-propos : il les fait par « obéissance », ce qui le sauve, dit-il, de tout reproche et de toute idée de ridicule. Il est difficile de détacher ces vers des circonstances de société qui les produisent; voici pourtant une de ces petites pièces improvisées, à l'usage et pour la consolation des perdants. Elle a pour titre :

LE JEU DU SOIR.

C'est aujourd'hui la fête de la Vierge.
Mais, entre nous, je voudrais bien savoir
Si, quand on doit le matin prendre un cierge,
On peut tenir une carte le soir.

Je ne veux pas, censeur trop difficile,
Blâmer un jeu que permet le salon,
Mais je vous dis que, sous un air futile,
Ce jeu vous donne une grave leçon.

Rappelez-vous, à chaque loterie,
Que tous nos jours sont un frivole jeu,
Si l'on ne gagne, au soir de cette vie,
Un lot tombé du grand trésor de Dieu.

Si Dieu préside à vos heures légères,
Ce jeu du soir est un temps bien passé,
Et, du matin rejoignant les prières,
Finit le jour comme il a commencé.

Je vous surprends, par mon langage austère ;
Vous voulez rire, et je vous ai prêché :
Au jeu mondain un sermon ne va guère,
Mais on le passe au jeu de l'Évêché [1].

VII

Comme à Paris et à Soissons, la forte théologie de Gerbet se fit jour au concile provincial qui se tint à Amiens, durant son séjour auprès de Salinis, et qui a laissé, dans l'histoire de l'Église de France sous le second Empire, un souvenir dont les émotions ne sont pas encore calmées.

Nous y reviendrons ; mais, en ce moment, qu'on nous laisse saluer, dans le noble cœur de Gerbet, cette touchante et constante préoccupation des intérêts du clergé inférieur.

---

[1] SAINTE-BEUVE, *Causeries du lundi*, t. VI, p. 322 et 323.

La situation du clergé français, nous l'avons dit ailleurs [1], est aujourd'hui encore exceptionnelle. Comme au sortir de la Terreur, quand il s'agit de reconstituer et de courir au plus pressé, les prêtres vivent, sur bien des points, en dehors du droit commun, fixé par les règles générales de l'Église.

Gerbet souffrait de cette situation, qui réclame, du côté des prêtres, un esprit d'abnégation poussé parfois jusqu'à l'héroïsme, et, du côté des évêques, une initiative dont plus d'un gémit, souvent assez haut pour que la fin de cet état de choses — disons-le, anormal, — puisse être prophétisée prochaine.

La collation des bénéfices, l'inamovibilité des charges d'âmes, les jugements ecclésiastiques, et bien d'autres questions auxquelles on ne touche pas sans trembler, préoccupèrent Gerbet. Elles lui dictèrent une série de *Postulata* et lui inspirèrent la rédaction de décrets conciliaires que Pie IX accueillit avec une paternelle satisfaction.

A la reprise du concile du Vatican, ces questions se posèrent à l'Église catholique, réunie sous la présidence du Père commun des fidèles. Les prémices dus à l'abbé Gerbet seront alors un jalon lumineux, et l'Église de France recouvrera sa splendeur, en retrouvant ce qui assure l'action et protége l'activité de ses prêtres : le retour aux saintes règles du Droit.

Salinis revint de Rome, porteur de l'approbation des décrets du Concile d'Amiens, dont les grands théologiens romains avaient tout loué, même « la latinité qui en est

---

[1] *Lamennais,* chap. III, V, etc.

excellente ». Ce compliment allait droit au rédacteur, M. l'abbé Gerbet.

VIII

En outre, le pieux prélat rapportait un autre trésor : le corps d'une sainte martyre, découverte dans les catacombes, et dont l'inscription du tombeau attestait qu'elle était née à Amiens.

« En entrant dans les rues de la ville moderne, en tra-
« versant ses rues, cette Amiénoise de la ville antique,
« cette Romaine des catacombes, transportera tout d'un
« coup leurs pensées au berceau de leur foi, et leur don-
« nera, en plein dix-neuvième siècle, comme une vision
« des anciens jours... Elle est devenue leur protectrice,
« depuis le jour où elle a uni le berceau de notre Église
« naissante au tombeau de saint Pierre par la communion
« du sang [1]. »

Après l'exhortation et l'histoire, le chant.

>Salut, ange de paix, salut, sœur inconnue
>   Qui nous reviens !
>Salut, étoile antique et si longtemps perdue
>   Pour Amiens !
>
>Vivante, tu lui fis, timide et consternée,
>   Un long adieu ;
>Morte, tu le revis, joyeuse et couronnée
>   Des mains de Dieu !

[1] GERBET, *Livre de sainte Theudosie*, p. 116.

La belle âme de Gerbet se complaît à fêter le retour de sainte Theudosie, et le livre qu'il lui a consacré, en avivant la piété des Amiénois envers leur sainte compatriote, a fixé le souvenir des fêtes magnifiques qui marquèrent le retour de la martyre dans sa ville natale.

IX

On l'a dit avec beaucoup de finesse et de raison :
« L'abbé Gerbet était un de ces prêtres qui semblent nés pour l'épiscopat. Aux grandes qualités, aux grandes vertus du prêtre, il joignait les dons que le monde apprécie ; mais, aux yeux de certaines gens, qui décident trop souvent des affaires, sa supériorité même était un écueil. — Ce n'est pas, disait-on, un esprit pratique, il serait mauvais administrateur : comme si, pour être administrateur et pratique, la première condition n'était pas la supériorité d'intelligence. Bref, on lui reprochait de n'avoir pas les grands mérites d'un petit expéditeur et la petite science d'un grand chef de bureau. Et, en effet, il ne les avait pas ; il n'était pas homme à se complaire dans les petits détails et à faire briller, sous la mitre, les hautes capacités d'un bon doyen ; il avait une nature d'évêque, c'est-à-dire, suivant l'étymologie du mot, d'un homme qui voit de haut, qui puise dans l'habitude des grandes pensées la noble entente des affaires [1]. »

---

[1] Fèvre, *op. cit.*, 1re partie.

Et cependant, Mgr de Salinis formait des vœux ardents pour voir enfin sur le chandelier cette lumière, trop longtemps voilée. Les Pères du Concile de Soissons l'avaient présenté au choix des gouvernements, ils renouvelèrent leur demande à Amiens. Aux Cultes, l'un des ministres était son ancien élève, l'autre son compatriote et ami. Mais toutes les bonnes dispositions échouèrent longtemps devant cette fin de non-recevoir : M. Gerbet n'est pas administrateur ! — Les apôtres auraient bien souri, s'ils avaient entendu énoncer ce motif d'exclusion [1].

Bonnetty l'écrivait à Mgr de Salinis : « M. de Crouseilhes est arrêté par l'éternelle fin de non-recevoir de la prétendue *incapacité administrative* de M. Gerbet [2]. »

Un des meilleurs prédicateurs des Retraites pastorales en ce temps [3], amené à traiter cette question délicate, des obligations de l'ecclésiastique comme administrateur, faisait naître un sourire sur les lèvres de ses graves auditeurs quand il disait :

« Généralement, on dit de tout homme en fonction, de qui il n'y a rien à dire : Il est administrateur. Ce titre semble l'apanage convenu de ceux qui n'en méritent pas d'autre. Combien d'incapacités ont fait leur chemin sur cette recommandation et trôné sous une telle enseigne ! Il y a plus, les hommes qui se croient un pareil talent le refusent volontiers à ceux qui les dépassent, et ils trouvent aisément des complices de leur injustice dans ces passions de la foule : « On n'accorde pas volontiers deux mérites « à la même personne, et il est rare qu'on ne lui retire

---

[1] Ladoue, *op. et loc. cit.*, p. 326.
[2] Lettre du 26 juillet 1851.
[3] Le Père Caussette, vicaire général de Toulouse.

« pas d'une main ce qu'on lui a donné de l'autre. Qu'un
« homme ait de l'esprit, c'est assez pour qu'on lui refuse
« le jugement. C'est ainsi que la jalousie se console, que
« la médiocrité se revanche [1] »... et que les administrateurs sont vengés [2]. »

Hélas! on n'en a vu que trop, de ces prétendus génies d'administration, pour qui l'idéal du gouvernement consiste à se mirer complaisamment dans une série de registres, où le Doit et l'Avoir sont majestueusement étalés à l'encre noire et à l'encre rouge. La netteté des écritures, les lignes bien droites et tirées avec une rare correction, tout cela, c'est très-bien, mais, de bonne foi, est-ce tout, quand ce n'est pas un trompe-l'œil?

Gerbet ne sera jamais ce comptable que l'on nous vante. Il sera évêque avant tout, et, parce qu'il sera évêque, parce qu'il aimera son église, il saura travailler pour le diocèse que vous lui confierez, sans négliger l'administration. Bien plus, il sera la gloire du siége sur lequel vous le ferez s'asseoir, et, le nom de son église se confondant avec le sien, partout, dans l'Église universelle où son beau talent fera rayonner son action vraiment épiscopale, on dira, parlant de lui : le grand Évêque de Perpignan!

Mais la négociation fut longue. Elle dura plusieurs années, et, au moment où nous en sommes, elle sembla définitivement avortée.

[1] *Pensées morales et littéraires.*
[2] *Manrèze du Prêtre,* t. II, p. 368.

X

Pendant qu'on travaillait à le faire évêque, les amis du dehors visaient à le faire académicien.

Un des amis d'autrefois, dont l'amitié avait survécu à bien des vicissitudes, et dont sans doute plus d'un puritain reprochait à Gerbet la faveur constante, Sainte-Beuve prit chaleureusement en main la direction de cette campagne.

Le 15 août 1852, le *Constitutionnel* publiait sous ce titre : *L'abbé Gerbet,* un vrai manifeste académique, signé d'un nom qui faisait autorité dans le monde de lettres.

L'article débutait ainsi :

« Voici un sujet que je m'étais proposé depuis longtemps
« pour un jour de fête, pour une Fête-Dieu, ou pour la
« fête de Marie; car il y entre de la sainteté, de l'onction,
« de la grâce mêlée à la science, et un pieux sourire. Com-
« ment, diront quelques-uns de mes lecteurs habituels,
« comment le nom de l'abbé Gerbet signifie-t-il tout cela?
« Je voudrais tâcher de le leur expliquer, leur donner idée
« d'un des hommes les plus savants, les plus distingués et
« les plus vraiment aimables que puisse citer l'Église de
« France, et l'un de nos meilleurs écrivains, et, sans m'em-
« barquer dans une situation difficile ou controversée,
« mettre doucement en lumière la personne même et le
« talent [1]. »

---

[1] *Causeries du lundi*, t. VI, p. 308.

Suit une appréciation qui comptera parmi les chefs-d'œuvre de l'éminent critique.

Il la concluait, en écrivant :

« L'abbé Gerbet, à ces mérites élevés que je n'ai pu
« que faire entrevoir, mêle une douce gaieté, un agrément
« naturel et fleuri, qui rappelle, jusque dans les jeux de
« vacances, l'enjouement des Rapin, des Bougeant et des
« Bouhours. On a beaucoup disputé, tous ces temps der-
« niers, sur la question des études et sur le degré de litté-
« rature autorisé par le clergé; on a mis en avant bien des
« noms empressés et bruyants : j'ai voulu rappeler un
« nom aussi distingué que modeste [1]. »

Puis, démasquant ses batteries, l'académicien terminait par cette déclaration :

« Il y a longtemps que je me suis dit : Si l'on avait à
« nommer un ecclésiastique à l'Académie française, comme
« je sais bien d'avance quel serait mon choix! Et il y a
« plus : je suis bien sûr que la philosophie dans la per-
« sonne de M. Cousin, la religion par l'organe de M. de Mon-
« talembert, la poésie par la bouche de M. de Lamartine,
« ne me démentiraient pas [2]. »

Au grand scandale des pharisiens, la candidature de l'abbé Gerbet à l'Académie se trouva ainsi introduite.

Nous ne referons pas l'histoire des négociations auxquelles elle donna lieu. Qu'il suffise de dire qu'au moment où elle allait aboutir, tout fut subitement rompu, et ajoutons que le candidat, qui se laissait pousser sans la moindre envie de forcer les portes, s'en consola facilement.

Mais, par une intervention de la Providence qui se joue

[1] *Causeries du lundi*, p. 323.
[2] *Ibid.*, p. 324.

des calculs humains, au moment même où la candidature académique échouait, l'autre réussissait inopinément, par l'intervention personnelle et inattendue du Chef de l'État.

Le 16 avril 1854, Pie IX, heureux d'un choix qui répondait à ses plus ardents souhaits, faisait parvenir à Amiens la nouvelle de la préconisation de M. l'abbé Gerbet au siége épiscopal de Perpignan.

C'était le saint jour de Pâques.

A l'allégresse publique répondait, dans le cœur aimant du nouveau prélat, une douleur : celle de quitter ses chères œuvres d'Amiens, celle surtout de se séparer d'un ami, « un ami de trente ans, disait-il, grand espace dans « la durée des amitiés humaines ! » Il ajoutait, avec une tendre et affectueuse insistance : « Pendant ces années « sujettes à tant de vicissitudes, nos vies ont été entrela- « cées de tant de manières, qu'en le quittant nous ressen- « tons dans une seule séparation plusieurs déchirements « et une multiplicité d'adieux dans un seul [1]. »

Mais la belle âme de Gerbet savait que tout coopère au bien de ceux qui aiment Dieu [2] et la sainte Église.

Du sacrifice, il sut faire un échelon vers le ciel, et c'est dans les termes les plus touchants qu'il le dit :

« Lorsque Dieu conduit là où il prépare de grandes con- « solations, il place presque toujours des privations à « l'entrée de la carrière, il y fait fleurir quelques souf- « frances. Ces épreuves ressemblent à une croix qu'un « voyageur rencontre sur son chemin, au moment où il se « met en route : elles sont à la fois tristes et rassurantes. « Sans elles, la mission d'un évêque serait privée d'un trait

[1] *Mandement de prise de possession* de l'évêché de Perpignan.
[2] SAINT PAUL, *Épître aux Romains*, VIII, 28.

« qui doit en marquer le début ; il lui manquerait un des
« présages ordinaires des faveurs divines, elle pourrait s'a-
« larmer de se trouver d'abord trop heureuse. Nous avons
« donc à remercier Dieu d'avoir permis que nous eussions
« des peines à lui offrir, en allant nous offrir à vous, et
« que, dès notre premier pas pour nous rendre à cet appel,
« il y eût du sacrifice dans notre obéissance [1]. »

[1] *Mandement de prise de possession.*

VI

GERBET ÉVÊQUE.

Sommaire. — L'administrateur modèle d'après saint Ambroise. — Mandement d'installation. — Le choléra à Perpignan. — Vis-à-vis de ses prêtres. — Récit de l'abbé Casamajor. — L'Évêque. — Directeur de religieuses. — Le désir d'une chape noire. — L'artiste. — Il ambitionne peu la gloire des lettres humaines. — Les intérêts généraux de la chrétienté. — *L'instruction pastorale sur diverses erreurs du temps présent.* — La colère aimante et la haine parfaite. — Résidence. — Auprès de Salinis mourant. — Pressentiments de fin prochaine. — Un coup de foudre. — Le rayon lumineux. — La tombe de Gerbet.

I

Un grand Évêque des grands siècles ecclésiastiques a défini l'administrateur modèle. Il doit réunir quatre qualités : « La modération dans les négociations, l'ordre dans « les dispositions, le choix du temps, la mesure dans les « paroles [1]. »

Si je faisais un panégyrique classique de l'épiscopat de Gerbet, il me serait aisé d'y retrouver les conditions exi-

---

[1] « Moderatio in negotiis, ordo rerum, opportunitas temporis, mensura verborum. » (Ambr., *De offic.*)

gées par saint Ambroise, qui, certes, s'entendait en administration épiscopale et civile.

Cette démonstration ressortira suffisamment des faits : inutile d'y insister par un développement quelconque, car, à la fin de ce chapitre, une conclusion s'imposera à tout appréciateur de bonne foi ; celle-ci :

« Durant les dix années de son épiscopat, Mgr Gerbet
« se montra le pasteur le plus dévoué à ses ouailles, le
« plus préoccupé de tous les besoins de son diocèse [1]. »

Son mandement d'installation traçait un programme dont il n'a pas dévié.

« Nous avons promis, du fond du cœur, disait-il, et la
« face contre terre, de garder sans tache l'Église que Dieu
« nous a choisie, de dédaigner tous les intérêts mondains
« pour concentrer tous nos soins sur elle, d'avoir une ten-
« dre compassion pour tous ses membres souffrants, de
« l'aimer d'un amour si vrai que nous sachions, s'il le fal-
« lait quelquefois, nous résigner à être sévère, mais alors
« de faire en sorte que la bonté soit la seconde moitié de
« la justice ; de l'entourer, en un mot, de tant de sollici-
« tude que nous puissions espérer de ne jamais lui donner
« un sujet de plainte, et de ne pas troubler, par notre
« faute, la sérénité des jours que nous passerons ensemble
« sur la terre... Nous ne sommes devenu la tête de ce dio-
« cèse que pour en être aussi le cœur... »

Nobles paroles, qui furent la règle d'une vie épiscopale irréprochable.

Gerbet était une belle intelligence, c'était par-dessus tout un grand cœur, et un cœur qui, ayant souffert beau-

---

[1] Fréd. Godefroy, *les Prosateurs au dix-neuvième siècle*, t. Ier, p. 408.

coup, pouvait redire la parole de Paul : « Vous n'avez pas un pontife qui ne puisse pas compatir à vos infirmités ; le nôtre a passé par toutes les épreuves [1]. »

A peine sacré, Dieu lui fournit l'occasion d'en donner un éclatant témoignage.

Le nouvel évêque, dont la santé était ébranlée, se disposait, avant de commencer ses fonctions pastorales, à aller chercher aux Eaux-Bonnes les forces qui lui étaient nécessaires, lorsqu'il apprit, par un journal, que le choléra s'était déclaré dans le Midi. Craignant que l'épidémie n'atteignît son diocèse, il voulut partir sans retard : ce voyage précipité, accompli pendant des chaleurs excessives, acheva de l'épuiser. Le mal se déclara avec des symptômes alarmants, et ceux qui l'entouraient conçurent de vives inquiétudes ; des soins énergiques en triomphèrent, et le généreux pasteur put, le 23 juillet 1864, faire son entrée solennelle à Perpignan, au milieu des acclamations d'un peuple reconnaissant, accouru de tous les points du diocèse.

Un mois à peine s'était écoulé, quand le choléra éclata dans le département, et y fit d'effroyables ravages. Le bon pasteur proportionna les secours à l'intensité du fléau : par sa présence, ses paroles, ses aumônes, il relevait les courages abattus, adoucissait d'amères douleurs et faisait bénir sa charité [2].

[1] SAINT PAUL, *Épître aux Hébreux*, IV, 15.
[2] *Moniteur*, article nécrologique sur Mgr Gerbet.

II

Après l'épidémie, il commença à administrer.

« Mais c'est ici que vous devriez parler à ma place, vous qui l'avez admiré, se faisant tout à tous, petit avec les petits, infirme avec les infirmes, ne voulant rien savoir parmi vous, sinon Jésus, et Jésus crucifié. Sa vie humble et retirée s'écoulait modestement ici. Le père aimait ses enfants, et les enfants vénéraient leur père. Voilà presque son épiscopat tout entier [1]. »

Cette bonté, qui s'épanchait sur tous, avait cependant pour objet privilégié ses prêtres. « Qui de vous, écrivaient ses anciens vicaires généraux au clergé de Perpignan, qui de vous s'est entretenu avec lui, et ne s'en est retourné éclairé, touché, consolé? Mais c'est surtout dans ces retraites pastorales, dans ces réunions de frères sous le regard d'un père, qu'il aimait à vous parler souvent, longuement, et jusqu'à épuisement de ses forces... Et, malgré la fatigue, comme il aimait encore à entretenir chacun de vous en particulier, n'ayant qu'une crainte : c'est que quelqu'un peut-être, pendant ces journées qui s'écoulaient trop vite, ne pût parvenir à lui parler [2]. »

Aussi eut-il soin de réunir son clergé en synode, et il voulut que toutes les règles de l'Église y fussent scrupuleusement observées, afin de pouvoir entrer en communica-

---

[1] Mgr DE LA BOUILLERIE, *Éloge funèbre de Mgr Gerbet*.
[2] *Mandement des vicaires capitulaires à l'occasion de la mort de Mgr Gerbet.*

tion avec ses prêtres, connaître, écouter leurs désirs et les faire vivre de sa vie.

Suivant ses bien-aimés coopérateurs dans leurs pauvres paroisses, il aimait à s'asseoir familièrement à leur foyer, comme un père, mieux encore peut-être, comme un frère, revêtu de la plénitude de ce sacerdoce qu'il respectait en eux.

Avait-il à leur demander un acte d'obéissance, un sacrifice utile à l'Église et pénible à la nature, il y mettait une bonté qui remuait les âmes sacerdotales et les rendait capables d'héroïsme.

Je n'en citerai qu'un trait.

Un de ses prêtres, qui l'avait accompagné à Rome en 1863, dut rentrer en France avant l'évêque. Il alla prendre congé de cette aimable Grandeur, « non, dit-il lui-même, non sans quelque tristesse ».

« Je dirai un mot de cet adieu, continue-t-il, parce qu'il servira à montrer les attentions vraiment délicates que Mgr Gerbet ne dédaignait pas d'apporter dans ses relations avec le moindre de ses prêtres. Il me prit affectueusement les deux mains sans rien dire. Il imprima à mes mains une forte pression que je ne compris pas d'abord. Je devinai, au bout d'un instant, qu'il me voulait à genoux devant lui. Je m'agenouillai aussitôt. Il me dit alors, en tenant toujours mes deux mains dans les siennes : « Me pro-
« mettez-vous d'aimer vos paroissiens de Molity comme
« vous avez aimé vos paroissiens de Canaveilles ? » Je ne répondis rien. Il m'annonçait ainsi mon changement de paroisse, mais l'engagement qu'il me demandait était au-dessus de mes forces. Il répéta mot pour mot la même question : « Me promettez-vous ?... » Après un moment de silence, je levai la tête et lui répondis : « Oui, Monsei-

« gneur, je vous le promets. » Il me releva, m'embrassa, et il me dit entre autres choses : « Je savais que vous ne « me refuseriez pas; je m'y attendais bien... » Aucun sacrifice ne pèse quand l'évêque, au lieu de l'imposer de par son autorité, le demande avec cette grâce qui est une des meilleures formes de la charité chez les hommes investis du droit de commander aux autres. On voit toujours sous la rosée d'affection que répand le cœur du chef, et surtout le cœur de l'évêque, les dévouements fleurir bien vite dans l'âme des subordonnés[1]. »

Sans cesse occupé de son clergé, l'évêque de Perpignan témoignait le plus tendre intérêt à ses séminaires et ne négligeait rien pour élever l'enseignement et former une génération de prêtres vertueux et éclairés. Dans ses tournées pastorales, le prélat se transformait en simple missionnaire, se livrant à la prédication, passant au confessionnal une partie considérable de la journée, et accueillant avec bonté tous ceux qui s'adressaient à lui.

Les pauvres et les malades avaient une large part dans sa sollicitude, et il s'attachait à multiplier les établissements où ils reçoivent des secours[2].

III

Une de ses joies, sa plus grande joie peut-être, était de penser que la prière ne cessait jamais dans son diocèse. Que de fois on l'entendit dire, en se promenant, le soir,

---

[1] L'abbé CASAMAJOR, *Séjour de Mgr Gerbet à Rome en 1863*.
[2] *Moniteur*, art. cit.

sur la terrasse de l'Évêché : « Quel bonheur ! Jour et nuit, des diverses parties de mon diocèse, la prière monte vers le ciel ! » Et quand il parlait ainsi, son noble et doux visage rayonnait.

Pour encourager les saintes âmes à qui l'Église confie ce sublime ministère de la prière, il ne dédaignait pas, comme autrefois Bossuet pour la Sœur Cornuau, de diriger leur conscience et de se faire leur confesseur attitré. Il disait à la supérieure des Sœurs garde-malades, qu'il avait établies à Perpignan : « Est-ce que ces enfants n'ont pas « peur de s'adresser à un évêque ? Je ne suis pas plus qu'un « autre. Dites-leur de ne rien craindre. » Sur ce, ajoute la supérieure, je le vis prendre un surplis à l'usage de M. l'aumônier, et se diriger vers le confessionnal. »

Un jour, une autre supérieure, celle du Bon-Pasteur, lui expose que la sacristie manque de ressources pour se procurer les ornements les plus indispensables ; il n'y a pas de chape noire, et pas d'argent pour s'en procurer.

— Adressez-vous de ma part, dit le bon Évêque, aux Dames du Sacré-Cœur, qui, avec le concours des dames de la ville, Enfants de Marie, confectionnent des ornements pour les églises pauvres... Mais non, ajouta-t-il après une pause, non, c'est à moi à faire la demande. Je vous l'enverrai demain.

Elle arriva en effet le lendemain, et la voici :

LA SUPÉRIEURE DU BON-PASTEUR
AUX ENFANTS DE MARIE DU VERNET

Je viens vous faire une confession,
Bien surprenante et pourtant bien sincère,
Je vois germer un grain d'ambition
Sous l'humble toit de notre monastère ;

Que toute envie y doive s'amortir,
C'est notre règle et non pas notre histoire;
Car, malgré tout, il nous reste un désir :
 Le désir d'une chape noire.

Le saint habit qu'on prend au Bon-Pasteur
A, grâce à Dieu, la blancheur en partage;
Nous chérissons cette belle couleur
Qui de nos cœurs devrait être l'image;
Ce fond si blanc pourtant se rembrunit,
Quand, à nos yeux, entr'ouvrant son armoire,
La sacristine, en gémissant, nous dit :
 Il nous manque une chape noire.

En vain les champs ont pour nous des épis,
En vain les ceps nous donnent quelques grappes,
La sœur quêteuse, en courant le pays,
Ne peut jamais y récolter des chapes.
Le Vernet seul, par la bonté du ciel,
Fait un miracle auquel nous aimons croire,
Produit, dit-on, l'arbre surnaturel
 Où l'on cueille une chape noire.

En promettant que Dieu vous la payera,
Nous vous dirions, si vous étiez mondaines,
Que parmi nous souvent on le priera,
De vous donner des cadeaux par centaines,
Rideaux de soie et tapis précieux,
Chapeaux, rubans, dentelles, satin, moire !...
Mais vous savez qu'on obtient beaucoup mieux
 En donnant une chape noire!

Quand de ce monde il vous faudra partir,
Nous porterons à Dieu cette prière :
« Seigneur, daignez assister et bénir
« Les bienfaiteurs de notre heure dernière.
« Le Bon-Pasteur reçut pour un instant
« Du Sacré-Cœur le concours méritoire:
« L'un au cercueil donna le linceul blanc,
 « L'autre au convoi la chape noire. »

IV

Docteur sur sa chaire épiscopale, polémiste ardent au milieu des combats de la foi, Gerbet évêque, comme autrefois Grégoire de Nazianze, demeurait l'ami du beau dans les arts et dans toutes les œuvres qui touchent à l'esthétique : disons le mot, il restait artiste !

Comment il comprenait l'artiste, il l'a dit lui-même en peignant Albéric d'Assise, c'est-à-dire en se peignant lui-même.

« Son imagination et sa sensibilité... cherchaient dans les arts leur aliment. La peinture lui semblait être un présage de la vie future et de la résurrection des corps. Pourquoi, disait-il, l'homme aurait-il la puissance, non pas seulement de concevoir le beau, mais aussi de le reproduire, s'il n'était pas destiné à reproduire l'éternelle essence ? Comment les formes terrestres nous en offriraient-elles l'expression, la ressemblance, si elles n'avaient avec lui quelque parenté, si par conséquent il n'y avait pas en elles quelque chose d'impérissable ? Il prenait plaisir à en saisir... dans leur expression matérielle, les mystères sublimes de la musique, à laquelle il attachait une idée singulière. La musique, formée par la mélodie et par l'harmonie, représentait, selon lui, la destinée qui doit se composer de vertu et de bonheur. La mélodie, qui se soutient par elle-même, et qui exprime la pensée fondamentale d'une composition, représentait la vertu, base suprême de notre destinée. Le bonheur, qui doit procéder de la vertu, qui doit en être l'accompagnement, était figuré par la simple harmonie, laquelle se réfère et se coordonne à la mélodie, comme à un principe régénérateur. Sur la terre, la vertu et le bonheur sont habituellement séparés, leur union nécessaire devra donc se rétablir ailleurs. C'est pour cela que la musique, qui offre déjà, dans le monde, l'union de la mélodie et de l'harmonie, lui paraissait être un pressentiment du ciel. Avec de pareilles dispositions, tous les instincts poétiques avaient dû se développer, chez lui, à un assez haut degré. Il ne parlait que par images, parce que chaque objet matériel avait à ses yeux une signification idéale. De même qu'à l'aide du microscope l'œil distingue des facettes brillantes dans un grain de poussière, de même sa pensée croyait découvrir, dans les phénomènes les plus petits et les plus grossiers, quelques parcelles étincelantes du monde invisible. Chaque idée, en passant par son âme, en sortait revêtue d'une forme vive et colorée. Les vrais poëtes étaient pour lui les grands peintres de la pensée : ils étaient tous ses amis [1]. »

V

On le voit, si le goût des choses de l'art dominait chez Gerbet, si le cœur aussi dominait l'esprit, tout cela était encore dominé par la piété. N'est-ce pas de lui-même qu'il a voulu parler, en disant d'Albéric d'Assise :

« On ne pouvait pas dire que tout son temps fût partagé

[1] *Un. cath.*, XXI, 23.

entre l'étude et la prière, car cette distinction n'existait pas pour lui. La prière, source d'une lumière qui ne descend dans l'esprit qu'en passant par le cœur, était pour Albéric une étude transcendante et sans effort. L'étude, continuellement rapportée à Dieu, était une prière laborieuse [1]. »

Puis, disons-le, cet esprit sacerdotal ambitionnait peu la gloire des lettres humaines; cependant, il comptera parmi ceux qui les ont le plus honorées au dix-neuvième siècle par la pureté du goût, la correction et l'élégance antique du style, par cette éloquence sage qui naît du fond même des choses et s'insinue doucement dans les âmes.

Moins pieux et plus exclusivement académique, Gerbet eût eu une vogue autrement générale. Il ne lui a manqué, pour être encore plus répandu et plus goûté qu'il ne l'est, dit Sainte-Beuve, que de combiner un peu moins la dialectique avec le sentiment affectueux [2].

— Ah! répond Gerbet, sans la charité, les vertus sont d'illustres indigentes [3]. Laissez-moi chercher le royaume de Dieu et sa justice [4], le reste importe peu.

VI

Mais l'Évêque n'est pas seulement posé par le Saint-Esprit pour régir une Église particulière, il fait partie de

---

[1] *Un. cath.*, XXI, 25.
[2] *Causeries du lundi*, t. VI, p. 316.
[3] *Mandement sur la doctrine de l'amour de Dieu.*
[4] MATTH., VI, 33.

l'Église enseignante, et les intérêts généraux de la chrétienté ne sauraient lui rester indifférents.

Peu d'évêques ont été mêlés autant que Gerbet aux grands événements de l'histoire ecclésiastique pendant son épiscopat. Il portait partout ses regards de sentinelle vigilante.

Toujours debout, attentif, l'œil perçant les ténèbres dans la nuit, l'oreille tendue, il tressaillait au moindre bruit.

« Des quatre coins de l'Église, a dit Mgr de la Bouillerie, parlant de ce gardien d'Israël, les catholiques poussaient vers nous le cri d'alarme de la République : « *Caveant consules!* que les consuls prennent garde! » Nous, consuls, je le dis avec fierté, nous n'avons pas failli à notre devoir, nous avons su monter à la brèche, et nous avons prouvé que nous n'étions pas des chiens muets!... Mais alors que nous partions au combat avec nos armures légères, avec la fronde et la pierre de David, lui, il semblait brandir dans ses mains l'épée céleste de Judas Macchabée. Et quand nous poussions nos aboiements pour sauvegarder le troupeau et le pasteur suprême du troupeau, il était comme le chien que l'Ordre illustre de Saint-Dominique a choisi pour son emblème, tenant à sa gueule une torche brillante et enflammée. Ses magnifiques écrits furent alors un de nos soutiens les plus fermes, et lorsque, après la mêlée, nous vînmes tous nous agenouiller aux pieds de notre chef, il était là, comme Jeanne d'Arc, digne d'assister au triomphe, parce qu'il avait porté la bannière dans le combat. Et nous aimions à montrer du doigt celui qui avait si habilement manié le glaive, — le grand évêque de Perpignan[1]!... »

---

[1] *Éloge funèbre de Mgr Gerbet.*

VII

Impossible d'énumérer tous les actes et les écrits épiscopaux auxquels l'éloquent orateur vient de faire allusion. Ils seront un jour — puisse-t-il être prochain! — réunis aux autres œuvres dont le digne héritier[1] des pensées de Gerbet a préparé l'édition complète.

Citons cependant la célèbre *Instruction pastorale sur diverses erreurs du temps présent,* du 23 juillet 1860.

« Les unes, disait-il, ont déjà été condamnées, les autres
« n'ont pas encore été l'objet d'une censure expresse, sous
« la forme où elles se produisent. Les unes sont évidem-
« ment opposées à des points de foi; les autres sont, à
« divers degrés, contraires à la saine doctrine, et quelques-
« unes au moins pernicieuses, surtout aujourd'hui, parti-
« culièrement en raison du but que se proposent ceux qui
« voudraient les faire prévaloir[2]. »

On sait l'éclat qui suivit cette magistrale instruction et la sanction dont elle fut honorée par l'acte pontifical du 8 décembre 1864[3].

---

[1] Mgr Bornet, ancien vicaire général de Perpignan, mort à Bordeaux.
[2] *Instruction pastorale,* etc. Introduction.
[3] Ici se présente le souvenir des débats qui ont divisé, dans ces derniers temps, les écoles catholiques. Les uns, qui connaissent mieux peut-être les instincts et les besoins de notre époque, se sont sincèrement épris de la liberté, et ne comptent guère que sur elle pour faire fleurir la religion; les autres, préoccupés uniquement des droits

« L'amour de l'Église a été la passion de cette vie pré-
« maturément éteinte [1]. »

Et pourtant Gerbet était doux, aimable envers tous les hommes; ses lèvres étaient de miel! « Mais, ajoute l'évêque de Tulle, quand la foi était attaquée, quand l'impiété s'insurgeait contre l'Église et son Christ, alors son génie s'enflammait; il connaissait la *colère aimante* et la *haine parfaite* [2]... Dieu connaît cette colère aimante et cette haine parfaite. Dieu ne hait rien de ce qu'il a fait [3], parce que rien de ce qu'il a fait n'est mauvais, n'est haïssable.... Dieu aime toutes ses œuvres, mais il déteste le mal que

inaliénables de la vérité, rêvent pour nos saintes croyances une domination absolue, soutenue au besoin par la force mise au service de l'Église. Les deux écoles tantôt se querellent sur le passé, tantôt discutent avec ardeur les questions présentes, tantôt en appellent aux expériences de l'avenir.

Au milieu de l'ardente mêlée où il combattait si vaillamment, le savant évêque s'arrêtait moins aux accidents de la bataille qu'aux idées qui l'avaient provoquée. Avec cet esprit subtil et profond qui marque tous ses ouvrages d'un cachet si original, il se mit à étudier les erreurs répandues dans la société, et il en dressa le catalogue dans son *Instruction pastorale sur les diverses erreurs des temps présents*. Ce mandement, qui fut très-remarqué, signalait quatre-vingt-cinq propositions, dont les unes formulent nettement les théories de l'incrédulité et du socialisme répandues dans les journaux et dans les livres modernes, tandis que les autres, mêlées de vrai et de faux, ne sont souvent séparées que par des nuances imperceptibles des opinions encore libres. Les propositions recueillies par l'évêque de Perpignan furent soumises à l'examen des théologiens les plus éminents de Rome et du monde, et des prélats des plus capables d'apprécier l'esprit public. C'est de là qu'est sortie l'Encyclique du 8 décembre 1864. Mgr Gerbet n'a pas assez vécu pour y adhérer; il avait fait plus, car il en avait écrit le prospectus et préparé, pour ainsi dire, la table des matières. (Mgr BESSON, *loc. cit.*, p. 451.)

[1] Léon GAUTIER, *Portraits contemporains*.
[2] Ps. CXXXVIII, 22.
[3] *Sagesse*, XI, 25.

l'homme y a mêlé; il le hait d'un amour immense, infini; il le hait de tout l'amour qu'il a pour ses œuvres et pour lui-même... Ainsi de l'Église, qui est comme Dieu; qui est vérité, justice, sainteté comme Dieu. Elle aussi, elle hait le mal que l'homme met dans les œuvres de Dieu; elle ne peut ni se taire devant l'erreur, ni transiger avec l'iniquité; elle les combat avec toute l'ardeur qu'elle puise dans son amour de la vérité et de la vertu. Elle aime, dans les œuvres de Dieu, leur fond, leur substance; mais le mal, qui est adventice, « un accident corrupteur », elle le hait d'une haine implacable. Dans l'homme, elle hait ses erreurs, ses vices, ses désordres; mais l'homme, quoique criminel et avili, elle ne peut le haïr. Comment le haïrait-elle? Ne sait-elle pas que, si l'homme, par sa liberté, est ici-bas le seul être qui puisse faire le mal, il est aussi le seul qui puisse le réparer?... Votre évêque était ainsi. Vous savez combien il était bienveillant, ouvert à tous... Ses paroles étaient douces comme le miel; on les recueillait comme une ambroisie... Vous savez que ses relations étaient brillantes, ses amitiés honorables, parce qu'il répandait sur tout le commerce de la vie une douceur et un charme exquis. Avec tout cela, il était « le haïsseur parfait », il « entrait en colère avec amour [1]. »

« Dieu lui avait donné les deux qualités éminentes qui font les pasteurs de son Église : un grand esprit et une plus grande bonté. Oh! que ce mélange est aimable! Un grand esprit et une grande bonté, voilà, je le répète, les deux qualités du pasteur [2]. »

[1] Mgr Berteaud, *Oraison funèbre de Mgr Gerbet*.
[2] Mgr de la Bouillerie, *Éloge funèbre de Mgr Gerbet*.

VIII

Aussi, comme la résidence lui était facile! Qu'il lui en coûtait pour s'arracher, même un jour, à son cher diocèse! Ce n'est pas lui que Paris attirait. Rome même, Rome, le grand objet de son amour, l'attendit longtemps, et Pie IX dut le dispenser d'accomplir son voyage *ad limina*. On ne l'y vit qu'en 1863, pour déployer l'étendard de Jeanne d'Arc, dont Mgr de la Bouillerie a si éloquemment parlé.

Mais quand l'amitié le réclama, il accourut, par deux fois, auprès de Salinis, la première pour l'aider à accomplir le sacrifice qui d'Amiens le transférait à Auch, la seconde pour assister à son agonie.

C'était le 25 janvier, au cœur de l'hiver. Gerbet arriva, tandis que son ami mourant goûtait quelques instants de sommeil. Il ne voulut pas le réveiller.

— Ah! dit Salinis, ne savez-vous pas, mon ami, que le meilleur repos pour moi, c'est le plaisir de vous embrasser! Oh! que je suis heureux de vous savoir sous mon toit... J'ai eu la consolation, ce matin, de recevoir le bon Dieu au milieu d'âmes bien ferventes... Je me suis donné tout à Dieu.

Puis, dans l'effusion d'une âme timorée, qui retrouve avec bonheur l'ancien dépositaire de ses secrets les plus intimes :

— Je désire profiter de votre visite pour faire une confession générale, avant de paraître devant Dieu.

Gerbet, ému, dit au prélat mourant qu'il le trouvait trop fatigué pour donner suite à cette ouverture.

— Pourtant, mon ami, répondit Salinis, ce serait une grande consolation pour moi!

S'adressant alors à ses familiers :

— Son voyage a été si pénible!... Dites bien qu'on lui donne des soins : le bon évêque de Perpignan y songerait peu lui-même... N'oubliez pas qu'il fut un de mes premiers compagnons d'armes...

IX

Quand il partit d'Auch, après avoir pieusement enseveli de ses mains fraternelles l'ami des anciens jours, Gerbet se sentit frappé au cœur.

Dès lors, les pressentiments d'une fin prochaine se font jour à travers ses écrits, ses correspondances, ses effusions de l'intimité.

Pour tous, sa mort, arrivée le 7 août 1864, fut un coup de foudre. Lui seul n'en fut pas surpris, il l'attendait, comme une amie, comme une libératrice.

Terrassé par l'affreux mal qui l'avait déjà une fois mis à deux doigts du tombeau, le jour même de son entrée à Perpignan, à dix ans de distance, il comprit que tout était fini.

— Oui, mon Dieu, comme vous le voudrez!

Ce fut sa réponse aux avertissements de la maladie, quand elle l'eut couché sur le lit de mort.

Un de ses vicaires généraux lui présenta le crucifix. Il le prit d'une main défaillante, le plaça tendrement sur son cœur. On l'entendit murmurer le nom sacré du Maître. Puis il porta la croix à ses lèvres, voulant mourir dans ce baiser d'amour! Tout à coup, ses mains se détendirent autour du crucifix, qui retomba des lèvres sur son cœur, et, à travers ses lèvres doucement entr'ouvertes, son âme s'envola...

X

« Et maintenant, tout cela est fini », s'écriait l'Évêque de Carcassonne devant son frère mort, étendu dans le cercueil, au milieu de cette chère cathédrale de Perpignan, près de cette chaire épiscopale qu'il a tant honorée, « tout est fini, « et voilà ce qui reste de cet homme. Un coup de foudre « vous l'a enlevé, quand il avait son front dans les cieux; « oui, son front dans les cieux! car sa dernière parole fut « son dernier écrit, et son dernier écrit la condamnation « de la grande impiété de nos jours : contre celui qui a osé « nier la divinité du Sauveur, il écrivait la parole de Pierre : « Tu es le Christ, Fils du Dieu vivant... » Il l'écrivait!... « La plume tomba de ses mains, et il se trouva face à face « devant le Christ, Fils du Dieu vivant! »

Au moment où on le descendait dans le tombeau, un rayon lumineux, sortant tout à coup d'une vitrine en forme de soleil placée au-dessus de l'autel, vint éclairer l'entrée du sépulcre.

C'était un symbole. L'Église venait de perdre une de ses lumières, mais ce tombeau restera lumineux. Placé sur nos frontières pyrénéennes, il y est comme un phare, et, tandis que le fondateur de l'École menaisienne gît dans une fosse inconnue, sur laquelle la croix ne brille point, son meilleur disciple dresse encore, du sein de son glorieux sépulcre, cette croix du Christ, toujours debout, toujours la même, parmi les vicissitudes et les révolutions qui passent !

Nous avons cité bien des hommages rendus à la mémoire de Gerbet. Nul ne l'a loué avec plus d'autorité que son successeur sur le siége de Perpignan.

Voici comment s'exprimait à son sujet Mgr Ramadié, mort archevêque d'Albi :

« Vous pleurez encore, N. T. C. F., le saint Pontife qui rendit à notre chère église d'Elne sa vieille gloire avec sa dignité d'épouse[1]: sa générosité et ses bienfaits vous rendaient sa mémoire chère. Pour consoler votre juste douleur, la Providence vous envoya pour évêque un docteur illustre entre tous; il vous vint couronné des glorieux lauriers qui déjà lui avaient ouvert l'enceinte de cette savante école de la Sorbonne, jadis la gloire de la France et de l'Église, et qui se montre aujourd'hui si jalouse et si digne de retrouver son antique splendeur. L'Évêque de Perpignan devait avoir sa part de cet honneur réservé à notre âge; sa parole toujours gracieuse était un chant; sa plume écrivait pour la postérité : à cette douce éloquence, qu'embaument les parfums d'une angélique pitié, se mêlent, dans ses admirables écrits, les charmes de la poésie et les profondeurs de la philosophie. Aucune des facultés de l'âme humaine n'é-

---

[1] Mgr de Saunhac de Belcastel.

chappe à son talent; il parle en même temps à la raison et à la foi, au cœur et à l'imagnation. Qui de nos jours a célébré comme lui le mystère eucharistique? Qui recueillit avec plus d'intelligence et d'amour les religieux échos des catacombes? Qui peignit avec de plus vives couleurs les gloires de Rome et du Vatican? Qui pénétra plus avant dans les abîmes de la sagesse et de la science infinies [1]?

« Son caractère sincèrement catholique était à la hauteur de son talent. Vous connaissez cette honorable histoire. Un jour, disciple et ami d'un nouvel Origène, il fut trop fidèle à son maître; mais bientôt, comme Denys d'Alexandrie [2], mettant au-dessus des intérêts de l'école et des droits d'une intime amitié les intérêts de la vérité et les droits de l'Église, pour rester fidèle à la foi, il passa sur son propre cœur; suivant encore les traces du saint patriarche d'Alexandrie, il réfuta par de savantes pages le philosophe égaré, et pleura sa chute.

« En vérité, nous ignorons quelle gloire pourrait manquer à l'auréole de notre prédécesseur : il fut apôtre, apologiste, confesseur; maintenant le voilà martyr! Martyr de la pensée, martyr de la foi, martyr du zèle pour la cause de Dieu, martyr de la divinité de Notre-Seigneur Jésus-Christ, il est mort en la proclamant, et pour la mieux défendre : *Tu es Christus, Filius Dei vivi* [3].

« Le parfum de l'encens et le parfum des fleurs ont embaumé sa tombe : une vieille amitié y a déposé deux couronnes d'éloquents accents [4]; mais rien ne l'a embellie

---

[1] *Ép. aux Rom.*, II, 33.
[2] Eusèbe, *Hist. ecclés.*, t. XII, c. XXVIII.
[3] Matth., XVI.
[4] Mgr de Carcassonne et Mgr de Tulle.

autant que vos larmes; nous l'avons tous pleuré, ce digne et saint Pontife : son honneur ne saurait être mieux établi que par le deuil qu'en porte l'Église.

« Au douzième siècle, pour éterniser la mémoire de l'un de ses plus grands évêques [1], l'église d'Elne fit graver sur son mausolée ce magnifique éloge :

« Il fut l'honneur de la ville et du monde, et maintenant
« il en est la douleur; tout le peuple le pleure, et l'univers
« entier compatit à ses pleurs [2]. »

« Nous ignorons si l'amitié qui inspira cette épitaphe ne se fit pas trop complaisante, ou si elle nous révèle ainsi des gloires incontestables; mais ce que nous savons bien, c'est que nous voudrions l'inscrire sur la tombe de l'illustrissime et révérendissime Mgr Olympe-Philippe Gerbet. »

---

[1] Guillaume de Jorda.
[2] « Urbis et orbis honor, sed nunc dolor urbis et orbis pro quo tota flet urbs cui totus condolet orbis... »

SALINIS

SALINIS

I

DE L'ENFANCE A LA PRÊTRISE.

Sommaire. — Derniers accents d'un mourant. — La grande cause de l'École Menaisienne. — Les origines et les armes de la famille de Salinis. — Naissance d'Antoine. — Une mère. — Les férules du magister d'Oloron. — Un type de curé de campagne. — Le dialecte natal. — *Es francès aco?* — Le collége d'Aire. — Élégie sur la mort d'un moineau. — Chansons patriotiques. — Les premières fleurs du cœur. — Les souvenirs d'un archevêque. — Le père et le fils à Saint-Sulpice. — Refus d'un canonicat à Quimper. — Ce qu'était Saint-Sulpice à cette époque. — Les premiers transfuges du dix-neuvième siècle au séminaire. — Le nouveau Fénelon. — Les catéchismes de Saint-Sulpice. — L'abbé de Lamennais chez M. Teysseyrre. — Il fait la connaissance d'Antoine de Salinis. — Humble aveu de M. de Frayssinous. — Le manuscrit du second volume de l'*Essai* à Saint-Sulpice. — Mémoire prodigieuse de l'abbé de Salinis. — Il collabore à la *Défense de l'Essai*. — Une thèse en Sorbonne. — Gerbet, de Scorbiac et le duc de Rohan. — Les amitiés de séminaire. — Grande liberté. — Apprentissage à l'apostolat des salons. — La première messe.

« Si j'ai fait quelque bien dans ma vie, c'est en contri-
« buant à dissiper des préjugés qui tenaient beaucoup
« d'esprits éloignés de Rome. Quand nous avons commencé
« avec l'abbé Gerbet, nous étions presque seuls; main-
« tenant il n'y a pas un catholique intelligent qui ne com-
« prenne que la pierre sur laquelle le Sauveur a posé son

« Église est la pierre angulaire de tout l'édifice de ce
« monde¹. »

L'homme qui parlait ainsi allait mourir. Il fit encore un
ffort suprême, et, dominant, à force de volonté et de foi,
les dernières victoires de la maladie, il ajouta :

« Dites bien à tous ceux pour lesquels ma parole pour-
« rait être de quelque autorité que, dans ma conviction
« intime, la grande dévotion de ces temps-ci est la dévotion
« envers le Pape. Nous pouvons prévoir des persécutions,
« ce n'est que par l'union avec le Souverain Pontife que
« nous y échapperons². »

Ce mourant porte un nom considérable dans l'histoire
de l'École Menaisienne. En proclamant, à l'heure suprême,
la pensée de sa vie entière, il a proclamé le plus grand
des triomphes remportés par l'École dont il fut l'un des
principaux initiateurs. Comme chef de l'École Menaisienne,
et pour les mêmes motifs, il fut en butte aux persécutions.
Mais, comme le maître aussi, il s'était dit de bonne heure :
« Il est beau de supporter la contradiction pour une telle
« cause³ ! »

C'est de ce grand disciple de Lamennais que j'ai dessein
d'écrire, et, en le rapprochant de son ami, l'abbé Gerbet,
je ne fais qu'imiter l'exemple qu'il nous donna sur son lit
de mort, quand il prononça les paroles que j'ai citées en
commençant.

[1] Canéto, *Dernière maladie de Mgr de Salinis*, p. 15.
[2] *Ibid.*, p. 16.
[3] Lettre de Lamennais à Joseph de Maistre, 5 février 1820.

I

Il appartenait à une famille noble et fort ancienne, qui mêla ses origines aux légendes du pays natal. Le Béarn vante ses eaux salutaires, et ceux de Salies, en particulier, racontent que leurs ancêtres trouvèrent un jour, au pied d'un hêtre, un ours ou un sanglier blessé à la chasse, qui creusait la terre avec ses pattes et jetait sur sa blessure quelque chose qu'on reconnut être du sel. Or, la famille dont je parle porte, dans ses armes, un ours, montant sur un hêtre, sur lequel il jette du sel avec sa patte, avec ce cri en légende : « *Sic sale vivisco,* c'est ainsi que le sel me donne la vie. » L'histoire du Béarn, où cette famille occupe une grande place depuis le onzième siècle, la désigne indistinctement sous le nom de Salies ou de Salinis, qui est demeuré son nom définitif [1].

Le 11 août 1798, à Morlaas, ancienne capitale du Béarn, la famille de Salinis se réjouissait de la naissance d'un enfant, qu'elle nomma Antoine et qui devait faire revivre, au dix-neuvième siècle, les antiques illustrations d'une race où l'Église vint souvent, dans le cours des âges, chercher ses ministres et ses pontifes.

Mais le berceau d'Antoine de Salinis fut bientôt voilé d'un crêpe noir : aux tendres caresses qu'elle prodiguait au nouveau-né, sa mère mêla les larmes du veuvage. Dieu

---

[1] *Nobiliaire universel de France* (Note sur la famille de Salinis).

voulait, comme pour Lacordaire, confier la formation de ce cœur d'enfant à l'unique influence d'un cœur de femme, forte et douce, comme le furent madame Lacordaire et madame de Salinis.

« Une mère est pour tout homme un ange gardien, dont on a besoin à tous les âges, dans toutes les positions de la vie. Quand l'esprit est brisé par le travail et le cœur aigri par l'injustice des hommes, on aime à retrouver dans son intérieur les épanchements et les joies si douces du foyer domestique. Nul bonheur, dans la plus éclatante des destinées, ne peut remplacer celui-là. Si l'homme du monde le trouve dans les joies, les sollicitudes mêmes de la famille, le prêtre ne saurait le rencontrer qu'auprès d'une mère[1]. »

Madame de Salinis demanda à des maîtres de l'aider dans sa mission. Le premier ne répondit guère à cette confiance. Pour mieux graver ses leçons dans l'esprit, le vieux magister d'Oloron croyait nécessaire de les imprimer d'abord sur les doigts. La méthode, pour être connue dans l'antiquité la plus reculée, n'en est pas plus infaillible.

« Je sortis de cette école, disait plus tard Mgr de Salinis, aussi savant que j'y étais entré[2]. »

Il fallut le soustraire aux férules peu instructives d'Oloron, pour le confier aux bons soins du curé de Momuy, l'abbé Lacoste, dont la figure grave et bonne resta dans la mémoire de son élève comme le type aimé du curé de campagne, tel qu'il se plaisait à le décrire aux jeunes prêtres à qui plus tard l'Église le chargea de confier cette mission.

Le Béarn, comme notre Provence, aime ses traditions,

[1] Card. DONNET, *Oraison funèbre de Mgr de Salinis*, p. 3.
[2] LADOUE, *Vie de Mgr de Salinis*, p. 2.

ses mœurs, ses vieux usages, sa langue surtout, cette langue nationale que les *franciots*[1] traitent dédaigneusement de patois, mais où nous aimons à reconnaître l'écho de voix qui dorment maintenant dans la tombe et bercèrent notre enfance des sons harmonieux du dialecte natal. Antoine de Salinis, tout enfant, avait déjà trop d'esprit pour être un *franciot,* et, loin de rougir de sa langue béarnaise, il la pratiquait avec une assiduité constante, trop constante au gré de quelques-uns des siens.

— Si tu continues à parler patois, lui dit un jour une de ses tantes, espérant piquer son amour-propre, au collége, tu seras toujours le dernier dans tes classes, tu ne sauras pas dire un mot de francais[2].

— Tante, répondit aussitôt Antoine, je vous aime bien ! *ès francès aco*[3]*?*

II

C'était en 1809. Antoine de Salinis avait onze ans. Dieu, qui avait déjà déposé dans la faiblesse de cet enfant le germe d'une grande destinée, eut soin de placer cette semence première dans un lieu où elle se conserverait en attendant qu'elle pût éclore. Ce fut le modeste collége

---

[1] En Provence, on donne par ironie ce nom aux indigènes qui affectent de ne jamais se servir de la langue provençale et feignent de ne pas l'entendre.
[2] Dupuy, *Notice biographique sur Mgr de Salinis,* p. 2.
[3] Est-ce français, cela?

d'Aire qui eut cette gloire. Là fut le double berceau de son intelligence, qui s'annonça par de brillantes études, et de sa vocation ecclésiastique, à peu près contemporaine de sa première communion. Aussi conserva-t-il toujours un doux et reconnaissant souvenir de cette maison qui lui avait fait tant de bien. Ses amis savent avec quels sentiments il aimait à parler du vénérable prêtre[1] qui avait été pour lui un second père, de ses professeurs, de ses camarades. Jamais les lieux qui ont été les témoins de ses plus glorieux succès ne lui ont fait oublier ces rives de l'Adour, où sa piété, son cœur, son génie, avaient commencé à s'épanouir[2].

Les maîtres d'alors, très-forts en latin, à peine initiés aux éléments du grec, ne pouvaient varier beaucoup leurs leçons. Mais ils avaient pour eux l'ordre, la méthode, l'exactitude. Ils parlaient le latin aussi bien que le français. A ce latin si bien parlé et si bien appris, on mêlait à peine un peu d'histoire, de géographie et de mathématiques. Le *Traité des Tropes* de Dumarsais, la *Rhétorique* de Girard, la *Mythologie* de Blanchard, le *Traité des Études* de Rollin, complétaient l'éducation[3]. Du moins, tout cela avait l'avantage de laisser beaucoup de temps pour la formation littéraire des élèves.

Le jeune de Salinis s'éprit, dès lors, de cet amour pour les lettres latines et françaises qui l'a distingué dans l'épiscopat contemporain, et en fit, au sein de l'École Menaisienne, le digne émule de Gerbet, comme il l'avait été, à

---

[1] L'abbé Lalanne, ecclésiastique du plus grand mérite, restaurateur du collége d'Aire, dont il fut l'âme pendant trente ans.
[2] Gerbet, *Oraison funèbre de Mgr de Salinis*, p. 3.
[3] Mgr Besson, *Vie du cardinal Mathieu*, t. I*er*, p. 16.

Aire, dans la jeunesse de Gascogne et du Béarn, qui s'élevait sous la direction de l'abbé Lalanne.

Un jour, son moineau mourut : quel est l'enfant dont le moineau n'est pas mort? Et cette circonstance, si ordinaire dans la vie d'un écolier, devint pour lui le sujet d'une délicieuse élégie, comparable, pour la délicatesse du sentiment et le bonheur de l'expression, à la petite pièce du facile auteur du *Moineau de Lesbie*. Et certes, le jeune collégien ignorait, à cette époque, même l'existence de l'élégie de Catulle [1].

Il était en rhétorique, lorsque, sous ses yeux, se livra le dernier combat contre les armées coalisées qui détermina le maréchal Soult à se replier d'Aire sur Toulouse, forcé à la retraite par Wellington. Le rhétoricien s'abandonna à la verve d'une âme poétique : ses chansons, empreintes d'un ardent patriotisme, furent jugées dignes de l'impression, et, le soir, les étudiants de Toulouse s'en allaient par les rues de la capitale du Languedoc, chantant à tue-tête les improvisations de Salinis, dont la petite renommée franchissait ainsi déjà les limites du pays natal.

Mais lui, modeste et bon, ne songeait point à tirer vanité de ses petits succès de rhétorique. Il aimait ses condisciples, et, malgré ses succès, il en était aimé. Il cultivait avec soin ces amitiés de collége, « premières fleurs du cœur que le temps ne flétrit pas [2] », et se liait de préférence avec les élèves dont les sentiments chrétiens et honnêtes répondaient aux siens. L'une des clauses du contrat d'amitié qu'il

---

[1] Dupuy, *op. cit.*, p. 4.
[2] Salinis, *Mandement de prise de possession de l'archevêché d'Auch*, p. 10.

passait avec eux était qu'ils ne se feraient jamais de compliment [1].

Cet esprit facile, qui chantait la mort d'un moineau comme il devait plus tard élucider les questions les plus hautes de philosophie religieuse et sociale, pénétrait avec la même aisance toutes les difficultés, les plus ardues pour un enfant, des sciences mathématiques. Aussi le vénérable directeur du collége d'Aire n'hésita-t-il pas à le nommer conférencier de mathématiques, à un âge où la plupart des jeunes gens, même le plus heureusement doués, ont peine à savoir pour eux-mêmes ce que des maîtres habiles ont pris soin de leur enseigner [2].

Dans les dernières années de sa vie, devenu archevêque, il lui arriva un jour de visiter, comme métropolitain, ce collége où son cœur retrouvait tant de chers souvenirs. Il se complut à les évoquer, dans le discours qu'il adressa aux élèves. La douce et grave image de l'abbé Lalanne se représenta devant lui, et là, assis à cette même place où il avait si souvent vu s'asseoir son ancien supérieur, il répéta, avec cette fidélité merveilleuse qui caractérisait son étonnante mémoire, les enseignements du vénéré défunt.

« Instruit à l'école des révolutions, dit-il, l'abbé Lalanne avait su s'élever au-dessus de préjugés dont la *Constitution civile du clergé* avait montré les périls : il était simplement et franchement catholique romain, et il ne cessait de nous recommander, à nous, ses élèves, de suivre, dans les temps difficiles que nous aurions à traverser, la route tracée par le vicaire de Jésus-Christ. »

[1] Dupuy, *loc. cit.*
[2] Ladoue, *Vie de Mgr de Salinis*, p. 8.

— Mes enfants, répétait-il, restez toujours dans la barque de Pierre. Vous serez sûrs de ne pas faire naufrage [1].

Voilà les enseignements qui, à une époque où le clergé français était encore si fortement dominé par l'esprit de particularisme, frappaient providentiellement les oreilles de l'enfant, à qui le Nonce apostolique dira un jour, voulant le déterminer à quitter Amiens pour devenir archevêque d'Auch :

— Monseigneur, acceptez; vous donnerez le dernier coup au gallicanisme [2].

III

Le père du futur archevêque, M. Jacques de Salinis, était, à douze ans, chanoine de Lescar. Un événement de famille l'ayant déterminé à quitter le séminaire de Saint-Sulpice, où il avait déjà commencé ses études théologiques, il renonça à la carrière ecclésiastique, résigna son canonicat en faveur d'un de ses parents, M. Dombidau de Crouzeilhes, mort évêque de Quimper, et se maria en 1795 [3].

A vingt ans de là, en 1815, Antoine de Salinis venait reprendre, au séminaire de Saint-Sulpice, la place délaissée par son père, et aussitôt Mgr de Crouzeilhes le nommait, avec l'agrément du Roi et le consentement du chapitre de Quimper, chanoine de sa cathédrale.

[1] SALINIS, *Discours aux élèves du collège d'Aire en* 1859.
[2] *Souvenirs d'un entretien de Mgr Chigi avec Mgr de Salinis.*
[3] *Note sur la famille de Salinis* (loc. cit.).

Le prélat avait eu la pensée délicate de rendre au fils ce que le père lui avait transmis. Le jeune séminariste alla consulter son directeur :

— Gardez-vous bien d'accepter, répondit l'abbé Teysseyrre. Ne soyez pas le premier à renouveler les abus de l'ancien régime. Ne donnez pas un scandale pareil.

Aussitôt, l'abbé de Salinis déclina l'offre de son cousin, ne voulant pas poser, en s'appuyant sur un vieil usage des Églises de France, un précédent dont il pouvait devenir si facile d'abuser [1].

C'était, a dit Mgr Besson [2], une des plus belles époques de l'histoire de Saint-Sulpice. Tout renaissait dans la France, délivrée à la fois de l'Empire et de l'étranger. L'éloquence, la poésie, la critique, l'histoire, la philosophie, les sciences et les arts, avaient pris un nouvel essor. Nos grands séminaires, affranchis enfin de la conscription, se repeuplaient à vue d'œil, et les vocations extraordinaires n'y étaient pas rares. Le séminaire de Saint-Sulpice semblait fait pour les recueillir et les développer. Il s'ouvrait, comme de lui-même, aux jeunes gens qui avaient débuté dans le monde, et qui, au sortir de l'École de droit, n'avaient qu'un pas à faire pour échanger leur robe d'avocat contre la soutane. C'est là que les collègues de Ravignan visitaient le magistrat sorti la veille du parquet du procureur général de Paris, et qu'il leur donnait congé en leur disant, d'un geste superbe et d'une voix attendrie : « Eh bien ! je vous ai plantés là ! » C'est là que Lacordaire, cette autre épave du monde et de l'École de droit, venait chercher, pour sa grande âme, la lumière, le

---

[1] Dupuy, *op. cit.*, p. 7.
[2] Mgr Besson, *loc. cit.*, p. 49 et suiv.

repos et la liberté. « Nous étions, dit l'un d'eux, *ex omni lingua et natione*. Il y avait des Flamands, des Normands, des Lyonnais; il y avait un Parisien, un Champenois, un Alsacien. Ce dernier venait des gardes du corps; les autres, de l'École de droit, de l'École de médecine, des bureaux de quelque administration [1]. »

Antoine de Salinis fut un des premiers parmi ces transfuges du dix-neuvième siècle, dont le siècle n'était pas digne. Il entra à Saint-Sulpice avant Lacordaire et Ravignan, renonçant comme eux aux espérances d'un bel avenir dans le monde et leur traçant une voie que bien d'autres vont suivre.

Élèves et maîtres rivalisaient d'émulation pour préparer à l'Église de France un clergé digne des temps nouveaux. Les Garnier, les Hamon, les Caduc, les Boyer, les Duclaux, les Teysseyrre, les Caron, les Carrière, la plupart à peine plus âgés que leurs disciples, infusaient un esprit jeune et vif au séminaire, où s'épanouissait comme un renouveau de travail, de talent et de vertu.

Ces maîtres si habiles ne tardèrent pas à distinguer le nouveau venu.

— Jamais, disait l'un d'eux, je n'ai rencontré, chez aucun des jeunes gens confiés à mes soins, les qualités de l'esprit et du cœur réunies à un aussi haut degré que chez le jeune abbé de Salinis.

Et le nom de Fénelon, « cette gloire du séminaire de « Saint-Sulpice », venait comme naturellement sur les lèvres du savant et pieux directeur, pour trouver un nom auquel il pût comparer son élève bien-aimé, pour la

---

[1] *Vie de M. Mollevault*, p. 160.

richesse de l'intelligence et le moelleux de la charité[1].

Ce fut sous la direction de ce maître qu'il commença l'apprentissage de cet apostolat catéchistique, où il excellait. Sa parole nette, sa direction sympathique, le sourire de son beau et jeune visage, toute cette distinction charmante, attiraient les enfants, et les fixaient autour de cette catéchèse lucide et aimable. Or, ces enfants s'appelaient Edmond de Cazalès, Gustave de Gérando, Victor Didron, Félix Dupanloup... « J'ignore, dira plus tard Gerbet, qui fut le témoin de ces premiers enthousiasmes excités par son ami, j'ignore si quelques-uns d'entre eux ont laissé s'affaiblir dans leur esprit les principes que les leçons du catéchisme y avaient déposés; mais je crois qu'aucun d'eux n'a oublié les attrayantes vertus du catéchiste[2]. »

IV

Un jour, M. Teysseyrre, — c'était le nom du directeur de l'abbé de Salinis, — s'entretenait avec son pénitent de prédilection. On frappe à la porte, et un prêtre, d'humble apparence, se présente, priant le vénérable Sulpicien de l'entendre en confession. Pendant qu'il se préparait à genoux dans un coin de la cellule de M. Teysseyrre :

— Vous voyez, dit celui-ci au jeune séminariste, vous voyez ce petit bonhomme, ce sera un des premiers génies de ce siècle.

[1] Dupuy, *op. cit.*, p. 5.
[2] Gerbet, *Oraison funèbre de Mgr de Salinis*, p. 4.

Il n'en fallait pas tant pour piquer la curiosité de l'élève.

— De grâce, fit-il, présentez-moi à lui.

M. Teysseyrre sourit, et, après avoir entendu la confession du « petit bonhomme », il rappela l'abbé de Salinis, pour prendre part à la conversation engagée entre le confesseur et le pénitent que celui-là avait en grande admiration.

A quelques jours de là, le prêtre revint, apportant le premier exemplaire d'un ouvrage qu'il venait d'imprimer, hommage filial de l'auteur au Sulpicien qu'il vénérait comme un père.

M. Teysseyrre appela encore Antoine de Salinis, et lui montra, avec une fierté rayonnante [1], le livre, sans nom d'auteur, sur la couverture duquel on lisait : *Essai sur l'indifférence en matière de religion.*

L'abbé de Salinis emporta le volume, le lut, s'en pénétra de manière à le savoir par cœur. Il récitait à tous venants des chapitres entiers, débordant d'enthousiasme, et assurant que, malgré la conspiration du silence organisée autour de ce livre [2], l'auteur triompherait de l'insouciance des lecteurs, de cette indifférence même qu'il attaquait, de l'éloignement de la plupart des esprits pour les matières

---

[1] C'est l'abbé Teysseyrre qui avait pressé et déterminé l'auteur à publier son *Essai* : « Trente fois, écrivait-il le 30 janvier 1818, « j'eusse laissé la chose là, si Teysseyrre ne m'avait pressé de conti- « nuer. Au moins ne suis-je pas dupe de ce que je fais. C'est quelque « chose, et, après tout, la Providence peut tirer d'un mauvais livre « d'utiles effets. »

[2] M. de Féletz, en rendant compte, dans le *Journal des Débats*, de la seconde édition du premier volume de l'*Indifférence en matière de religion*, constate qu'aucun journaliste n'en a encore parlé.

sérieuses, des préventions du public contre les auteurs qui ne se nomment pas [1].

Le séminaire de Saint-Sulpice recevait souvent la visite d'un autre prêtre, devenu l'oracle de la cour, qui venait prendre là, chaque semaine, les inspirations de sa politique dans la chambre de M. Boyer [2].

L'abbé Frayssinous vit arriver à lui, chez M. Boyer, un jeune séminariste, à la mine éveillée, qui, tenant à la main le premier volume de l'*Essai,* demanda au célèbre conférencier ce qu'il pensait de l'œuvre et de son auteur :

— *Illum oportet crescere, me autem minui* [3], répondit humblement M. Frayssinous.

Il avait raison : « Le catholicisme, après s'être défendu dans les conférences de l'abbé Frayssinous, prenait, avec l'auteur de l'*Essai sur l'indifférence,* l'offensive; il transportait la guerre dans les foyers de l'ennemi, et le menait battant devant lui [4]. »

C'était l'avis du jeune séminariste, qui le développa, avec une verve empreinte tout à la fois de modestie et d'enthousiasme. Le grand conférencier l'écoutait, ravi et touché. Au sortir de là, comme il devait monter en chaire pour prononcer son dernier discours de 1818, et qu'un assez long intervalle devait séparer les conférences de 1818 de celles de 1819, il engagea ses auditeurs à lire, durant cette interruption, le premier volume de l'*Essai sur l'indifférence en matière de religion.*

[1] Nettement, *Histoire de la littérature française sous la Restauration,* t. II, p. 217.
[2] Mgr Besson, *loc. cit.,* p. 54.
[3] « Il faut qu'il grandisse et que je diminue », c'est le témoignage rendu au Messie par son précurseur Jean-Baptiste. (*Joann.,* III, 30.)
[4] Nettement, *loc. cit.,* p. 221.

On lut le livre, on demanda le nom de l'auteur, et ce nom, jusque-là ignoré, se plaça à côté des noms les plus célèbres [1].

Devenu célèbre, l'auteur n'oublia point son jeune ami. Désormais, entre l'abbé de Lamennais et Antoine de Salinis, ce fut une amitié éclatante.

M. Teysseyrre, qui l'avait voulu, en eut bientôt un de ces témoignages que la nature à lui bien connue de son illustre pénitent rendait particulièrement significatifs. Lamennais lui envoya le manuscrit du deuxième volume de l'*Essai*, en le priant de le communiquer à son jeune disciple, dont il vantait déjà bien haut le jugement.

— Quand on consulte l'abbé de Salinis, disait-il, on est sûr qu'il vous donne un bon avis; il est rare que ce ne soit pas le meilleur.

De plus en plus séduit, le séminariste de vingt ans n'eut besoin que d'une seule journée pour lire ce volume en entier. L'impression qu'il reçut de cette lecture rapide fut si profonde qu'il se serait fait fort de la réciter entièrement de mémoire [2].

---

[1] DE FÉLETZ, art. du *Journal des Débats*, mai 1819.

[2] Doué d'une très-grande facilité de conception, il résumait, par écrit, séance tenante, les leçons qu'il entendait. Il lui suffisait ensuite d'un coup d'œil rapide sur ses cahiers pour se rappeler ce qu'il avait appris. Sa mémoire était aussi heureuse que son intelligence. Autorisé par une exception que motivait son ancienneté dans le Séminaire, peut-être aussi l'affection paternelle du supérieur, à suivre les conférences de Frayssinous dans l'église de Saint-Sulpice, il les reproduisait de mémoire avec la fidélité d'un sténographe. Le directeur de l'*Ami de la Religion et du Roi*, Picot, instruit de cette prodigieuse facilité, voulut en faire profiter ses lecteurs. Grande fut la surprise du prédicateur, lorsqu'il retrouva dans les colonnes du journal le texte intégral de ses conférences. Il se fit présenter le jeune larron, et, ayant remarqué que son intelligence était au moins au niveau de sa

L'effet ne fut pas moindre dans le monde catholique, mais les appréciations différaient. Une polémique des plus vives s'engagea. Pour répondre à toutes les critiques dirigées contre son système, l'abbé de Lamennais composa sa *Défense*. Il ne lui fallut qu'un mois pour achever ce livre qui, pour la forme du moins, est un chef-d'œuvre de polémique. Pendant qu'il se livrait à ce travail, l'abbé de Salinis allait tous les jours le visiter, et l'auteur, déjà célèbre, ne dédaignait pas de demander les conseils du séminariste.

On conçoit sans peine que des rapports aussi intimes durent préparer l'esprit de l'abbé de Salinis à embrasser les idées philosophiques de celui qui était pour lui plus qu'un maître. C'est effectivement ce qui eut lieu. Par opposition à son professeur de philosophie qui enseignait le système de Condillac, il avait embrassé le cartésianisme; il abandonnait maintenant ses idées anciennes, en présence d'un système qui avait le prestige de la nouveauté, tout en conservant l'attrait de l'opposition. Dans une thèse publique qu'il soutint en Sorbonne, vers cette époque, pour conquérir ses grades en théologie, il développa le système du *sens commun* avec une si remarquable lucidité que le maître voulut la faire imprimer à la suite de la *Défense* [1].

Cette soutenance fut égayée d'un incident, que M. de Salinis appelait plaisamment plus tard « un de ses gros « péchés de jeunesse ».

La Faculté de Théologie de Paris avait alors pour doyen un demeurant de l'ancienne Sorbonne, l'abbé de Fontanil,

mémoire, il conçut pour lui une estime dont il lui donna plus tard des preuves réitérées. (LADOUE, *loc. cit.*, p. 19.)

[1] LADOUE, *loc. cit.*, p. 29.

fort jaloux de donner à la nouvelle quelque chose du lustre qu'avait sa devancière. Mais le vénérable doyen était aussi fort gallican, ce que Salinis ne fut jamais. Dans le cours de l'argumentation, il énonça, sur le pouvoir des Papes au moyen âge, une proposition que le candidat jugea entachée de gallicanisme. Aussitôt, le spirituel espiègle, qui connaissait le respect de M. de Fontanil pour Mabillon, improvisa sur l'heure un passage qu'il attribua bravement au savant Bénédictin, et auquel il sut donner une forme assez mabillonienne pour que le doyen, trompé, avouât ingénument que, puisque Mabillon parlait ainsi, c'est lui, doyen, qui devait avoir tort, et il se rétracta [1].

V

Entré fort jeune au séminaire, l'abbé de Salinis dut prolonger au delà du terme ordinaire son noviciat ecclésiastique. Il ne songea point à s'en plaindre, s'estimant au contraire fort heureux de ce qu'il regarda toujours comme un privilége et une grâce de Dieu sur sa jeunesse cléricale. Cet amour du séminaire est la caractéristique des bons prêtres : ceux qui n'y auraient point laissé leur cœur seraient à plaindre, car le séminaire est à l'âme sacerdotale ce que le pays natal est au cœur de tout homme digne de ce nom!

Ce long séjour lui permit de contracter plusieurs de ces

[1] LADOUE, *Vie de Mgr Gerbet*, t. Ier, p. 40.

amitiés dont l'un de ses intimes d'alors disait : « On ne le quittait plus, quand une fois on avait joui de son intimité : elle était si douce [1] ! »

J'ai dit ailleurs [2] ce qu'il fut alors pour l'abbé Gerbet. Plus tard, j'aurai à raconter l'admirable fusion de cœur qui l'unit, au point de ne plus former à la lettre qu'un cœur et qu'une volonté, avec ce doux abbé de Scorbiac, qui sera le compagnon de ses luttes et de son apostolat auprès des jeunes gens.

Il y fut aussi l'*ange* de l'abbé de Rohan.

François-Auguste, duc de Rohan, prince de Léon, avait quitté le monde après la mort tragique d'une épouse bien-aimée [3]. Ni la ville ni la cour n'avaient pu le retenir, et les reproches de sa famille échouèrent, aussi bien que les supplications de ses amis, contre la résolution inébranlable qu'il avait prise de donner à Dieu et à l'Église le reste de sa vie. Il n'avait que trente-huit ans, sa fortune était immense, les grâces de sa personne égalaient les charmes de sa parole. Il excellait à deviner les hommes et à se les attacher [4].

Dès qu'il vit Antoine de Salinis, l'abbé de Rohan l'aima. Antoine s'absente pour aller passer quelques jours dans sa famille, le duc lui écrit : « Voici la première journée que « j'ai passée tristement au séminaire, mon cher ami, per-

---

[1] Mgr GIGNOUX, *Oraison funèbre de Mgr de Salinis prononcée à Amiens*, p. 5.

[2] Voir GERBET, chap. V, Ire partie du présent volume.

[3] Le duc de Rohan, alors prince de Léon, avait vu, par un accident affreux, sa jeune et charmante femme brûlée vive au moment d'aller au bal. La princesse était en robe de gaze : elle s'approcha de la cheminée, le feu enflamma ses vêtements si légers et si brillants; il fut impossible d'en étouffer les ravages, et l'infortunée jeune femme périt dans d'atroces douleurs.

[4] Mgr BESSON, *loc. cit.*; p. 63.

« mettez-moi de vous appeler ainsi ; depuis votre départ,
« vous m'avez manqué à chaque instant. Je me trouve tout
« isolé, le cœur bien gros ; je ne puis me décider à me
« coucher avant de l'avoir épanché un instant avec vous,
« comme si vous pouviez encore m'entendre [1]. » Et il écrivait à madame de Salinis : « Il m'a été donné pour ange à
« mon arrivée au séminaire. Le bonheur de l'avoir rencontré
« n'est pas une des moindres grâces dont j'ai à remercier
« Dieu [2]. »

Ne nous étonnons pas du développement donné dans les séminaires à ces douces passions des âmes vertueuses. Les jeunes clercs n'ont pas seulement le droit et le besoin de chercher, dans leurs épanchements mutuels, un préservatif contre les rigueurs et les dégoûts de leur état, un aliment pour les rêves et les ardeurs de leur jeunesse. En recherchant, sous la robe de leurs frères, des cœurs tendres, désintéressés et fidèles, ils obéissent aux enseignements de la loi divine comme à l'exemple de l'Homme-Dieu. Les saintes Écritures, chaque jour méditées dans l'oraison ou psalmodiées dans la liturgie, leur présentent d'immortels exemples de l'affection qui peut régner entre les élus. Dans les Évangiles, dans celui-là surtout dont l'auteur n'a pas craint de se nommer *le disciple que Jésus aimait*, ils voient rayonner cette amitié si tendre et si profonde que le Sauveur de tous les hommes a témoignée, pendant sa courte vie d'ici-bas, à quelques âmes prédestinées. Dans l'Ancien Testament, ils en retrouvent le type dans cette ravissante histoire de ce Jonathas qui a aimé David comme son âme, de ce David qui a aimé Jonathas plus qu'une

[1] Lettre de l'abbé de Rohan à l'abbé de Salinis, 10 juin 1818.
[2] *Ibid.*, 15 juin 1818.

femme et mieux qu'une mère, dans ces serments, ces baisers, ces larmes qui scellèrent l'union du fils du roi avec le fils du berger [1]. Tout les invite et les encourage à choisir une ou plusieurs âmes pour compagnes intimes de leur vie, et à consacrer ce choix par une affection, libre comme leur vocation, pure comme leur profession, tendre et généreuse comme leur jeunesse. Initiés ainsi aux chastes délices de l'union des cœurs, ils peuvent reconnaître encore, avec le Sage [2], dans la fidélité de ces liens volontaires, « un remède pour la vie et pour l'immortalité [3] ».

L'abbé de Salinis ne chercha d'ailleurs jamais dans l'amitié la vaine satisfaction d'une sensibilité toujours dangereuse et quelquefois malsaine. Depuis le collège d'Aire, il cherchait dans ses amis des mentors et des moniteurs véridiques, d'autant plus précieux qu'ils sont plus proches et voient mieux dans les moindres particularités de la vie commune. « Voilà un long sermon, lui écrit l'un d'entre eux, c'est la voix d'un ami, je ne vous crois pas endurci contre ses inspirations [4] ».

Le duc de Rohan lui rendit, en outre, le service de le former à cet « apostolat des salons », où Salinis excella toute sa vie. Il se fit une joie d'emmener son ami au château de la Roche-Guyon, où la vocation du jeune duc se

---

[1] L'âme de Jonathas s'attacha étroitement à celle de David, et l'aima comme lui-même.... et, s'étant salués en se baisant, ils pleurèrent tous deux, et David encore plus... Que ce que nous avons juré tous deux au nom du Seigneur demeure ferme... Jonathas, mon frère, le plus beau des princes, plus aimable que les plus aimables des femmes. Je vous aimais comme une mère aime son fils unique. (Ier et IIe liv. des Rois, *passim.*)

[2] *Eccli.*, VI, 16.

[3] MONTALEMBERT, *les Moines d'Occident*, Introduction, p. LXXX.

[4] Lettre de l'abbé Dumarsais à l'abbé de Salinis, 13 janvier 1822.

développait, pendant les vacances, par les exercices d'une solide piété et d'une charité magnifique. On briguait l'honneur d'y être invité, car, si la soutane du maître en avait banni les divertissements mondains, il y restait le luxe, l'étiquette, une compagnie agréable et nombreuse, et toutes les distractions permises à la vertu. La poésie, la peinture, la musique, n'étaient point bannies de la Roche-Guyon. Lamartine y composait une de ses plus belles méditations; les Bellard, les Marchangy, s'y délassaient des fatigues de l'éloquence; et tout l'art de plaire au maître de céans était d'avoir de la religion et du talent [1].

Avec cela, une grande liberté. Au château de la Roche-Guyon, les invités n'étaient astreints qu'à une seule règle; c'était de se rendre au salon une heure avant le dîner, et d'y passer la soirée après le repas. Depuis le matin, chacun employait son temps comme il l'entendait, sans que personne y trouvât à redire. L'un faisait de la poésie, l'autre de la littérature, un troisième de la philosophie, un autre de la théologie : c'était la liberté de la bonne compagnie, et la réunion du soir était consacrée à l'examen de ces divers travaux [2].

VI

Le 1er juin 1822, à Notre-Dame, M. de Quélen conférait la prêtrise aux deux inséparables, Salinis et Gerbet. En

---

[1] Mgr Besson, *loc. cit.*, p. 64.
[2] *Souvenirs de Mgr de Salinis*, recueillis par M. l'abbé Dupuy (*op. cit.*, p. 9).

sortant de la vieille métropole, tous deux tombèrent dans les bras de M. de Lamennais, témoin ému de leur ordination, et se promirent de servir l'Église sous la conduite de ce maître, à ce moment plus grand et plus vénéré que jamais.

La première messe de l'abbé de Salinis, célébrée à Issy, fut servie par un jeune homme que ses missions diplomatiques en Chine ont rendu depuis illustre, M. Lagrénée. Le duc de Rohan, ordonné prêtre le même jour que Salinis, l'assistait à l'autel. Dans le sanctuaire, étaient agenouillés deux hommes de grand renom, l'un du présent, l'autre de l'avenir. Le premier faisait la retraite préparatoire à son sacre, c'était l'abbé Frayssinous, qui devint quelques jours après évêque d'Hermopolis et grand maître de l'Université. L'autre venait de quitter avec éclat la robe de magistrat pour la soutane de séminariste, et devait, quinze ans plus tard, porter bien haut à Notre-Dame la gloire de la tribune sacrée, c'était l'abbé de Ravignan.

Que se passa-t-il dans le mystère de cette première messe? Lamennais assura toute sa vie que, le jour où il monta pour la première fois à l'autel, une voix d'en haut lui adressa distinctement de sévères paroles [1]. En pareille occasion, qu'entendit son disciple? Je ne sais; mais, en considérant la fin du disciple et celle du maître, il est permis d'affirmer que, descendant de l'autel, le premier n'eut point à pleurer comme celui-ci, ou, s'il pleura, ce fut de joie, car le Dieu qui venait de réjouir sa jeunesse se préparait dès lors à couronner d'allégresse le soir de son sacerdoce, comme il venait d'en consoler et d'en bénir le matin.

[1] Nous avons raconté cette douloureuse histoire au chap. III du volume sur LAMENNAIS.

II

L'AUMONIER DE COLLÉGE.

SOMMAIRE. — Lamennais réclame la destitution d'un proviseur. — Lettre de reproches écrite par M. de Quélen. — Réponse hautaine de Lamennais. — Série de faits incriminés. — Détermination de M. Frayssinous. — Le collége Henri IV en 1823. — Un nouvel aumônier. — Le premier discours de l'abbé de Salinis. — Appel de Mgr d'Astros. — Les conférences du collége Henri IV. — Autre trait d'audace. — Choron maître de chapelle. — Quelques élèves de l'abbé de Salinis. — Conduite de l'aumônier vis-à-vis de chacun. — Retraite prêchée par l'abbé de Scorbiac. — Un distique. — Apostolat de l'abbé de Salinis. — Il est question de le nommer aumônier à la Cour. — Reproche injuste. — Ce qu'était alors la presse catholique. — Fondation du *Mémorial catholique*. — Les gallicans récriminent. — Hommage à l'École Menaisienne. — Cri d'alarme. — La situation de Lamennais grandit. — Salinis l'accompagne aux eaux de Saint-Sauveur. — Les conférences hebdomadaires et leur action sur la jeunesse. — L'*Association catholique*. — Vents d'orage.

En 1824, raconte M. de Pontmartin[1], un de mes parents, bien jeune alors, causeur charmant, esprit sérieux et fin, fut chaudement recommandé à Mgr l'évêque d'Hermopolis,

---

[1] L'éminent critique a bien voulu consacrer à ces modestes études sur l'École Menaisienne deux causeries, que je louerais plus à l'aise, si j'y avais été moins bien traité par un maître. Le meilleur moyen d'en faire connaître la valeur, c'est de leur emprunter les anecdotes et les vues nouvelles dont elles abondent. Je l'ai fait déjà dans la nouvelle édition de LAMENNAIS. Voici une occasion de le faire pour ce volume, et je n'ai garde de la laisser échapper. Aucun lecteur ne m'en blâmera.

qui le prit en amitié et lui confiait volontiers les fonctions de secrétaire honoraire. Un jour, il écrivait sous sa dictée, lorsqu'ils virent entrer comme une trombe un prêtre, un simple prêtre, qui, parlant à M. Frayssinous, ministre de l'instruction publique, grand maître de l'Université, sur le ton du commandement et de la menace, lui dit :

— Comment! X*** n'est pas encore destitué?

X*** était le proviseur d'un des colléges de Paris, ecclésiastique soupçonné de gallicanisme et neveu d'un vieil évêque constitutionnel.

M. Frayssinous répondit avec sa douceur et sa modération habituelles. Il était évident que ce prêtre, au front large, au teint pâle, au regard de feu sous de profondes arcades sourcilières, exerçait sur lui une sorte de prestige, entremêlé d'admiration, de frayeur et de malaise. Peu satisfait de sa réponse, son interlocuteur se répandit en invectives contre la faiblesse du gouvernement, complice des ennemis de l'Église, propice à l'hérésie gallicane, héritier des traditions du Concordat et de l'Empire, — « et qui n'aura, dit-il, que ce qu'il mérite, le jour où il sera renversé par la coalition de l'impiété révolutionnaire, bonapartiste, libérale et voltairienne ».

Quand ce fougueux absolutiste fut sorti :

— C'est M. de Lamennais, dit l'évêque à mon parent [1]; son avenir m'inquiète [2].

---

[1] A. de Pontmartin, art. de la *Gazette de France* du 19 février 1882.

[2] En terminant son récit, M. de Pontmartin fait cette réflexion, dont la justesse profonde ne pourra que frapper ceux qui ont sondé les mystères de l'âme du célèbre controversiste : « Il ne fut si violent « dans sa première phase, que parce qu'il n'était pas bien sûr de « croire. Il ne fut si excessif dans la seconde, que parce qu'il n'était « pas bien certain de ne plus croire. »

Les luttes de Lamennais contre les écoles universitaires méritent quelques détails.

I

— Monsieur, lui écrivait M. de Quélen, il est impossible à un prêtre d'oublier davantage ce qu'il doit à son supérieur dans la hiérarchie, et il est difficile d'outrager plus amèrement un homme dont le zèle mérite la reconnaissance de la société comme de la religion [1].

On était en 1823, et l'outrage dont se plaignait l'archevêque de Paris, Lamennais venait de l'infliger à l'évêque d'Hermopolis, dans une lettre rendue publique [2].

M. de Quélen blâmait ensuite sévèrement [3] l'auteur de la lettre de raconter sans preuve des faits qu'on ne serait pas encore excusable de publier, quand on en aurait la désolante certitude.

Lamennais répondit :

— Quand je ne serais pas revêtu du sacerdoce, le simple caractère d'honnête homme m'obligerait à repousser, avec le vif sentiment de l'honneur blessé, les imputations que contient votre lettre. Depuis que j'ai consacré ma vie à la défense de la religion, j'ai dû sans doute m'accoutumer

---

[1] Lettre de M. de Quélen à l'abbé de Lamennais, 26 août 1823.
[2] Dans le *Drapeau blanc* du 23 août 1823.
[3] Le prélat ne craignait pas d'écrire à l'irascible Breton : « Les « personnes les plus éclairées et les plus sages s'étonnent que vous « ayez le courage de tremper vos lèvres dans le sang de l'Agneau, « après avoir laissé couler de votre plume un fiel aussi amer. »

aux injustices de ceux que je combattais, mais j'avoue que je n'étais pas préparé à trouver un langage semblable et plus amer encore dans la bouche d'un des premiers pasteurs de cette Église, à qui j'ai dévoué tous mes travaux.

Puis, faisant allusion à l'interdit dont l'Archevêque l'avait menacé, il le prenait de très-haut et osait écrire :

— Ce n'est pas pour moi, Monseigneur, que j'en gémirais davantage !

Au reste, les faits, relatés dans la lettre incriminée, il les affirmait de nouveau et assurait avoir rempli un devoir sacré en les dénonçant à l'indignation publique.

Quels étaient donc ces faits ?

— Il existe en France, avait dit Lamennais, en écrivant au grand maître, des maisons soumises d'une manière plus ou moins directe à l'Université, et où les enfants sont élevés dans l'athéisme pratique et dans la haine du christianisme. Dans un de ces horribles repaires du vice et de l'irréligion, on a vu trente élèves aller à la table sainte, garder l'hostie consacrée et en cacheter les lettres qu'ils écrivaient à leurs parents.

« Une sorte de régularité extérieure, ajoutait Lamennais, des actes de culte exigés par le règlement, trompent encore sur l'état réel des écoles quelques personnes confiantes, qui ignorent que ces actes dérisoires ne sont qu'une profanation de plus... Mais, malgré ces apparences commandées, on parvient quelquefois à ôter aux élèves jusqu'à la possibilité de remplir leurs devoirs religieux. Ainsi le chef d'un collége avait réglé le nombre d'enfants que l'aumônier devait confesser dans une heure. Un d'eux, ayant dépassé le temps fixé et voulant achever sa confession, fut enlevé de force du confessionnal par un maître d'étude.

« En beaucoup d'établissements, non-seulement on ferme les yeux sur les plus horribles excès, mais on les excuse, on les justifie, ou au moins on les tolère comme inévitables. L'autorité civile est plus d'une fois intervenue pour les réprimer, tant le scandale était public. Tout récemment encore, en un chef-lieu de département, le maire força le proviseur et les professeurs du collége de signer la promesse de se retirer, en les menaçant, sur leur refus, de les traduire correctionnellement devant les tribunaux. »

— Trop longtemps, s'écriait le fougueux polémiste, on a séparé ces jeunes âmes de leur père! Laissez-les revenir à lui! Que les écoles cessent d'être les séminaires de l'athéisme et de l'enfer[1]!

Le grand maître de l'Université poursuivit la publication de cette lettre devant les tribunaux[2]. Mais en vain. Le coup était porté.

M. de Frayssinous le sentit. Il entreprit de relever dans les collèges le niveau de l'enseignement religieux, en le confiant à des ecclésiastiques intelligents et pieux. Les collèges de la capitale, les plus nombreux, les plus influents, parce qu'ils recevaient l'élite des autres établissements, furent, à ce point de vue, l'objet d'une sollicitude spéciale[3]. L'évêque se souvint alors du séminariste, et ce fut à l'un des plus ardents admirateurs de Lamennais qu'il confia la charge de diriger au spirituel le premier collége de Paris.

---

[1] Lettre de l'abbé F. de Lamennais à M. de Frayssinous, 22 août 1823.
[2] A. NETTEMENT, *Histoire de la littérature française sous la Restauration*, t. II, p. 245.
[3] LADOUE, *Vie de Mgr Gerbet*, t. Ier, p. 54.

II

Au collége Henri IV comme ailleurs, et plus qu'ailleurs en cette année 1823, le vent était à l'irréligion. La plupart des jeunes gens allaient sucer l'incrédulité dans la lecture des livres impies du dix-huitième siècle, qu'une propagande infernale répandait à pleines mains. En fouillant dans les poches d'un élève de rhétorique ou de philosophie, on aurait été presque assuré, disait l'abbé de Salinis, de rencontrer, dans l'une, le livre des *Ruines* de Volney, et dans l'autre, l'*Origine des cultes* de Dupuy [1].

Pendant de longues années, l'enseignement religieux y avait été confié à un ancien curé constitutionnel de Saint-Sulpice, qui n'avait ni le zèle ni l'autorité nécessaires. Son successeur, l'abbé de Causans, avait promptement abandonné la partie pour entrer au noviciat de Montrouge et se faire Jésuite.

L'abbé de Salinis, tout jeune prêtre, fut appelé à recueillir ce difficile héritage.

Suivons-le sur ce premier théâtre de son fécond apostolat, au service des âmes qu'il a le plus aimées, les jeunes gens.

Il est à genoux sur la dernière marche du sanctuaire, la tête dans sa main, recueilli et ému. Les divisions se succèdent. Il les entend passer. D'abord, les petits, bruyants et tapageurs. Puis, les moyens, déjà fanfarons d'impiété

---

[1] LADOUE, *Vie de Mgr de Salinis*, p. 51.

et ricanant à la sourdine derrière le nouvel aumônier, qui perçoit au passage leurs rires étouffés, aussi bien que les quolibets voltairiens des grands qui ferment la marche.

Une fois les collégiens en place, le jeune prêtre monte en chaire. La curiosité, puis sa bonne et belle physionomie, toute rayonnante de sympathique jeunesse, établirent, tout d'abord avec le silence, une attention générale.

L'abbé de Salinis annonça le sujet de son discours : *De la nécessité de la religion!* L'attention aussitôt se mêla de défiance, bien que le sujet, choisi intentionnellement par l'orateur, ne fût guère de nature à effaroucher nos apprentis philosophes.

Hélas! l'aumônier s'aperçut bien vite qu'il avait trop présumé de son habileté! Parlant des marques auxquelles on peut reconnaître la vraie religion, il prononça le mot de miracle!... Tout aussitôt, un long murmure s'élève du banc des grands, s'accentue à celui des moyens, pour en arriver, d'échos en échos, à des miaulements et à d'autres cris de bêtes plus ou moins domestiquées, reproduits au naturel sur les bancs les plus proches.

C'était peu encourageant pour un début.

Le prêtre béarnais ne se tint pas pour battu. Dans sa province, on est plus persévérant que cela, et, la partie engagée, on ne quitte pas si facilement le champ clos.

Sans se désarçonner, le voilà qui reprend sa course oratoire, et, voulant démontrer l'influence de la religion sur le bonheur des peuples, il dit comme contraste ce que devenait une société sans religion et une nation sans Dieu. Cela l'amena à flétrir, en quelques paroles énergiques, les excès de la Révolution.

Sur quoi, les miaulements de recommencer de plus belle.

Cette fois, ce fut toute une ménagerie en révolte. Puis, comme l'abbé ne faisait pas mine de descendre de chaire, un des plus grands, le coryphée sans doute du voltairianisme écolier, quitta sa place, s'avança dans la chapelle, et, se campant fièrement en face de la chaire, il montra le poing à M. l'aumônier, qui sourit de pitié devant la menace. Mais son âme était angoissée. Il lui fut révélé ce que serait ce ministère, inauguré sous de pareils auspices.

En descendant de chaire, il tomba dans les bras de l'abbé Gerbet, que M. de Frayssinous lui avait donné pour second[1], et, le soir, en revoyant leur maître à tous les deux, ils s'épanchèrent en une douloureuse effusion.

— Dans un temps peu éloigné, dit Lamennais, le monde apprendra ce que c'est que d'être livré à des hommes qui, dès leur enfance, ont vécu sans loi, sans religion, sans Dieu[2].

III

Rendu à lui-même, l'abbé de Salinis se demanda s'il n'avait pas contrarié les vues de la Providence sur son avenir, en refusant de céder aux instances de son évêque, celui de Bayonne, qui lui offrait des lettres de vicaire général.

— La Providence, disait cet évêque, vous appelle à l'administration des diocèses[3].

Il prophétisait, ce prélat, qui porte un nom cher à l'Église

---

[1] Voir, dans la Ire partie de ce volume, chap. III.
[2] Lettre de l'abbé de Lamennais à Mgr de Frayssinous, 22 août 1823.
[3] Lettre de Mgr d'Astros à l'abbé de Salinis, 16 juillet 1820.

de France, et à la Provence, sa terre natale. L'évêque de Bayonne, qui sollicitait ainsi le concours du jeune prêtre pour son administration, se nommait Mgr d'Astros.

Mais l'intérêt des jeunes gens l'emporta. Comme autrefois Jean, le grand voyant de Pathmos, laissait la sollicitude des plus belles églises pour courir, dans les bois où il se cachait, à la poursuite d'un jeune égaré, le grand vicaire de Mgr d'Astros se déroba aux sollicitations du pays natal pour essayer de poursuivre son œuvre, dont les débuts étaient si amers.

Le lendemain de ce début oratoire, le jeune aumônier retourna dans la chapelle où, en réponse à son discours, il avait entendu glapir et coasser une bande de jeunes aboyeurs. Seul entre Dieu et son âme attristée, il pleura longtemps entre le vestibule et l'autel. Quand il se releva, son beau visage respirait la sainte animation du courage apostolique.

Il essayera ; et, si la tâche est ardue, il sait que celle des apôtres le fut bien davantage. D'ailleurs, le succès n'est pas ce que Dieu nous demande, il se contente de l'œuvre. Ceux qui sèment à l'automne dans des sillons y jettent le grain avec tristesse, les moissonneurs de l'été lient joyeusement les gerbes.

— A moi de semer, se dit le jeune prêtre, d'autres moissonneront.

Il se représenta aux élèves, et annonça résolûment qu'il allait faire aux plus avancés un cours de polémique religieuse, où il réfuterait les préjugés et les sophismes des héritiers du dix-huitième siècle [1].

[1] GERBET, *Oraison funèbre de Mgr de Salinis*, p. 6. L'éminent panégyriste ajoute : « Sa parole éloquente, les beaux écrits, les saintes

— Dans une première année, dit-il, je démontrerai la divinité du christianisme; puis, je traiterai de l'autorité divine de l'Église, et enfin, une troisième année me fournira l'occasion de considérer la religion dans ses rapports avec l'ordre temporel.

Les élèves se regardèrent.

— Il compte donc nous rester trois ans!... Et nous qui pensions en avoir fini avec lui hier soir!

On se tourna vers le grand qui avait montré le poing. Il avait les poings sur la table, paresseusement étalés, et ne semblait plus en train. Évidemment, il capitulait. La foule, comme il arrive toujours, — l'histoire en est célèbre, depuis les moutons de Panurge, — la foule capitula, comme son *leader*.

L'audacieux aumônier fit plus. Le dimanche suivant, se sentant de plus en plus maître du terrain, il s'avança bravement en habits sacerdotaux au-devant des élèves, en avisa quelques-uns dont la physionomie honnête lui inspirait confiance, les appela d'un signe.

— Mes amis, fit-il, je ne veux pas être assisté à l'autel de serviteurs gagés, voulez-vous être mes enfants de chœur?

Charmés de cette audace, les élèves acceptèrent.

— L'enseignement parle à l'esprit, le culte parle au cœur, répondait Salinis au grand maître de l'Université effrayé de ces hardiesses, l'enseignement donne la conviction, le culte inspire l'amour [1].

« œuvres, ces trois choses qui ont rempli sa vie dans des positions
« plus élevées, perçaient déjà dans l'enceinte du collège; l'évêque a
« été l'aumônier grandi. »

[1] LADOUE, *Vie de Mgr de Salinis*, p. 60.

Il fit venir Choron. Le grand mélodiste était tout ensemble un homme de talent et un homme de foi : il comprit ce que voulait l'abbé de Salinis, et, en quelques semaines, tout Paris parlait des jeunes orphéonistes du collége Henri IV, qui exécutaient, sous la direction de Choron, leur maître de chapelle, de ravissantes mélodies grégoriennes.

La partie était gagnée.

« Les plus incroyants, dit un ancien élève, respectaient l'aumônier comme un homme de talent et de savoir ; nous aimions à l'entendre, et je l'ai vu apaiser par quelque simples paroles un commencement de révolte, dont le trouble et la maladresse des maîtres allaient faire une véritable émeute. Mais c'était surtout dans ses rapports journaliers avec les élèves que son action était salutaire et décisive [1]. »

« Votre ancien élève du collége Henri IV, lui écrira plus tard un homme qui lui devait ses fortes convictions religieuses, Henri de Riancey, n'a pas oublié les secours que vous avez donnés à son inexpérience, l'appui dont vous avez entouré sa jeunesse, et aussi cette paternité spirituelle dont vous lui avez laissé un si doux souvenir [2]. »

Un autre, dont le nom désormais historique s'est attaché à l'une des œuvres les plus grandioses de ce temps, en réunissant deux mers par le percement d'un isthme, M. de Lesseps, fut encore un élève de Henri IV, et on peut l'interroger. C'est à l'abbé de Salinis qu'il rapporte fidèlement les profondes croyances dont il fait profession.

[1] Du Lac, *Notice sur M. l'abbé de Scorbiac.* (*Univ. cath.*, t. XXIII, p. 12.)
[2] Lettre de M. de Riancey à l'abbé de Salinis, 29 octobre 1838.

Aimable et bon pour tous, il s'était fait une règle de ne jamais passer à côté d'un élève, fût-ce un enfant, à côté d'un domestique, sans le saluer, et lui dire une bonne parole. Aussi était-il adoré[1]. « Je ne me rappelle jamais ces longues et tristes années de collége, écrit un grand publiciste catholique, sans me sentir pénétré jusque dans le plus intime de l'âme d'une gratitude inexprimable pour celui qui me sauva[2]. » Son salon ne désemplissait pas aux heures de récréation et aux jours de congé.

Les maîtres[3] favorisaient ces relations, sans en éprouver de jalousie et sans méfiance contre un prêtre qui, plus d'une fois cependant, avait dû, dans ses conférences, rectifier leurs enseignements; mais il n'était pas possible de soupçonner dans ces redressements la moindre intention de guerre, tant l'aumônier avait de tact. Puis ses rapports avec eux étaient toujours empreints d'une telle cordialité! Sans arrière-pensée, cette main loyale pressait toutes les mains, et, quand les doctrines lui inspiraient quelques craintes, il se disait que, les hommes valant toujours mieux que leurs doctrines, quand celles-ci sont mauvaises, il fallait aller à l'homme!

[1] Un jour, à Henri IV, l'un des élèves se permet quelques-uns de ces mots blessants que les restes du voltairianisme affectaient d'employer vis-à-vis de ceux qui portaient l'habit ecclésiastique. Aussitôt tous ses camarades le mettent en quarantaine. Défense absolue à qui que ce soit de communiquer avec lui. Il eût subi sa peine tout entière durant quarante jours, si le cœur du bon abbé n'eût intercédé chaudement en faveur du pauvre séquestré. (Dupuy, *Notice sur Mgr de Salinis*, p. 3.)

[2] Du Lac, *loc. cit.*, p. 12.

[3] Les maîtres habiles s'aperçurent bientôt que le jeune aumônier unissait à la plus aimable vertu un esprit solide et cultivé, joint à un goût d'une sûreté parfaite. Aussi devint-il immédiatement leur ami et leur conseil dans les œuvres littéraires. (Dupuy, *loc. cit.*, p. 8.)

Deux ans s'étaient passés ainsi. Celui qui avait menacé du poing, s'il fût retourné ce soir-là au collége, eût été bien surpris [1] du spectacle que la chapelle présenta tout à coup, un soir de novembre 1825. En face de la chaire était assis, rayonnant de joie sacerdotale, l'abbé de Salinis, et en chaire, dans cette même chaire où la parole sainte avait été huée deux ans auparavant, l'abbé de Scorbiac, grave, ému, devant l'élite de la jeunesse française, à qui il venait prêcher une retraite!...

Le succès fut merveilleux. Le jour de la clôture, les retraitants vinrent trouver le prédicateur et lui offrirent un beau tableau de saint Thomas d'Aquin, avec ce distique tourné par un rhétoricien reconnaissant :

Si Thomas fuit Angelicus cognomine Doctor,
Scorbiacus nobis Doctor Amicus erit [2].

IV

De sa nature, dit l'Ange de l'École, le bien est diffusif, il aime à se répandre [3]. Salinis était trop homme de bien pour ne pas l'éprouver. L'apostolat de Henri IV ne lui

---

[1] Après quelques années, le collége Henri IV était transformé au point de vue religieux et moral; la plupart des élèves de la grande division remplissaient leurs devoirs religieux, tandis qu'il y en avait à peine quelques-uns, lorsque le jeune aumônier était entré en fonction. (*Ibid.*)

[2] Thomas fut surnommé le Docteur Angélique, nous surnommerons, nous, Scorbiac le Docteur Ami.

[3] *Bonum est sui diffusivum.* (S. Th. p. I, qu. XX, art. 1.)

pouvait suffire. « Peu de prêtres, dit son premier biographe, ont été aussi mêlés, à cette époque, aux diverses œuvres de zèle et y ont pris une part plus active. La chaire, la presse, les associations charitables, les réunions de jeunes gens ou d'ouvriers, étaient tour à tour le théâtre de son zèle[1]. »

La duchesse d'Angoulême, toujours à l'affût des talents naissants, voulut l'entendre. Il prêcha à la cour, et le succès fut complet. On parla de le faire aumônier de la fille de Louis XVI.

— Oh! dit l'abbé de Rohan, je tremble pour lui!

Et un autre de ses amis de séminaire lui écrivait :

— Cher frère, vous devez sentir que Dieu vous appelle à quelque chose de grand et d'utile dans son Église : ce n'est pas pour faire du bruit, mais du fruit ; le talent fait du bruit et la sainteté du fruit[2].

Sous une autre forme, plus caustique, quoique aussi dévouée dans le fond, son oncle, le baron d'Espalungue, lui écrivait :

— Courage, mon ami, et tu arriveras ; n'est-ce pas que tu le crois autant que moi ? Pour moi, vieux soldat, je me disais en débutant dans la carrière : « Rose et Fabert ont ainsi commencé », mais j'en suis resté là ; et toi, tu te dis : « Fénelon et Bossuet..... » Je ne sais point finir la comparaison, charge-t'en, je t'en prie[3].

L'abbé de Salinis, sous ces conseils de l'amitié, put dès lors entrevoir ces appréciations, qui eurent plus tard un douloureux retentissement dans son âme aimante.

---

[1] DE LADOUE, *Vie de Mgr de Salinis*, p. 65.
[2] Lettre de l'abbé Dumarsais à l'abbé de Salinis, 13 janvier 1822.
[3] Lettre du baron d'Espalungue à son neveu Antoine, novembre 1818.

J'en emprunte le récit à l'ecclésiastique qui l'a le mieux connu, et qui, appelé par la confiance du chapitre d'Auch aux fonctions de vicaire capitulaire lorsque mourut son ami, en écrivait à ses anciens diocésains :

« Ses intentions les plus droites, les plus pures, furent méconnues et calomniées. Homme de son temps, connaissant les funestes préjugés que le défaut d'éducation religieuse avait déposés dans l'esprit d'un grand nombre d'hommes, Mgr de Salinis s'était senti la mission de dissiper ces préventions par le charme de la persuasive influence de relations bienveillantes. Homme d'autrefois par tradition de famille, il déplorait le changement que les habitudes modernes ont introduit dans les rapports de société. Voilà pourquoi il ouvrit son palais; voilà pourquoi il aimait ces réunions nombreuses où toutes les nuances se fondaient, où tous les partis s'effaçaient, où tous les cœurs s'épanouissaient! Ces réunions si simples, si dignes, disons le mot, si épiscopales, soulevèrent, au début, des critiques amères. On attribua à un sentiment vulgaire et tout humain ce qui n'était que l'inspiration d'un zèle éclairé et intelligent. L'archevêque d'Auch, disait-on, aime le monde, ne se plaît qu'au milieu du monde!... Eh! sans doute, votre évêque aimait le monde, mais il l'aimait pour l'attirer à Dieu! C'est à vous à dire s'il s'est trompé! Vos regrets et vos larmes ne sont-ils pas la meilleure réponse [1] ? »

A cette heure de la vie du futur archevêque, la presse catholique laissait encore beaucoup à désirer. Parmi les journaux qui défendaient ou prétendaient défendre l'Église, les uns subordonnaient constamment les intérêts religieux

[1] Circulaire de M. l'abbé de Ladoue au clergé et aux fidèles du diocèse d'Auch, 2 février 1861, p. 2.

aux intérêts politiques; les autres étaient généralement voués au gallicanisme [1].

Les deux jeunes aumôniers de Henri IV résolurent de donner, sous le patronage de M. de Lamennais, avec le concours de M. de Bonald, de Haller, de l'abbé Gousset, de l'abbé Rohrbacher, de l'abbé Doney, de Henri Lacordaire encore séminariste, de l'abbé Guéranger, et de plusieurs autres noms, alors presque ignorés et depuis si connus dans l'Église de France, un journal qui serait l'organe des doctrines ultramontaines.

Ils l'intitulèrent : *Mémorial catholique,* et à la première phrase éclatait leur devise noble et féconde : « Pour agir sur son siècle, il faut l'avoir compris [2] !... »

— On y sentait, dit Sainte-Beuve, une sève de jeunesse et une chaleur de prosélytisme rares aujourd'hui [3]. On y attaquait à la fois les ennemis déclarés de l'Église et les chrétiens imbus des doctrines gallicanes.

Les gallicans prirent peur [4].

Un ecclésiastique éminent du clergé de Paris rencontra l'abbé de Salinis :

— Mais, dit-il au directeur du *Mémorial,* vous avez donc fait la gageure de soutenir toutes les thèses impossibles ! Non content de justifier la Ligue, vous voulez maintenant réhabiliter Grégoire VII [5] !...

Ce fut un débordement d'injures. Les enseignements du *Mémorial* furent qualifiés de *révoltants,* les rédacteurs de

---

[1] H. DE RIANCEY, *Célébrités catholiques contemporaines* (Mgr Gerbet), p. 227.
[2] Prospectus du *Mémorial catholique*, décembre 1823.
[3] SAINTE-BEUVE, *Causeries du lundi* (t. VI, p. 311).
[4] SALINIS, *Souvenirs,* cités par M. de Ladoue, p. 76.
[5] Lettre de l'abbé de Cousergues à l'abbé de Salinis, mars 1824.

fous, les directeurs de *déclamateurs éhontés* qui parlent avec *la dernière indécence;* leur œuvre fut traitée de *schismatique*[1].

Tout cela, parce qu'on réclamait le retour franc et complet à l'unité catholique!

Nous avons fait du chemin depuis, et, si l'École Menaisienne n'existait point encore, à proprement parler, en 1824, avec son organisation, c'est elle qui agissait déjà, dans la personne de son chef et de ses premiers initiateurs. Saluons encore une fois au passage cette influence trop peu connue. Comme les drapeaux neufs d'une armée nouvelle s'inclinent devant les drapeaux déchirés et noircis qui ont vu le feu et gagné la victoire, inclinons notre

---

[1] M. Forgues, dans ses *Notes et Souvenirs* (p. xxxix), en a relaté un fait significatif. Je cite textuellement : « Quant aux gallicans, leur inimitié, plus naturelle, était aussi plus franche, dirai-je plus brutale? Ce mot, un peu dur, m'est suggéré par le souvenir d'une véritable avanie que Lamennais eut à subir, et qui est rapportée en ces termes dans l'*Essai biographique :* « En revenant d'Italie, en 1824, Lamennais était descendu à Paris, rue de Bourbon, n° 2, chez son frère, M. l'abbé Jean, qui venait de se démettre des fonctions de vicaire général et de grand aumônier... Le prince de Croy, archevêque de Rouen et grand aumônier de France, eut l'inconcevable idée de s'en formaliser. Il l'écrivit à M. le comte de Senfft. Lamennais lui répondit : « — Monseigneur, M. le comte de Senfft m'a remis la
« lettre que vous lui avez écrite le 29 septembre. — En descendant,
« à mon retour de Rome, dans une maison où mon frère a, pour
« quelques jours encore, ses neveux et ses domestiques, je croyais
« descendre chez lui et non pas chez vous. Vous m'apprenez que je
« me suis trompé. Dans une heure, je serai sorti du logement que
« vous m'invitez à *quitter promptement.* — Il y a trois semaines, le
« Souverain Pontife me demandait, avec instance, d'accepter un loge-
« ment au Vatican. Je vous rends grâces de m'avoir mis, en si peu
« de temps, à même d'apprécier la différence des hommes et des
« pays. — J'ai l'honneur d'être, avec les sentiments que je vous
« dois, etc., etc. — F. DE LAMENNAIS. » (*Lettre du 1er octobre* 1824.)

hommage reconnaissant devant ces fiers devanciers, qui, nous ouvrant la voie, nous ont appris à combattre et à vaincre !

Le *Mémorial catholique,* dit un publiciste de renom, fit du bruit et du bien. Si les adversaires ne tinrent compte que du bruit, les esprits justes virent le bien et le proclamèrent. Les doctrines romaines eurent un centre, un moyen permanent d'action, et se développèrent rapidement. Le clergé et les fidèles sentirent que là se trouvait, dans toute sa force, toute sa fécondité, la séve catholique [1].

C'est dans le *Mémorial* que M. de Bonald poussa le célèbre cri d'alarme :

— Si le monde entier entendait le français, il y aurait de quoi bouleverser le monde !

Il s'agissait de l'effrayante multiplication des mauvais livres. Sous l'empire, c'est à peine si quelques rares éditeurs avaient eu le courage de réimprimer ceux que César appelait « les idéologues » du dix-huitième siècle. Depuis la Restauration, en sept années seulement, il était sorti des presses seules de la capitale cinq millions de volumes impies, athées, obscènes ou socialistes. Les missionnaires de France en faisaient brûler par centaines sur les places publiques, les colporteurs en rapportaient par milliers.

— Et l'on se tait, s'écriait l'abbé de Salinis, et l'on regarde froidement ce travail du crime, et l'on craindrait de le troubler?

Il ajoutait, avec des pressentiments sinistres :

— Cette apathie des gouvernements, cette tranquillité sur le bord de l'abîme, est un phénomène que l'on ne sau-

---

[1] H. DE RIANCEY, *loc. cit.*, p. 228.

rait expliquer humainement. A la vue d'une stupeur si extraordinaire, on se demande s'ils auraient donc entendu cette voix qui annonce aux nations leur fin, *finis super te*[1], et l'on attend avec effroi les événements que présage ce repos de terreur ou d'aveuglement[2].

Vraiment, le souffle du Maître a passé dans l'âme du disciple. Salinis parle, comme parlait Lamennais.

V

Lamennais!... Il devient de plus en plus le centre de toutes les forces vives qui s'agitent au sein de l'Église de France pour la féconder et la rajeunir.

Les deux aumôniers de Henri IV ne peuvent plus se passer de lui. S'absente-t-il, Gerbet lui écrit : « Nous cherchons à nous consoler un peu de votre absence, en nous entretenant souvent de vous[3]. » Et Salinis : « Nous avons retrouvé, avec beaucoup de peine, deux de vos portraits. J'ai placé l'un dans mon cabinet. Nous y étions, dimanche, douze personnes réunies, et nous remarquâmes que, dans ce nombre, il n'y en avait pas une seule chez qui la vue de votre portrait ne réveillât les mêmes sentiments[4]. »

---

[1] C'est la menace de Dieu, dans les prophéties d'Ezéchiel, contre les nations coupables.
[2] SALINIS, art. du *Mémorial*, février 1825.
[3] Lettre de l'abbé Gerbet à M. de Lamennais, 25 décembre 1823.
[4] Post-scriptum de l'abbé de Salinis à la lettre ci-dessus.

Cette admiration ira croissant, jusqu'au jour où Salinis, de plus en plus fasciné par le grand homme, ne craindra pas de mettre à ses pieds cet ardent hommage :

— Il n'y a personne au monde qui vous aime plus que moi. Et, puisque j'ai commencé, me laisserai-je aller à vous dire ce que je pense des sentiments que j'éprouve pour vous? Ce n'est pas de l'amitié. Il y a trop loin de vous à moi pour pouvoir l'appeler de ce nom. C'est quelque chose qui ressemble plutôt à cette affection tendre, à ce respect religieux dont se compose la piété filiale... Le nom de *père* est celui qui exprime le mieux ce qu'il me semble que vous êtes à l'égard de moi. Je vous l'aurais donné depuis longtemps, si j'avais osé me le permettre, et, ne l'osant pas, je n'ai jamais su en trouver un autre [1].

Et il termine par cette confession, où l'enthousiasme ne saurait faire oublier l'influence immense que le génie de Lamennais exerçait sur les esprits à ce moment :

— En me rapprochant de vous, Dieu m'a appelé à une nouvelle existence. Le peu de vie que je puis avoir dans mon intelligence et dans mon cœur, je sens que je l'ai puisée dans vos doctrines [2].

Lamennais tombe-t-il malade? Salinis accourt, l'enlève à ses travaux, le conduit dans les Pyrénées, les chères montagnes natales.

Le principe de vie est usé, dit Lamennais, il faut que je me presse [3].

Avec la tendresse et la sollicitude inquiète du fils le plus aimant, le disciple s'efforce d'adoucir les fatigues de

---

[1] Lettre de l'abbé de Salinis à M. de Lamennais, 23 février 1829.
[2] *Ibid.*
[3] Lettre de Lamennais à l'abbé de Salinis, 5 novembre 1827.

la route. On voyageait en poste, à petites journées. Dans les environs de Moissac, le malade perdit connaissance. La seule habitation voisine était une ferme isolée. Salinis aida le conducteur à y transporter le mourant. Toute la nuit se passa dans des transes horribles, uniquement adoucies par les sentiments de foi et de résignation du moribond, quand il reprenait ses sens.

C'est dans un de ces moments de répit que le jeune prêtre s'entendit ainsi interpeller :

— Mon ami, vous savez que je ne suis pas crédule, mais je puis vous assurer que ce qui m'arrive ne me surprend pas. Le jour où je dis ma première messe, j'entendis très-distinctement une voix intérieure qui me disait : « Je t'appelle à porter ma croix, rien que ma croix ; ne l'oublie pas ! »

A Saint-Sauveur, l'abbé de Salinis, avec une instance touchante, encourageait son maître à user un peu de ses forces renaissantes, le prenait à son bras pour le faire descendre lentement, bien lentement, aux bords du Gave, s'ingéniait à le distraire en jouant avec le neveu[1] du grand homme, le ramenait insensiblement à la vie.

---

[1] M. Forgues a fort bien raconté cet épisode dans ses *Notes et Souvenirs* : « On m'introduisit, dit-il, dans une très-petite chambre, à l'arrière d'une de ces maisons plaquées aux rochers qui composent l'unique rue du village pyrénéen. Le Gave y envoyait son grondement sourd et monotone ; une petite cascade, plus voisine, la fraîche plainte de ses eaux brisées. Dans une sorte de pénombre grisâtre, je distinguai deux hommes : — l'un maigre et chétif, la tête abaissée sur sa poitrine, assis dans un grand fauteuil de paille ; l'autre, debout à côté de lui, la tête haute, les épaules effacées, le regard animé... Le premier était Lamennais ; le second, son compagnon de route, son garde-malade, était l'abbé de Salinis..... Ils m'emmenaient dans leurs promenades, qui jamais n'étaient bien longues. Lamennais, bientôt à

Quand il le rendit à ses amis, ce fut un long cri de joie dans toute la France. A Paris, on accourait au collége Henri IV, où Lamennais venait tous les dimanches soir, et Salinis, rayonnant de bonheur, montrait à ses jeunes gens le célèbre apologiste qu'il avait guéri, à force de tendresse ingénieuse et de piété filiale.

Là commencèrent ces conférences hebdomadaires, où la plupart des laïques qui, à Paris et en province, ont écrit pendant quarante ans pour la défense de l'Église romaine, de 1830 au concile, venaient, chaque dimanche, sous la présidence de Lamennais, puiser leurs principes dans les salons de l'abbé de Salinis.

Là venaient Melchior du Lac, Delahaye, Eugène de la Gournerie, Léon Boré, son frère Eugène, Emmanuel d'Alzon, Bonnetty, Foisset, Edmond de Cazalès, de Carné, Franz de Champagny, etc.

« On apportait, raconte l'un d'eux, dans ces réunions, un grand amour pour la vérité, un amour passionné pour la cause de la sainte Église. Je ne crois pas qu'il y ait jamais eu dans la jeunesse catholique plus d'entrain, de mouvement et de vie. L'action exercée alors par quelques hom-

---

bout de forces, demandait à s'arrêter sous quelque bouquet d'arbres. On s'asseyait sur le gazon... L'abbé de Salinis encourageait Lamennais à user un peu de ses forces renaissantes. Lentement, bien lentement, nous descendions au bord du Gave, nous franchissions la passerelle tremblante, nous remontions sur l'autre revers, dans de fraîches prairies ; c'est là, je m'en souviens comme si c'était hier, qu'un jour nous passâmes toute une heure à jeter des pierres dans l'étroite baie ménagée entre les pierres sèches des murs d'une petite bugerie. C'était à qui mettrait le plus de cailloux dans cette cible improvisée. L'abbé de Salinis nous battait sans peine, à ce jeu ; mais je crois que Lamennais s'en tirait encore moins bien que moi. » (FORGUES, *loc. cit.*, p. LIV.)

mes sur la jeunesse ne fut pas stérile, et peut-être ne se rend-on pas suffisamment compte du bien qu'elle a produit. Il est permis de penser que le mouvement de retour qui se manifesta après 1830, et qui depuis a pris de si grandes proportions, n'est qu'une suite, et comme la transmission de l'impulsion donnée à la jeunesse chrétienne des dernières années de la Restauration[1]. »

Ainsi, le souffle menaisien enfantait des héros à la foi et des combattants pour l'Église. L'heure était proche d'ailleurs où l'*Association pour la défense de la Religion catholique,* établie pour déshabituer les chrétiens à tout attendre du gouvernement, allait exercer son action individuelle et collective.

— Une nouvelle scène politique va s'ouvrir, disait prophétiquement Lamennais, et puis viendra l'orage. Nous ne sommes pas loin des persécutions qu'on m'a su si mauvais gré d'annoncer[2].

Puis, songeant au rôle militant qu'il va tenir dans cette mêlée, il ajoute, avec une saisissante mélancolie :

— Mon cher ami, priez le bon Dieu pour l'un des hommes qui vous est le plus tendrement dévoué en ce triste monde.

Vienne maintenant l'orage, le bataillon sacré est prêt à l'affronter. Salinis en sera l'un des chefs les plus écoutés.

---

[1] M. DU LAC, *loc. cit.*, p. 15.
[2] Lettre de Lamennais à l'abbé de Salinis, 7 janvier 1828.

III

LE DIRECTEUR DE JUILLY.

SOMMAIRE. — L'Oxford et le Cambridge français. — L'Oratoire et Juilly. Juilly après la Révolution. — Élèves et maîtres. — Les méthodes. — L'idée mère du plan d'éducation de Juilly. — Le régime disciplinaire. — Guerre à l'esprit de contrainte. — La vie de famille. — Les visiteurs de Juilly. — Pourquoi les jeunes gens y étaient si bien élevés. — Une sortie violente de Lamennais. — Je n'en suis plus digne. — Rancune de Lamennais. — Soumission de Salinis. — La dernière recommandation.

I

A huit lieues de Paris, au milieu d'un parc où abondent les eaux limpides et les frais ombrages, on voit s'élever un antique et vaste édifice, dont l'œil étonné admire les proportions et l'étendue : c'est le célèbre collége de Juilly, fondé par les Oratoriens, et qui eut longtemps avec eux des jours de gloire [1].

C'est une retraite délicieuse pour les hommes d'étude et un incomparable séjour pour l'enfance. « Quelle différence entre un pareil séjour et les maisons où nous avons fait nos classes, vraies prisons murées entre deux rues, dominées

---

[1] COEUR, *M. de Scorbiac*, dans l'*Univers* du 8 octobre 1846.

par des toits et des tuyaux de cheminées, avec deux rangées d'arbres étiolés au milieu d'une cour pavée et sablée, et une malheureuse promenade tous les huit ou quinze jours à travers les guinguettes des faubourgs [1] ! »

Le grand cardinal de Bérulle, cette « gloire, trop oubliée de nos jours, de la grande école française du dix-septième siècle [2] », devina que Juilly pouvait être pour la France ce que sont pour l'Angleterre les beaux colléges des universités d'Oxford et de Cambridge, magnifiques assemblages de superbes édifices, séparés les uns des autres par des pelouses, des cours d'eau et des lacs, des jardins et des bois, et placés au milieu des plus riantes contrées de l'Angleterre [3].

L'Oratoire aima toujours Juilly de prédilection. Malebranche y médita sa métaphysique chrétienne à l'ombre d'un vieux marronnier qu'on montre encore et qui a abrité presque toutes les générations julliaciennes. Lejeune, Mascaron, Massillon y trouvèrent leurs premières inspirations d'éloquence, comme La Fontaine y devait puiser, dans l'étude attentive des choses de la nature animée ou inanimée, ces délicieux chefs-d'œuvre qui suffiraient à immortaliser Juilly, puisque c'est lui qui les inspira.

Au sortir de la Révolution, le célèbre collége voulut renouer les traditions de l'Oratoire. Là, vinrent se former ces jeunes hommes, depuis illustres dans les diverses carrières publiques : dans les armes, le prince Jérôme Bonaparte; dans les lettres, le poëte Barthélemy, l'archéologue Phi-

---

[1] Montalembert, *De l'Avenir politique de l'Angleterre* (Œuvres complètes, t. V, p. 340.)
[2] Cousin, *Du vrai, du beau et du bien*, p. 244.
[3] Ch. Hamel, *Histoire de l'abbaye et du collége de Juilly*, p. 10.

lippe Lebas, notre Louis Reybaud, et ce profond penseur, qui ouvrit à la philosophie religieuse une ère nouvelle, le vicomte de Bonald ; dans le barreau, Bethmont et Berryer.

Les maîtres de ce temps ont été chantés par leurs spirituels élèves, dans ce banquet annuel de la fraternité du collége,

> Qui commence au potage et finit par des vers [1].

Ce furent le Père Creuzé, préfet des études, sévère et vigilant, qui

> .....de la férule avait tant abusé
> Que, de par Radamanthe, un jour de chaque année,
> Son ombre dans l'îlot languit emprisonnée [2].

Le Père Lefebvre, professeur brillant et plein de grâce, mais original jusqu'à la manie. Il s'était fait arranger, sur la fin de sa vie, à Passy, un logement identique avec son appartement d'hiver, à Paris ; et, de deux jours l'un, il occupait alternativement chacun d'eux. La dimension, la distribution, l'ameublement des pièces, tout y était absolument semblable. Les livres mêmes de sa bibliothèque y étaient en double, et leur reliure était pareille. Il n'y avait que sa vieille servante, dont il n'avait jamais pu trouver le pendant : c'était son désespoir [3].

Le Père Huré, l'humaniste classique jusqu'à la passion,

> Huré aux longs sourcils, cénobite savant,
> Canonisé par nous, même de son vivant [4].

Il n'avait jamais feuilleté qu'avec dédain le *Génie du*

---

[1] BARTHÉLEMY, *Banquet de* 1838.
[2] TURPIN, *Banquet de* 1834, p. 9.
[3] HAMEL, *op. cit.*, p. 401.
[4] BARTHÉLEMY, *Banquet de* 1831.

christianisme et n'en regardait l'auteur que comme un novateur dangereux. Or, un jour, il donna pour sujet de composition dans sa classe : *la Fête-Dieu*. Un des neveux de Chateaubriand, qui en faisait partie et qui possédait secrètement l'ouvrage de son oncle, y copia textuellement le chapitre qui porte ce titre. Il fut le premier, laissant tous ses concurrents à une grande distance. Et le Père Huré, après avoir lu tout haut le chef-d'œuvre de son élève, s'écria avec enthousiasme : — Jeune homme, vous êtes plus fort que votre oncle [1].

Le Père des Essarts, professeur d'histoire, « savant et laborieux comme un Bénédictin », écrivait de lui son élève Berryer [2].

Le maître d'étude Bouchard, ancien soldat de la République, qui regrettait encore

> Une part de son nez gelé aux Apennins [3].

Le Père Sonnet, grand préfet, peu aimé des élèves qui lui reprochaient ses rigueurs, sa grosse voix

> ....et son zèle un peu rude,
> Qui prêchait à grand bruit le silence et l'étude [4].

Mais nul n'a été plus chanté que le professeur de septième,

> Ce Père Paturel, aux robustes poumons,
> Qui jadis, à Paris, quand il ouvrait l'office,
> Ébranlait de sa voix les tours de Saint-Sulpice [5].

---

[1] Amédée Pichat, *Arlésiennes*, p. 80.
[2] Lettre au commandant Ordinaire, 28 mars 1865.
[3] De Castillon, *Banquet de* 1838, p. 19.
[4] Turpin, *Banquet de* 1834, p. 18.
[5] Barthélemy, *Banquet de* 1831.

L'auteur de la *Némésis* voulut d'abord consacrer à sa mémoire un poëme épique,

> Œuvre de longue haleine, autant que l'Iliade,

dit-il lui-même, au banquet de 1839 [1],

> Que j'intitulerai la Paturelliade,
> Et qui débutera par ces mots éclatants :
> Je chante Paturel [2] qui chanta si longtemps !

D'autres travaux détournèrent Barthélemy de ce projet. Il se borna à célébrer le martinet du Père Paturel, « cette relique aux nœuds piquants » qui

> Eut l'honneur de servir pour le prince Jérôme.

Il le fit sur le ton de l'élégie, dans des vers pleins de charme et d'esprit, adressés par lui à son camarade de Juilly, le roi Jérôme, qui lui avait demandé des nouvelles de ce héros du plain-chant :

> Prince ! ce martinet, que sa main redoutable
> Caressait, au dortoir, en chaire et même à table,
> Et dont nous gardons tous les stigmates gravés,
> Après avoir reçu l'honneur que vous savez,
> Fut conservé par lui comme une chose sainte
> Dans un lieu qui bravait toute profane atteinte.
> Longtemps il le montra, d'un front enorgueilli,
> Aux étrangers marquants qui visitaient Juilly.
> Et quand, las d'agiter la terrible férule,
> Après soixante hivers consacrés à Bérulle,
> Il fut en patriarche habiter sans retour
> Le calme Nantouillet qui lui donna le jour,

---

[1] P. 22.
[2] Il n'y a aucune témérité à croire que, lorsque Louis Reybaud écrivit ses célèbres *Jérôme Paturot*, le nom de son ancien maître l'aida à trouver celui de son héros.

Comme un vieux serviteur, compagnon d'un vieux maître,
Ce sceptre le suivit dans son manoir champêtre.
C'est là que, loin d'un monde orageux et menteur,
Libre de contenter ses goûts d'horticulteur,
Il mêlait à la rose, objet de son extase,
Le tabac que son nez distillait en topaze.
Un soir, comme il prenait cet innocent plaisir,
Le sommeil éternel vint sans bruit le saisir;
Et sur la tombe simple où ce sage repose
Un martinet se trouve à côté d'une rose.
Puisse-t-il donc dormir en paix, et qu'aujourd'hui
Le martinet d'en haut ne soit pas lourd pour lui [1]!

En mars 1814, Juilly connut l'invasion et fut mis à sac. L'aventure a été chantée par les deux julliaciens marseillais, Barthélemy [2] et Louis Reybaud [3]. Mais elle a surtout été contée avec une verve spirituelle par l'historien du collége, M. Charles Hamel [4].

Dès le 27 mars, l'approche des Cosaques fut signalée par des bandes de paysans qui fuyaient devant eux dans toutes les directions, traînant à leur suite femmes, enfants et bestiaux. Le 28, dans l'après-midi, apparurent leurs éclaireurs; et, le soir, toute la campagne s'illumina des feux de leurs bivouacs. Vers onze heures, une horde de

---

[1] BARTHÉLEMY, *Entretiens sur Juilly,* banquet de 1848, p. 21.

[2] Barthélemy, au banquet de 1839 (p. 23), parle des jours où la sainte patronne de Juilly,

> Où sainte Geneviève, aux eaux de sa fontaine,
> Abreuva les coursiers venus du Borysthène.

[3] C'est au banquet de 1831 que Louis Reybaud rappela qu'

> Il fut une heure où de rudes attaques
> D'un grand empire abrégèrent le cours.
> Moi, j'étais là, quand vinrent les Cosaques,
> Quand leurs chevaux hennirent dans nos cours.

[4] *Op. cit.,* p. 411.

ces barbares enfonça la porte du collége, se répandit dans toute la maison, à la chapelle, dont on eut à peine le temps d'enlever les vases sacrés, dans les dortoirs, dans les salles d'étude, dans les réfectoires, faisant main basse sur tout, jusque sur les couvertures et les vêtements des élèves. Le lendemain, à la pointe du jour, de nouvelles troupes vinrent prendre leur part du pillage et enlever le reste des provisions de bouche. Sans ressource et sans vivres au milieu d'un pays dévasté, le Père Crenière rassembla le pensionnat au fond de la cour, divisa les élèves en groupes de quarante à cinquante, et les dirigea, les uns vers Paris, les autres vers Dammartin et Luzarches, sous la garde des moins terrifiés de leurs maîtres. Les pauvres enfants se mirent en route, par la pluie, à jeun, et les poches vides même de leur Xénophon. Aussi leur marche en désordre et précipitée n'eut-elle rien de comparable à sa belle retraite, si ce n'est pourtant qu'elle eut un résultat analogue. Pas un ne fut pris par l'ennemi; tous purent arriver sains et saufs chez leurs parents; et tous aussi, cinq à six jours après, se retrouvaient au bercail, joyeux de se revoir et de se raconter les divers épisodes de leur commune Odyssée.

II

Le 15 octobre 1828, deux cent quarante élèves, tous nouveaux, sauf vingt-neuf, entendaient la messe du Saint-Esprit dans la chapelle de Juilly, et au banc des directeurs de la maison, les Oratoriens disparus avaient fait place aux abbés de Salinis, de Scorbiac et Caire, chargés de reconstituer le collége et d'en faire revivre les antiques gloires.

L'ancien collége se trouvait dans un état de décadence intellectuelle et morale. Les vieux Oratoriens, accablés par l'âge, étaient impuissants à soutenir cette maison, et leurs rangs, éclaircis par la mort, ne se recrutaient pas [1].

C'était le moment où les ordonnances de 1828 venaient de jeter à la porte des colléges de Jésuites, par centaines, des élèves appartenant à l'élite de la société française.

M. de Bonald et Berryer, tous deux élèves de Juilly, jugèrent le moment favorable pour relever une maison qui leur était chère. Ils s'adressèrent à l'abbé de Salinis, qui en conféra avec son ami, M. de Scorbiac.

« Tous deux auraient pu prétendre aux premières dignités de l'Église; ils n'avaient qu'à laisser faire, elles seraient venues d'elles-mêmes à leur rencontre. L'abbé de Scorbiac et son ami s'éloignèrent volontairement de la route où passent les honneurs. Ils embrassèrent dans la solitude de Juilly des travaux modestes, mais puissants et bénis [2]. »

M. de Scorbiac eut le titre officiel de directeur, mais, en réalité, tous deux dirigeaient de concert, avec une telle unité de vues et une si parfaite union de volontés, que l'on eût dit un seul cœur et une seule âme. A lui seul, cet exemple fit l'esprit du nouveau Juilly.

Un ecclésiastique de grand mérite, l'abbé Caire, ancien aumônier lui aussi du collége Henri IV, consentit à s'associer à eux pour l'achat et la direction de Juilly. Il était de Marseille, où, agrégé à la célèbre société des Prêtres du Sacré-Cœur, qui a donné des martyrs et des héros à l'Église

---

[1] Gerbet, *Oraison funèbre de Mgr de Salinis*, p. 9.
[2] Cœur, *loc. cit.*

de Saint-Lazare, il avait su conquérir les cœurs et gagner une confiance qui se manifesta par de vifs témoignages de regret à son départ du petit séminaire, dont il était le supérieur [1].

Des difficultés de plus d'un genre s'opposaient à la restauration de Juilly, et, tout d'abord, aucun des directeurs n'avait les grades universitaires voulus par la loi.

M. de Vatimesnil, le grand maître d'alors, se refusait à accorder la dispense sollicitée. Du moins, il voulait aupa-

---

[1] Homme d'esprit et de tact, excellent prêtre et administrateur habile, l'abbé Caire se chargea de l'économat et de la haute direction de la discipline du collège. Mais des dissentiments survinrent entre l'abbé de Salinis et lui sur la question financière et sur le chiffre des dépenses, dont il demandait la réduction; et il quitta Juilly dès le 11 février 1830. En annonçant sa détermination à la vénérable supérieure des chanoinesses de Saint-Augustin, qui dirigeait le couvent de l'avenue de la Reine-Hortense : — Je crains bien, lui écrivait-il, que ma retraite ne soit la ruine de *Troie*. Il faisait allusion, par ce jeu de mots, au nombre des directeurs de Juilly; mais, grâce à Dieu, ses craintes ne se réalisèrent pas, et il fit tout lui-même pour éviter ce malheur. De Paris où il se retira, il continua, pendant de longues années encore, à s'occuper des intérêts de la maison et à donner à ses deux associés l'appui de son expérience. D'un zèle admirable pour toutes les bonnes œuvres, il leur consacra le reste de ses forces et de sa vie, se chargea de l'administration des collèges catholiques irlandais de Douai et de Paris, et accepta également la direction spirituelle et temporelle du couvent des dames chanoinesses de Saint-Augustin, où sa mémoire est en vénération. D'une abnégation sans bornes, il n'accepta jamais la moindre rémunération de ses services, refusa l'épiscopat comme l'abbé de Scorbiac, et mourut en voyage à Lyon, le 15 juillet 1856, dans la pauvreté volontaire à laquelle il s'était voué. Il était grand vicaire d'Amiens et protonotaire apostolique. (HAMEL, *op. cit.*, p. 431.)

Dans mes *Souvenirs du clergé marseillais au dix-neuvième siècle*, j'ai consacré une notice étendue à Mgr Caire, ainsi qu'à son frère, l'abbé Eugène Caire, qui fut professeur de philosophie au collège de Juilly, lorsque les trois directeurs en prirent possession en 1828.

ravant que l'abbé de Salinis souscrivît une adhésion à la déclaration de 1682.

S'adressant au disciple le plus ardent des doctrines ultramontaines de Lamennais :

— Vous avez, disait-il, des doctrines contraires à celles du clergé de France.

— Eh bien! monsieur le grand maître, répondit Salinis, je vais vous donner par écrit une déclaration, attestant que j'adhère aux doctrines du clergé de France réuni en 1626, doctrine formulée par Fénelon dans son remarquable Traité sur le Souverain Pontife [1].

M. de Vatimesnil finit par se contenter de cette déclaration très-ultramontaine de gallicanisme.

Il y avait d'autres difficultés plus graves.

Tous les ennemis de Lamennais, — et ils étaient nombreux, — voyaient la fondation de mauvais œil. Les Jésuites n'étaient pas favorables [2].

Ajoutez à cela les obstacles financiers, les divergences d'éducation parmi trois cents élèves nouveaux, venus des points les plus divers.

Salinis fut le bon génie du collége, et, en passant sous une direction nouvelle, Juilly retrouva un avenir.

« Sans doute, dira Gerbet, parlant devant le cercueil du Pontife, il y a, dans sa vie, bien des parties qui attirent beaucoup plus les regards; il n'en est point qui aient eu des résultats plus durables.

« Le collége de Juilly, organisé sur de nouvelles bases, a été pour la France religieuse ce que sont les écoles militaires pour l'armée. Il a été un foyer de ce qu'on pourrait

[1] LADOUE, *Vie de Mgr de Salinis*, p. 106.
[2] Lettre de M. de Rainneville à l'abbé de Salinis, 28 août 1828.

appeler le patriotisme catholique, comme ces écoles sont le foyer du patriotisme national. On a pu constater que non-seulement presque tous les jeunes gens qu'il a formés ont conservé l'empreinte chrétienne qu'ils y avaient reçue, mais aussi qu'un grand nombre d'entre eux sont devenus de nobles athlètes de la foi et de la charité[1]. »

Un mot des méthodes employées pour en arriver à ce résultat, dû surtout à l'influence de M. de Salinis.

III

Il faudrait ici reproduire en entier le plan d'éducation, tel qu'on le pratiqua à Juilly et tel que le publia l'abbé de Salinis dans l'*Université catholique*[2], le recueil mensuel dont j'ai déjà dit ailleurs[3] l'histoire.

Ce plan, où circule une séve tout à la fois vivante et vivifiante, peut se résumer en un mot, celui même qui fit la fortune de toute l'École Menaisienne : « Nous serons de notre temps !... »

M. de Salinis le dit bien haut; ce qu'il redoute le plus, ce qu'il a en horreur, c'est le système qui mure les premières années d'un jeune homme dans l'étude aride d'un passé mort et le tient avec un soin jaloux à l'abri de tout rapport avec le mouvement de son époque.

La prétention du hardi novateur était trop osée pour ne

---

[1] Gerbet, *op. cit.*, p. 10.
[2] T. IV, pp. 44 et suiv.
[3] Gerbet, chap. III.

pas soulever des tempêtes. Les vieux régents frémirent, en lisant ces énormités. On annonça une levée de boucliers à l'antique contre l'audacieux éducateur de Juilly. Les Jésuites useraient de toute leur influence sur les familles de leurs anciens élèves, et la tentative ne tarderait pas d'avorter.

Or, il se trouva un Jésuite qui eut le courage de se déclarer favorable à cette éducation selon les principes menaisiens. Quand nous aurons dit son nom, on comprendra quelle action cette intervention inattendue ne pouvait manquer d'exercer sur les esprits, à ce moment, et peut-être y trouvera-t-on, non sans quelque surprise, un argument nouveau à ajouter aux arguments qu'on a fait valoir pour défendre sa mémoire si violemment attaquée. Il s'appelait le Père Loriquet.

Un Jésuite lamennaisien ! et quel Jésuite !...

— J'ai causé avec le Père Loriquet, écrivait à Salinis son ami de Rainneville : il est *personnellement* dans vos doctrines.

Placés par leurs maîtres en face des redoutables problèmes soulevés par les révolutions modernes, les élèves de Juilly s'habituaient de bonne heure à affronter les périls d'une époque où tout a été remis en question. Leur intelligence se développait d'une manière vivante, ce qui n'empêchait nullement les succès classiques, au contraire.

— C'est Juilly, disait M. Saint-Marc Girardin, qui fait admettre le plus de bacheliers, et c'est Juilly qui nous envoie, en général, les bacheliers les plus passables [1].

En vertu de ces mêmes principes, le système des sanc-

---

[1] Lettre du 5 août 1836.

tions disciplinaires fut radicalement transformé par les nouveaux directeurs.

— En un temps, disaient-ils, où le principe de liberté et d'indépendance a prévalu dans la société, l'éducation de l'enfance doit être sagement libérale.

La férule tomba aux oubliettes. Le martinet lui-même, au grand scandale de tous les pédants de l'époque, fut solennellement condamné à figurer dans le Musée des antiques, en souvenir d'un vieux passé tombé dans le domaine de l'archéologie.

Les punitions réservées pour des extrémités tellement rares qu'elles ne se renouvelaient qu'à de très-rares intervalles, la discipline se rapprochant le plus possible des mœurs de la famille sans faiblesse comme sans inflexibilité, le cœur et la raison souvent interrogés par les maîtres, et par-dessus tout les sentiments de foi ingénieusement invoqués par de vrais pères, habituaient de bonne heure les élèves au régime de la liberté.

Grand art que celui-là! Qui n'a connu les périls du système contraire? Le ressort comprimé bondit au premier déplacement de l'obstacle et se détend, au risque de perdre son élasticité. Que de jeunes âmes élevées en serre chaude, et qui, transportées soudain à l'air libre, s'affolent et semblent n'avoir plus qu'une pensée, dans l'enivrement subit de la liberté, se venger des lisières, en se précipitant dans l'abîme!

L'abbé de Salinis, comme Lacordaire, ne voulait aucune contrainte. Jamais on n'imposa de force, et de par le règlement, une pratique sacramentelle [1]. C'est sans doute

---

[1] A Juilly, rien ne se faisait par contrainte : le principe de MM. de Scorbiac et de Salinis était que l'obéissance forcée n'est pas l'obéis-

pour cela qu'elle fut toujours si fort en honneur parmi ses heureux dirigés.

— Ce n'est pas comme écoliers, leur disait-il, mais comme chrétiens que vous vous approchez des sacrements. Vos maîtres n'ont donc rien à exiger sur ce point. Cela ne les regarde pas.

Il s'était dit encore que le cœur du jeune homme n'est souvent si faible que parce que son intelligence est désarmée. Aussi, sortant de ses mains, l'incrédulité ne pouvait surprendre les élèves, auxquels des conférences dialoguées et des disputes soigneusement préparées avaient fait passer en revue les opinions et les systèmes, peser les objections et apprécier les arguments. De ces conférences sortit le *Cours de Religion,* publié d'abord dans l'*Université catholique* [1] et devenu depuis cette admirable démonstration de la *Divinité de l'Église,* rêve de toute la vie de M. de Salinis et filialement recueillie dans les quatre volumes publiés par M. de Ladoue [2], chef-d'œuvre de démonstration et d'apologétique trop peu connu par malheur et trop peu lu dans ce temps de vie dissipée, où le journal a si fâcheusement détrôné le livre.

---

sance. Suivant eux, le maître étant auprès de l'enfant le représentant de Dieu, l'enfant devait apprendre à lui obéir librement et de son plein gré, comme Dieu même entend que l'homme lui obéisse. Pour appliquer de tels principes, dans la mesure que comporte et avec les tempéraments que réclame la nature humaine, il faut sans doute que l'ascendant de la force morale supplée à l'absence de cette force matérielle dont l'usage est ainsi répudié ; de Scorbiac et de Salinis le savaient, et voilà pourquoi ils travaillaient avec tant de soin à conquérir et à consacrer, sur le cœur et sur l'esprit de leurs élèves, l'empire que donnent la sagesse et l'amour. (Du Lac, *loc. cit.*, p. 18.)

[1] T. I à IV.
[2] Chez Tolra, éditeur, à Paris.

Les visiteurs de grand renom affluaient à Juilly. Les plus grands orateurs ambitionnaient d'y porter la parole. Mgr de Forbin-Janson, l'abbé Deguerry, l'abbé Cœur, l'abbé Combalot, Lacordaire, s'y firent entendre à plusieurs reprises. Tous repartaient, émerveillés de l'intelligence des élèves, de leur excellent esprit et du bon ton de ces jeunes écoliers.

« J'ai vu Juilly souvent et longuement, écrit le biographe de M. de Scorbiac; une chose frappait tout d'abord : les élèves y étaient *bien élevés :* ce n'était point cet air tantôt gauche, tantôt impertinent, ces allures ou sauvages ou effrontées, si communes dans la plupart des colléges qu'elles forment comme le type, dès longtemps vulgaire, de l'écolier; c'était une politesse simple et naturelle, l'aisance et la modestie dans le maintien, la distinction dans les manières, l'à-propos et la retenue dans les paroles; on se demandait comment des enfants pouvaient avoir acquis, de si bonne heure et à ce degré, l'art si difficile, et que les hommes ne possèdent pas toujours, du *savoir-vivre.* Il fallait, pour le comprendre, les voir groupés autour de MM. de Scorbiac et de Salinis, auprès desquels ils avaient toujours libre accès et dont, à certaines heures, sacrifiant volontairement leurs récréations, ils envahissaient en foule les appartements. Je ne manquais jamais, lorsque je me trouvais à Juilly, de descendre, en ce moment, chez l'un ou l'autre des deux directeurs. La franche et cordiale gaieté des élèves, leur confiant abandon, l'affection filiale qu'ils montraient pour leur supérieur, la familiarité toute paternelle de celui-ci, les causeries piquantes, et très-souvent fort instructives, qui s'établissaient sur les défauts à corriger, sur les difficultés à vaincre, sur la conduite, sur les études, sur mille questions relatives à la religion, à l'histoire, à la littérature, que soulevait, à propos de ces études, une curiosité naïve et dont les solutions étaient mises à sa portée avec une aisance merveilleuse : tout cela me charmait, et je m'expliquais facilement que les élèves de Juilly, entretenant avec des hommes comme MM. de Scorbiac et de Salinis ce commerce intime de tous les jours, fussent, dès le collége, des jeunes gens de bonne compagnie [1]. »

— Je reconnaîtrais entre mille officiers un élève de Juilly, disait un jour, devant Sébastopol, un de nos officiers généraux. Il faut qu'ils aient été à une bien excellente école de bon ton et de savoir-vivre pour en offrir tous d'aussi saillants exemples.

IV

Un soir de novembre 1830, dans le salon de l'abbé de Salinis, en présence de plusieurs ecclésiastiques étrangers, M. de Lamennais, dans un état de surexcitation très-marquée, donna lecture d'un article qu'il destinait à l'*Avenir*. C'était une diatribe, devenue depuis fameuse, contre le pouvoir, intitulée : *L'oppression des catholiques*.

Il ne m'en coûte pas d'avouer que ce ton passionné, ce langage de tribun ressemblaient fort à un appel à l'insurrection.

Toujours judicieux, l'abbé de Salinis vit le péril. Sous la

[1] Du Lac, *loc. cit.*, p. 17.

forme la plus modérée, avec une urbanité exquise, où l'on sentait la tendresse du fils et le dévouement du disciple, il soumit au maître quelques observations, auxquelles celui-ci répondit par des sophismes.

Salinis crut devoir insister. Enveloppant ses critiques dans un atticisme irréprochable, il proposa quelques modifications.

Lamennais leva la tête qu'il tenait, comme à son ordinaire, un peu basse, évitant de regarder en face ses interlocuteurs; son regard se remplit d'une expression de surprise, puis de colère :

— Monsieur, dit-il, *quod scripsi, scripsi* [1] *!*

Puis, il se leva brusquement et sortit du salon.

L'article parut le 23 novembre et fut déféré au jury.

Pour la première fois, ce soir-là, Salinis comprit ce qu'il allait lui en coûter d'avoir confondu l'homme avec sa doctrine, et combien, en s'attachant à l'École, il fallait savoir reconnaître les défauts et, au besoin, les torts du Maître.

Juilly, en effet, était plus qu'un collége, c'était un centre de mouvement catholique. Lamennais venait d'en faire son quartier général. Le séjour de Paris ne pouvant guère, à cette époque de troubles qui descendaient dans la rue, se concilier avec des travaux qui demandent de la tranquillité, le Tertullien moderne vint chercher, à côté de Salinis et de Gerbet, le calme que la capitale lui refusait, dans cet asile qui abrita les méditations de celui que l'on a nommé le Platon chrétien. Plusieurs de ses disciples, comme je l'ai raconté ailleurs [2], l'y accompagnèrent.

[1] *Ce que j'ai écrit est écrit.* C'est la réponse de Pilate.
[2] Gerbet, chap. III.

C'est de Juilly que partirent, dès lors, le mouvement et la direction.

Ce fut le signal d'une guerre contre Juilly.

— On nous considère ici comme des Jacobins, écrivait de Montauban à son ami M. de Scorbiac [1].

Et le bon abbé Combalot, si dévoué aux Menaisiens, étant venu à Marseille en novembre 1830 [2], après avoir entendu

---

[1] HAMEL, op. cit., p. 494.

[2] C'est de Juilly que l'abbé de Lamennais écrivait, le 30 mars 1831, à un ecclésiastique haut placé à Marseille, que la *Correspondance* ne nomme pas, mais qui est évidemment M. l'abbé Eugène de Mazenod : « Il me revient de tous côtés que d'horribles calomnies, qui
« paraissent avoir été fabriquées à Aix, se répandent contre moi, dans
« le midi de la France. On m'accuse d'avoir engagé deux ecclésias-
« tiques à s'unir à moi pour *écraser l'épiscopat*, à quoi l'on ajoute
« diverses circonstances qui sont, comme le premier fait, d'infâmes
« impostures. Je sais, grâce à Dieu, et je n'ai jamais été tenté d'ou-
« blier, que je dois aux évêques, non-seulement respect, mais obéis-
« sance entière, hors le seul cas où ils seraient eux-mêmes en oppo-
« sition avec le chef de l'Église; depuis quatre mois, j'ai renouvelé
« plusieurs fois cette profession de mes sentiments, et si j'étais capa-
« ble d'en avoir de différents, je me ferais horreur à moi-même.
« Cependant il n'est pas douteux que les calomnies, dont je parlais
« tout à l'heure, circulent de diocèse en diocèse, et qu'il en résulte
« un grand scandale. Je dois à l'Église, je me dois à moi-même, de
« défendre ma réputation comme prêtre, et, par conséquent, d'es-
« sayer, par tous les moyens possibles, de remonter à la source
« des odieux mensonges par lesquels on cherche à me déshonorer
« dans l'esprit des catholiques... » Suivent divers détails sur le but que poursuit l'*Avenir*, auquel « on rendra justice plus tard, en un
« temps où les catholiques reconnaîtront, dit-il, que le salut est
« là où nous le montrons, là uniquement ». Le 17 avril, répondant
« à la lettre de M. de Mazenod : « Je vous dois beaucoup, lui écrit-
« il, mais pas plus que mon cœur ne peut payer en reconnaissance
« et en affection, et je dois me consoler des injustices qui m'ont
« valu de votre part des preuves si touchantes et si honorables d'in-
« térêt... Je recommande à l'abbé Combalot de se guider par vos
« conseils et de ne rien faire que vous ne l'approuviez. »

les doléances des catholiques marseillais, malgré la sympathie ouverte de l'évêque et du jeune clergé, n'hésitait pas à écrire, de son côté, à M. de Salinis :

— L'attachement à la royauté est pour tous ces pays une seconde religion, peut-être est-il la première pour un grand nombre!

Il ajoutait sagement :

— Sans changer de doctrine, l'*Avenir* produirait plus de bien, s'il cessait de blesser les royalistes dans leurs vieilles affections. On ne les ramènera pas par un genre acerbe et presque méprisant... Les injures, les personnalités n'avancent pas l'œuvre de Dieu.

Hélas! les sages conseils n'avaient plus chance d'être écoutés. L'âme du maître s'assombrissait, son cœur surtout s'aigrissait au point que, à un an de la scène que je viens de raconter, un matin du mois de novembre 1830, il annonça qu'il ne dirait plus la messe.

Salinis, navré, se jeta à ses genoux.

— Non, répondit Lamennais, je ne m'en sens plus digne.

V

— Un des plus beaux jours de ma vie est celui où j'ai pu faire un acte de foi que je m'étais trompé!

Cette parole admirable, que Salinis répéta si souvent durant sa vie et fit entendre avec solennité sur son lit de mort, nous explique, en même temps que la candeur de son âme, le motif de l'irritation que Lamennais conçut dès lors contre lui.

Les pèlerins de Dieu et de la Liberté étaient à Rome. Tout l'univers catholique était attentif. L'École Menaisienne surtout était anxieuse, et Salinis plus que personne.

Un jour, la poste lui apporta un pli, qui devait être important, puisque l'évêque qui le lui envoyait avait cru devoir le revêtir d'un grand sceau protecteur. Salinis l'ouvrit. C'était l'Encyclique *Mirari vos*.

Aussitôt, reconnaissant cette voix que tous ses enseignements avaient proclamée *falli nescia* [1], il se découvre, baise avec respect la parole pontificale, tombe à genoux au pied d'un crucifix et lit l'Encyclique.

— J'éprouvai, dit-il, durant cette lecture, la vérité de cette parole : « *Crede ut intelligas,* crois si tu veux comprendre »; la soumission ouvrit les yeux de mon esprit.
— Je vis tout à coup le vice d'un système qui met les traditions du genre humain sur le même pied, sinon au-des-

---

[1] Les rédacteurs du Missel de Paris avaient fait appel au talent de l'abbé de Salinis. Sur leurs pressantes instances, il composa une prose pour la fête de saint Pierre et saint Paul. Quoiqu'il n'eût pas encore des idées bien arrêtées sur le droit liturgique, il lui en coûtait de se constituer ainsi hymnographe à côté de saint Thomas d'Aquin, de saint Bernard, de saint Ambroise, etc.; mais il se décida dans la pensée d'introduire dans la liturgie parisienne une expression claire et nette des prérogatives du Souverain Pontife, en particulier de son infaillibilité doctrinale. Dans la huitième strophe, il l'y introduisit :

> *Ridebit inferni minas*
> *Vox Petri falli nescia.*
> *Nec stare, nec verum loqui,*
> *Orante Christo, desinet.*

Ce *Vox Petri falli nescia* fut trouvé trop ultramontain, et remplacé par *Innixa Petri cathedra*. (DE LADOUE, *Collaboration de Mgr de Salinis à diverses œuvres*, p. 460.)

sus des traditions conservées par l'Église. Dès ce moment, je compris mon erreur [1].

Alors, d'un cœur vraiment soumis, avec une de ces explosions de joie intime qui accompagnent presque toujours les amères voluptés du sacrifice, il se mit à réciter lentement son *Credo*.

Il lui restait encore quelque chose à faire.

Dans une circonstance analogue, Fénelon n'avait pas hésité à monter en chaire pour lire à son peuple la condamnation de ses erreurs. Le jeune directeur du collége de Juilly réunit les élèves et les professeurs dans la chapelle, et, en présence de tous ces jeunes gens qu'il eût craint par-dessus tout de scandaliser, en laissant planer le plus léger doute sur la sincérité de sa rétractation, il leur dit qu'il adhérait de cœur et d'esprit au jugement de Rome, et qu'il serait inflexible envers tous ceux qui ne partageraient pas sa soumission, comme ils avaient partagé ses erreurs [2].

Lamennais s'irrita. La solennité des rétractations de Juilly lui sembla un reproche. Il écrivit à Salinis :

— On m'a prévenu que vous parliez de moi d'une manière dont je dois être surpris pour le moins. Vous avez dû dire à plusieurs personnes : « que j'étais sorti de « l'Église, que je n'étais plus catholique; que les *Paroles* « *d'un croyant* n'étaient que le prélude; que dans le fond « de mon cœur je couvais une grande hérésie; que vous « aviez eu avec moi une conversation de deux heures, « dans laquelle je vous avais dit des choses que votre con- « science ne vous permettait pas de révéler; que, d'ail-

[1] Salinis, *Conférence à Bordeaux*.
[2] Dupuy, *Notice biographique sur Mgr de Salinis*, p. 12.

« leurs, je sentais bien moi-même l'effrayante position
« dans laquelle je me trouvais ; que ma conscience n'était
« pas en repos, et que c'était à cause de cela que je ne
« disais plus la messe, etc., etc. » Si vous avez réellement
dit le quart de ces choses, vous sentez le jugement que je
dois porter de vous. Mais, comme je ne veux point me
hâter de vous faire la part qui vous serait due alors dans
mes sentiments et dans mon estime, j'attends de vous
là-dessus une réponse nette, précise et catégorique.

Salinis repoussa avec indignation les propos calomnieux
qu'on lui prêtait. Mais il ne dissimula pas sa foi. La réponse, à cet égard surtout, fut « nette, précise et catégorique ».

Lamennais ne tarda pas à rompre avec lui, comme avec
tous ses vrais amis : il garda cependant une rancune plus
accentuée contre Salinis que contre les autres. C'est un
privilége que Salinis partagea avec Lacordaire.

Il allait mourir, quand, remettant à l'abbé de Ladoue le
manuscrit de ses conférences sur la *Divinité de l'Église,* il
lui dit :

— Vous remarquerez qu'il y a certains passages qui
portent l'empreinte des opinions de M. de Lamennais ;
effacez-les sans pitié, et dites bien à tous que je désavoue
tout ce que j'aurais pu écrire de contraire aux doctrines du
Saint-Siége .

[1] DE LADOUE, *Circulaire au clergé d'Auch*, p. 9.

IV

LE PROFESSEUR DE FACULTÉ.

Sommaire. — Il faut assurer l'avenir de Juilly. — L'évêque de Troyes demande l'abbé de Salinis pour coadjuteur. — Oppositions. — On veut le nommer à l'évêché d'Angers. — Résistance de Louis-Philippe. — Intervention de Mgr Affre. — L'abbé de Salinis est écarté de l'épiscopat. — Les passions de partis. — Mgr Donnet appelle l'abbé de Salinis. — Lacordaire à Bordeaux. — Salinis continue son œuvre. — Le professeur. — Le directeur. — L'apostolat du salon. — Vicaire général. — Deux morts. — 1848. — Les candidatures du clergé. — Salinis candidat à la députation. — M. de Falloux ministre. — Sa lettre à M. de Salinis. — Comment M. de Salinis reçoit la nouvelle de sa promotion à l'épiscopat. — Le sacre.

Cette attache à l'École Menaisienne fut, pour l'abbé de Salinis, une robe de Nessus. On exploita contre lui ces élans de jeunesse qui, au *Mémorial,* l'avaient mis en vue dans la fraction la plus militante de l'École, frappée en la personne de son chef.

Il s'agissait d'assurer l'avenir de Juilly.

— Après avoir été mêlé à des affaires qui ont eu un si malheureux éclat, écrit Salinis, je ne suis pas propre à une œuvre de cette nature. Dieu sait, mais tous les hommes ne savent pas à quel point mon âme a été toujours simplement soumise à l'Église et combien elle s'est complétement dégagée de tout ce que l'Église a désapprouvé [1].

Le 18 avril 1841 [2], la direction du collége passait aux mains d'une société de prêtres, formée par M. Bautain, et qui comptait parmi ses membres l'abbé Carl, l'abbé de Bonnechose, l'abbé Ratisbonne, l'abbé Goschler, et plus d'un nom devenu cher à l'Église de France.

I

Ceux qui connaissaient l'abbé de Salinis voulurent le faire évêque. Un vieillard vénérable, accablé par l'âge et les infirmités, le demanda pour être son coadjuteur, à Troyes. La négociation allait aboutir, quand le secret, indispensable à toute négociation de ce genre, fut divulgué, et assez habilement pour que les adversaires du futur coadjuteur en fussent les premiers informés. Aussitôt ceux-ci se mirent en campagne. Au ministère, on représenta l'abbé de Salinis comme un légitimiste fougueux, et à la nonciature, comme le disciple d'une école anathématisée.

Vainement, les amis de M. de Salinis, ceux qui, ayant vécu dans l'intimité de son âme, en savaient le mieux la droiture et les dons précieux, adjuraient les ennemis d'articuler leurs griefs et de les discuter.

— Un Lamennaisien évêque !... jamais !

[1] Lettre de l'abbé de Salinis à M. Boyer, de Saint-Sulpice, 1839.
[2] CHANTREL, *Dictionnaire encyclopédique de la théologie catholique*, t. XXVI, p. 132.

— Mais la rétractation a été publique, et le Pape l'a acceptée.

On ne voulait rien entendre. Il ne m'en coûte point du reste de le reconnaître, les opposants s'étaient fait une conscience, et ils croyaient rendre gloire à Dieu, en préservant l'Église et le pays d'un tel choix ! L'un d'eux, ouvrant enfin les yeux, s'en expliqua avec l'abbé de Salinis, deux ans après avoir empêché sa nomination. C'était l'évêque de Montpellier.

— Monsieur, lui écrivit-il, j'ai réparé le tort que je vous avais fait. Le garde des sceaux a bien voulu se charger de détruire, dans l'esprit du président du conseil, les impressions que j'y avais, très-consciencieusement, mais très-malheureusement aussi, laissées sur le compte d'un prêtre vertueux et dévoué à l'Église.

Tous ne désarmèrent pas. Un autre prélat crut devoir à sa conscience de poursuivre et d'entraver toute nouvelle candidature.

— Tant que je vivrai, dit-il, M. de Salinis ne sera pas évêque.

Il en fut ainsi.

M. de Montalembert avait écrit à son ami :

— Il importe aux chrétiens de voir placés sur le trône épiscopal des hommes tels que vous [1].

Il le proposa pour l'évêché d'Angers.

Dans l'intervalle, M. de Salinis avait fait le voyage de Rome. Le Pape, charmé de son esprit et de sa droiture, déclarait que sa promotion à l'épiscopat lui serait personnellement agréable, et toutes les préventions du Sacré

---

[1] Lettre de Montalembert à l'abbé de Salinis, 12 décembre 1840.

Collége et de la Prélature contre le disciple de Lamennais avaient disparu devant cette loyauté candide.

Mais puisque Rome est gagnée, il faudra se retourner vers Paris et faire le siége du gouvernement, au besoin des Tuileries elles-mêmes.

Le ministre des cultes proposa au conseil la nomination de M. de Salinis. Tout le cabinet acceptait, quand le Roi dit :

— Ces hommes de science et d'idée sont entreprenants, ils peuvent créer des embarras.

— Puis, ajouta-t-il, l'abbé de Salinis est carliste, toutes ses relations sont avec les chefs de ce parti. Je le sais : on n'a jamais chanté le *Domine salvum fac* à Juilly [1].

Dans sa loyauté simple et droite, l'abbé de Salinis crut devoir aller chez le Roi. L'entrevue fut cordiale. Louis-Philippe fut charmé.

— Je n'ai pas prononcé un mot que je pusse regretter, écrivit-il au sortir de l'audience. Je suis demeuré plutôt en deçà que je ne suis allé au delà de ce que mes sentiments et mes convictions m'auraient permis de dire [2].

On sut cette visite. Les adversaires, omettant de dire qu'elle avait été désirée et provoquée par le chef du pouvoir lui-même, taxèrent le visiteur d'ambition prête à tout pour arriver. Sa conscience s'en alarma. Il consulta un prélat éminent.

— L'archevêque de R..., écrit-il à l'abbé de Scorbiac, a complétement rassuré ma conscience. Il a jugé que, l'affaire ayant été engagée primitivement sans ma participation, et les obstacles qu'elle a rencontrés étant d'une nature toute particulière, en sorte que c'était moins moi

---

[1] Lettre de Salinis à l'abbé de Scorbiac, 26 octobre 1841.
[2] *Id.*, 10 décembre 1841.

que l'École à laquelle j'ai appartenu que l'on prétendait repousser, il y avait là une injustice, que, dans l'intérêt de l'Église, on ne devait pas laisser triompher.

— Au reste, ajoutait-il, je puis bien vous dire que, à mesure que cette mission de l'épiscopat m'apparaît comme quelque chose de plus probable, de plus prochain, le côté humain s'évanouit entièrement pour ne me laisser voir que les devoirs sévères qui vont enchaîner ma vie [1].

On apprit que le décret allait être signé. Les opposants n'y tinrent plus. On fit arriver au ministère des cultes des objections : il fallait empêcher à tout prix l'avénement de cet ambitieux qui avait vu Louis-Philippe, de cet intrigant qui prolongeait son séjour à Paris!

Par un illogisme fréquent en semblables occurrences, on n'hésita pas à considérer comme licite pour les adversaires ce qu'on proclamait illicite et criminel pour l'abbé de Salinis. C'est auprès des gouvernants, qu'il a eu si grandement tort de visiter, qu'il est permis d'agir, en invoquant l'intérêt du gouvernement et du parti que Salinis trompe, au profit de son ambition.

Puis, comme toutes ces menées ne suffisaient pas à noircir le dossier de l'élu, ils allèrent chercher un archevêque, tout-puissant alors sur l'esprit du Roi.

Mgr Affre, qui avait mis autrefois tant de confiance en l'abbé de Salinis, qui l'avait connu et apprécié, se laissa gagner et empêcha la nomination d'aboutir.

Toujours bon, toujours loyal, l'abbé de Salinis dit :

— Je n'ai pas la plus petite amertume contre l'archevêque... J'éprouve un calme, je dirai même une consolation

---

[1] Lettre de Salinis à l'abbé de Scorbiac, 3 décembre 1841.

dont je le bénis. Je comprends, ce me semble, mieux que je ne l'ai jamais fait, qu'une seule chose après tout nous importe, devenir de saints prêtres [1].

Et quand Mgr Affre mourut :

— J'avais été longtemps son ami; j'avais eu depuis à me plaindre de lui. Il est au ciel; il ne se souvient, j'en suis sûr, que de notre ancienne amitié. Il voit toute mon âme et que personne n'a été plus ému que moi de sa belle mort. Il demandera à Dieu de m'accorder aussi la grâce d'une mort chrétienne. Il n'y a pas dans la vie d'autre ambition raisonnable que celle-là [2].

Or, il écrivait cela en 1849, et nous ne sommes qu'en 1841.

Évincé de l'épiscopat, s'étant démis de ses fonctions à Juilly, humilié devant l'opinion, entouré d'adversaires qui triomphent bruyamment, que deviendra-t-il?

II

« Tout est possible aux partis, quand ils croient avoir intérêt à perdre un homme [3]. »

Salinis faisait la douloureuse expérience de cet acharnement implacable excité par les haines des partis, celles qui pardonnent le moins et divisent le plus.

Pour dominer cette passion tyrannique de l'esprit de

[1] Lettre de Salinis à l'abbé de Ladoue, janvier 1842.
[2] *Id.*, juin 1849.
[3] Lettre de Lacordaire à la comtesse de la Tour du Pin, 5 octobre 1842.

parti, il faut une âme bien trempée et une de ces natures nobles qui aiment, comme les aigles, à vivre dans les hauteurs, parce qu'on y plane au-dessus des vaines disputes de l'infirmité humaine.

Si je ne parlais pas d'un prélat encore plein d'ardeur et de vie, je serais plus à l'aise pour dire que c'est une de ces âmes-là qui anime l'éminent cardinal, primat d'Aquitaine, l'une des gloires de l'Église de France en ces temps[1].

L'archevêque de Bordeaux vint noblement au secours du prêtre, délaissé par les uns et poursuivi par les autres.

Il écrivit à l'abbé de Salinis :

— Venez à Bordeaux, vous deviendrez ici l'âme de plusieurs belles œuvres[2].

A ce moment, Lacordaire, également appelé et protégé par Mgr Donnet, inaugurait cette magnifique station de Bordeaux, dont il aimait à dire qu'elle resplendissait toujours comme l'étoile du matin à l'horizon de sa prédication dominicaine.

Celui-là aussi, les haines politiques le poursuivaient, quand le généreux archevêque lui tendit courageusement la main. Elles le suivirent jusque dans le palais archiépiscopal, qui lui avait donné asile.

— Comment pourrais-je voir de bon œil le rétablissement d'un ordre révolutionnaire? s'était écrié Louis-Philippe, en apprenant la détermination de Mgr Donnet[3].

On parla de faire appréhender Lacordaire au corps par un gendarme, s'il se prévalait de la protection de l'audacieux prélat pour prêcher en habit dominicain.

---

[1] Ceci a été écrit en 1880.
[2] Lettre de Mgr Donnet à l'abbé Salinis, 4 octobre 1841.
[3] Lettre du P. Lacordaire, 10 mars 1842.

— Un jour viendra, dit l'archevêque au ministre des cultes, un jour viendra où, le bon sens public ayant fait justice de toutes ces mesquines susceptibilités et de toutes les exigences des partis, nous serons étonnés, vous et moi, des lettres que nous aurons échangées en ces circonstances [1].

Lacordaire parut en chaire avec son froc, et le respect dû au lieu saint empêcha seul les battements de mains de l'auditoire.

Le succès dépassa toutes les prévisions.

« Bordeaux, ville d'affaires et de plaisirs, ne semblait guère mieux préparée à l'évangélisation de Lacordaire que l'opulente et voluptueuse Corinthe à celle de saint Paul. Et pourtant, dès le premier jour, plus de cinq mille âmes, étrangères pour la plupart à toute pratique religieuse, étonnées de se rencontrer au pied d'une chaire, subitement enlevées aux préoccupations d'esprit du prétoire, du barreau, des lettres, du négoce, de l'administration, de l'armée, fondues en une seule âme à la flamme d'une incomparable éloquence, ondulaient sous le souffle dominicain comme les vagues d'un Océan. Et cette émotion se prolongeait d'une conférence à l'autre, dans tous les cercles, au théâtre, dans les cafés, dans les comptoirs. Bordeaux ne pouvait plus parler d'autre chose ; et la noble cité qui, depuis un demi-siècle surtout, avait entendu tant de voix éloquentes, Vergniaud, Ferrère, Lainé, Martignac, se montrait digne, il faut le reconnaître, de l'orateur que Dieu lui envoyait [2]. »

Les passions firent silence, c'était une unanimité dans

[1] Lettre de Mgr Donnet à M. Martin (du Nord), 7 décembre 1841.
[2] FOISSET, *Vie du P. Lacordaire*, t. II, p. 12.

l'opinion et dans l'enthousiasme, qui jetait Lacordaire dans l'étonnement.

— Il faut, écrivait-il à madame Swetchine, qu'il y ait en moi quelque grande modification, ou bien que Dieu ait envoyé ici une légion d'anges toute particulière pour me défendre [1].

L'archevêque, en appelant l'abbé de Salinis, avait eu la pensée de lui confier la lourde mission de continuer et de compléter l'action de Lacordaire.

Lacordaire avait réconcilié les esprits avec l'idée et le sentiment religieux, Mgr Donnet voulut que Salinis les instruisît dans la doctrine catholique et les ramenât doucement à la pratique chrétienne.

Encore une fois, c'était une lourde mission et une tâche difficile.

III

Le 17 janvier 1842, M. Villemain écrivait à l'abbé de Salinis :

— Je me félicite d'avoir pu offrir une heureuse occasion d'influence à des talents et à des vertus que je souhaitais voir appelés à servir la religion dans une mission plus haute encore que l'enseignement.

La lettre accompagnait un décret royal, qui nommait M. de Salinis professeur à la Faculté de théologie de Bordeaux.

---

[1] Lettre de Lacordaire à madame Swetchine, 1er mars 1842.

Les Facultés de théologie, malgré les lacunes de leur organisation et l'insuffisance de leur rôle vis-à-vis du clergé, n'en auront pas moins, dans l'histoire ecclésiastique de ce siècle, une place que mon attachement filial pour elles ne me permet peut-être pas d'indiquer avec assez d'impartialité. Du moins, qu'il me soit permis de faire remonter jusqu'à nos chères Facultés le mérite de tant d'œuvres remarquables qui en sont sorties et aussi la gloire de tant de prélats que la confiance du pays est venue choisir dans leur sein.

Salinis ne sera pas la moindre de ces gloires.

Dès sa première leçon, l'auditoire comprit quelle précieuse recrue venait fortifier le corps professoral. Le bruit s'en répandit vite, et, à la seconde conférence, la salle s'étonna de ne pouvoir plus contenir les auditeurs qui se pressaient autour de la chaire du nouveau professeur.

Le professeur fait son auditoire, l'auditoire, à son tour, fait le professeur.

Devant cette foule composée de magistrats, de prêtres, de femmes du monde, de jeunes gens instruits, l'abbé de Salinis se sentit à l'aise. Son esprit vif, son imagination ardente, une grande facilité d'élocution, un certain abandon plein de grâce, en firent promptement un professeur accompli. Les auditeurs étaient charmés, ils se complaisaient dans le respect que leur témoignait leur cher conférencier, arrivant à son cours, muni d'un cahier, où sa leçon entière avait été écrite avec soin, pour ne laisser aucun point doctrinal aux hasards de l'improvisation, ce qui ne l'empêchait pas de saisir au vol les illuminations subites que le contact de l'auditoire fait passer sous les yeux de l'orateur et qui fond tout à coup l'âme de ses auditeurs dans la sienne.

— Aucun de nos concitoyens n'a oublié ces leçons lumineuses de la Faculté... Nous sortions meilleurs de ces leçons, moins faibles contre nous-mêmes, plus forts contre les misères de nos jours. Le professeur nous avait élevés au-dessus de la triste réalité, quand, jetant un coup d'œil prophétique sur l'avenir, M. de Salinis nous annonçait une transformation nouvelle de la foi et des dévouements chrétiens[1].

Plus d'un parmi ses auditeurs voulut l'avoir pour guide de sa conscience. Il excella bien vite dans ce ministère, alors nouveau pour lui. Comme autrefois Bossuet se reposant de ses fatigues oratoires dans la direction de l'humble Sœur Cornuau, l'abbé de Salinis devint promptement un directeur consommé. Ainsi Gerbet aima toujours ce ministère caché, où le bien se fait sans bruit, d'autant plus solide qu'il est moins brillant. Alexandrine de la Ferronnays et Eugénie de Guérin en éprouvèrent, nous l'avons vu[2], la bienfaisante influence.

Fermement basé sur le principe thomistique, trop oublié par Fénelon, que la grâce ne détruit pas la nature, M. de Salinis en fit sa grande règle de direction.

— Ce serait ne pas comprendre la religion, disait-il, que de croire qu'elle tend à absorber tous les sentiments en un seul sentiment. L'amour de Dieu épure, développe au contraire toutes les affections légitimes, les conserve, les rend immortelles[3].

[1] Art. de la *Guienne*, 10 novembre 1849.
[2] Voir au chap. III de la première partie de ce volume.
[3] Lettre de l'abbé de Salinis à madame de S...

Ennemi déclaré des faux respects jansénistes, il poussait à la communion, qu'il considérait comme une grâce et un moyen, au lieu d'en faire, comme les puritains de Port-Royal, une récompense et un but.

— Je suis sans aucune inquiétude sur votre avenir, écrivait-il à une âme pieuse, mais exposée à l'épreuve, si je sais que vous communiez souvent. Il me serait impossible de ne pas me tourmenter, si vos communions devenaient plus rares [1].

Et comme celle-ci lui objectait son indigence spirituelle :

— Notre indigence, répondait-il, est notre titre, notre droit : c'est celui du pauvre mendiant.

Au reste, toute cette mystique, douce et consolante, rayonnait de l'influence de saint François de Sales et se séparait, grâce aux principes, alors nouveaux en France, de Liguori, des terreurs de Saint-Cyran.

— Confiance ! répétait-il aux âmes qu'il avait l'ambition de dilater, confiance ! Ce mot résume tout !...

Aussi, les heureux dirigés de l'abbé de Salinis tranchaient sur le type, général encore à ce moment, de l'encapuchonnement attristé des dévots de l'ancienne méthode.

A cet apostolat de la Faculté et de la direction des âmes, le zélé professeur joignit ce troisième moyen d'action, que Combalot appelait l'*Apostolat du salon*, le triomphe de Salinis dans toutes les phases de sa vie [2].

Le salon a toujours exercé, en France, un grand empire.

---

[1] Lettre de l'abbé de Salinis à madame M..., née G...
[2] « Je suis, pendant ce carême, l'apôtre de la chaire à Bordeaux, et vous celui du salon. » (Combalot, paroles citées par S. Ém. le card. Donnet, dans l'*Oraison funèbre de Mgr de Salinis* prononcée à Juilly.)

Il est vrai que, depuis les clubs et les cercles, — dérivés et corruption du salon, — depuis l'énorme développement du journalisme, l'action qu'il exerçait au dix-septième et au dix-huitième siècle est bien amoindrie. Mais Salinis, homme de bonne compagnie et de tradition, devait aimer à le faire revivre, au profit des bonnes doctrines et de l'influence religieuse.

Tous les lundis, des hommes distingués venaient tenir chez lui des réunions, où régnait un esprit de tolérance et de liberté, tel que des hommes appartenant à toutes les croyances religieuses, catholiques, protestants, israélites, représentant les opinions politiques les plus opposées, pouvaient y engager entre eux les discussions les plus vives, les plus animées, les plus franches surtout, sans emporter une seule fois un souvenir blessant ou pénible [1] !

Ces réunions, « vrais tournois intellectuels », permettaient à l'abbé de Salinis d'élever « de simples et graves causeries à la hauteur d'un apostolat [2] ».

C'est le témoignage que lui rendait l'éminent archevêque de Bordeaux, heureux et fier d'avoir tendu la main au noble délaissé, devinant qu'il y avait là une force vive qu'il ne fallait pas laisser inerte, comme le voulaient certains, instruments inconscients de cette sotte prévention qui s'attache de bonne heure au mérite.

Mgr Donnet avait appris que, parmi les griefs articulés contre la candidature épiscopale de M. de Salinis, il y en avait un qui consistait à reprocher au candidat de n'avoir jamais appartenu à une administration diocésaine et, dès

---

[1] Lettre de l'abbé de Salinis au *National,* mars 1848.
[2] Card. Donnet, *Oraison funèbre de Mgr de Salinis,* prononcée à Juilly, le 16 mars 1861.

lors, d'arriver à l'épiscopat sans en avoir fait l'apprentissage. Le généreux prélat se promit de réduire cette objection à néant. Il donna au professeur de Faculté des lettres de vicaire général honoraire, et il n'eut point à s'en repentir. Le jour où il imposa les mains à Salinis, comme le jour où il prononça son oraison funèbre à Juilly, le cardinal Donnet put se rendre, devant Dieu et devant les hommes, ce témoignage qu'il avait fait une œuvre agréable au Ciel et utile à l'Église. Aujourd'hui encore, quand le vénéré vieillard repasse les pages si pleines de sa belle vie, celle-là l'arrête avec complaisance et une douce satisfaction.

IV

Aux succès du professeur et de l'apôtre, Dieu mêla de larmes. Son ami, un autre lui-même, vint à mourir.

Salinis le pleura, comme David avait pleuré Jonathas.

— Ah! répondait-il aux condoléances, les consolations humaines n'apaisent point de telles douleurs.

Bientôt un autre deuil vint rouvrir la source des larmes, et laisser dans son cœur une plaie qui ne se fermera plus. Je veux parler de la mort de sa mère, qui suivit de près celle de l'abbé de Scorbiac.

Madame de Salinis connaissait à fond le cœur de son fils: c'était pour elle, à Juilly, une joie toute maternelle de s'associer à l'apostolat du directeur, en qui elle se sentait revivre. A Bordeaux, ses grandes manières, son affabilité exquise avaient puissamment contribué à faire du salon de l'abbé de Salinis le type du salon chrétien.

— Ce salon, dit Gerbet, était devenu une académie. Elle se trouva si clairvoyante qu'elle traita, en 1843, les questions sociales que la révolution de 1848 allait mettre à l'ordre du jour.

C'est en invoquant ces réformes sociales que la révolution de février força Louis-Philippe à abdiquer et à s'enfuir, malgré quatre-vingt mille hommes de troupes, le maréchal Bugeaud, l'enceinte continue et les forts détachés.

Grande leçon de la Providence! On n'étouffe pas une question ardente, sans péril de voir tout éclater et l'incendie se répandre avec une effrayante intensité, dépassant toutes les prévisions les plus sombres et les espérances les plus hardies.

Au milieu de l'effarement du pays, qui n'était pas prêt, les anciens disciples de Lamennais, habitués à la lutte, purent envisager de sang-froid les conditions nouvelles où se trouvait l'Église en face de la seconde république.

Je ne referai pas ici cette histoire, que j'ai déjà racontée ailleurs [1]. Du moins, il est un point que j'ai dû laisser là dans quelque ombre et qui s'impose ici à notre étude, celle des candidatures du clergé à l'Assemblée nationale.

L'École Menaisienne se posa la question.

Lacordaire la résolut, dans un article magistral, dont on peut ne pas accepter toutes les conclusions, mais dont il est impossible de méconnaître le grand souffle et la parfaite loyauté.

[1] LACORDAIRE, chap. x, *Lacordaire en 1848*.

Le 22 avril 1848, l'*Ère nouvelle* publiait cet article-programme :

« C'est demain le jour des élections...

« Le clergé se présente aussi. Pour la première fois depuis un demi-siècle, il trouve en lui-même le courage de s'offrir, et dans les populations le courage de l'accepter...

« Quelle est la cause de cette nouvelle situation du clergé?

« Devait-il en répudier l'avantage et le péril?

« Est-ce un état durable ou transitoire pour lui?

« La cause en est évidemment dans une disposition générale des esprits, mais surtout dans la disposition intime du peuple à l'égard de la religion...

« Le peuple de Paris avait sacré le prêtre, le prêtre était donc Français, citoyen, républicain; il pouvait voter aux élections, se porter comme candidat et siéger à l'Assemblée nationale : il le pouvait, mais le devait-il?

« Cette question a partagé les esprits. Quant à nous, il nous a semblé que la France, dans la situation solennelle où elle est placée, avait besoin du concours de toutes les lumières, de tous les dévouements sans exception. Se retirer en un pareil moment, c'est abdiquer le service militaire à l'heure de la bataille.....

« Mais, par-dessus tout, le clergé devait aspirer à marquer sa place à l'Assemblée nationale, pour constater aux yeux de la France et du monde entier l'affaiblissement des passions irréligieuses dans notre pays.....

« Cependant, le rôle politique du clergé ne nous paraît qu'un accident transitoire. Une fois la République constituée, le prêtre se retrouvera en présence d'une nation extrêmement jalouse de la distinction des deux pouvoirs spirituel et temporel, et qui s'est fait, dès longtemps, une si haute idée du sacerdoce, qu'elle souffre avec peine tout ce qui le fait descendre, même pour un temps, des hauteurs de l'Horeb et du Calvaire.....

« La France qui croit aujourd'hui et la France qui croira demain, toutes deux demandent à ses prêtres une vie cachée, sobre et digne, une charité connue du pauvre et de Dieu, une grande douceur de jugement, une élévation de l'âme par-dessus tous les événements de la terre, une vertu qui n'attende pas l'ostracisme, mais qui s'y condamne d'elle-même, par respect pour celui qui s'est voilé au Sinaï et qui l'était au Thabor [1]... »

A Bordeaux, le sentiment de Lacordaire prévalut, comme à Paris, à Marseille, dans la plupart des grands centres électoraux. L'archevêque jeta les yeux sur l'abbé de Salinis.

Celui-ci écrivit au vénéré prélat, dans une lettre rendue publique :

— L'agriculture, le commerce, l'industrie, le travail, tous les intérêts de la société auront leurs représentants spéciaux dans l'Assemblée nationale. Il importe que la religion y ait les siens... Leur mission sera facile... Ils n'auront qu'à revendiquer la part qui revient à l'Église dans la liberté commune [2].

Quarante-quatre mille cent quatre-vingt-seize voix répondirent à l'appel de Salinis et à la confiance de l'archevêque. Bordeaux lui donna une immense majorité, toutes les villes lui assurèrent un bon rang. Les cantons

---

[1] LACORDAIRE, *Des candidatures du clergé*, *loc. cit.*
[2] Lettre de l'abbé de Salinis à Mgr l'archevêque de Bordeaux, mars 1848.

des Landes l'évincèrent. On avait persuadé à ces pauvres gens que l'on ne voulait un prêtre que pour rétablir la dîme[1].

V

Par un coup inattendu de la Providence, dans les rangs des dépositaires du nouveau pouvoir, se trouva un ministre habile qui connaissait toutes les richesses de l'esprit et du cœur de l'abbé de Salinis[2].

Le 10 février 1849, ce ministre, accomplissant ce qu'il aime à proclamer « un des actes les meilleurs de son passage aux affaires[3] », écrivit au professeur de Bordeaux :

— Monsieur l'abbé, je viens affliger votre humilité, et pourtant je ne puis vous déguiser la joie qu'éprouve ma conscience : une des consolations que j'ambitionnais en acceptant le lourd fardeau qui pèse sur moi était du moins d'attacher mon nom à votre promotion à l'épiscopat : cette consolation m'est accordée.....

Je ne m'excuse point de ne vous avoir pas consulté, Monsieur l'abbé ; il m'a paru que le concours de tant de circonstances et de tant de volontés indique assez manifestement la volonté de la Providence, pour que ni vous ni moi ne puissions nous y soustraire.....

Veuillez agréer de nouveau, Monsieur l'abbé, l'expres-

[1] Lettre de l'abbé de Salinis à madame M..., mai 1848.
[2] Card. DONNET, *Oraison funèbre de Mgr de Salinis*.
[3] Id., *ibid*.

sion des sentiments de gratitude que j'offre à Dieu en cette occasion et l'hommage du plus profond respect de votre très-humble serviteur.

A. DE FALLOUX.

M. de Falloux avait véritablement la main heureuse. Ce fut lui qui désigna Mgr Pie pour le siége de Poitiers, Mgr de Dreux-Brézé pour le siége de Moulins, Mgr Caverot pour celui de Saint-Dié, Mgr Foulquier pour celui de Mende et Mgr de Salinis pour l'évêché d'Amiens. On voit à quelles inspirations chrétiennes obéissait M. le comte de Falloux dans les choix qu'il faisait pour l'épiscopat [1].

Le lendemain du jour où il reçut la lettre du ministre, M. de Salinis écrivait à l'une de ses plus pieuses dirigées :

— Depuis hier, j'ai l'âme bouleversée. Voilà un avenir où disparaît tout ce qu'il y avait de paisible, de doux dans mon existence, et ce n'est pas là ce qui me préoccupe le plus, car il me semble que ce sacrifice, je le fais à Dieu de grand cœur; mais vous savez comment j'envisageais de loin l'épiscopat; vu de près, c'est bien autre chose [2].

Il courut vers ses chères Pyrénées, s'y plonger dans le silence et la prière. Il y passa la semaine sainte en retraite, se retrempant aux pieds de Notre-Dame de Bétharram et de la Croix.

— Vous vous unirez à moi, écrivait-il encore, pour obtenir que je devienne meilleur, que je sois ce que doit être un évêque, un saint. Après tout, rien n'est impossible à Dieu, et ce miracle est d'autant plus digne de sa miséricorde qu'il l'exerce sur un plus grand fonds de misère [3].

---

[1] Mgr BESSON, *Vie du cardinal Matthieu*, t. I*er*, p. 430.
[2] Lettre de l'abbé de Salinis à madame M..., 14 février 1849.
[3] Lettre de l'abbé de Salinis à madame M..., 25 mars 1849.

Le 29 juillet suivant, à côté de Mgr Jacquemet, dont l'anneau pastoral, héritage d'un martyr, était glorieusement empourpré du sang de l'archevêque qui le portait sur les barricades, quand il y fut frappé à mort entre les bras de son grand vicaire, et en même temps que cet héroïque compagnon de Mgr Affre, devenu évêque de Nantes, Mgr de Salinis reçut la consécration épiscopale des mains de l'archevêque de Bordeaux.

Comme autrefois Paul, après avoir imposé les mains à son disciple Timothée, le vénérable primat montrait, avec une paternelle fierté, ce fils de sa droite qui, lui devant tout, avait voulu lui devoir encore la plénitude du sacerdoce.

L'heure d'ailleurs était grave entre toutes, et aux acclamations qui saluaient le nouveau consacré, se mêlaient bien des angoisses.

On était en 1849, presque au lendemain des insurrections sanglantes où tout avait failli sombrer. La France était toujours frémissante et agitée. Rome subissait les tortures de l'anarchie révolutionnaire. Le successeur de Pierre était en exil, et « ce fut du rocher de Gaëte que Pie IX envoya au nouvel évêque sa première bénédiction[1] ».

Mais Salinis avait fait la retraite de son sacre au pied du Calvaire de Bétharram. Méditant sur les douleurs de la Vierge debout près de la Croix, il avait compris que, pour enfanter les âmes à la foi et à l'Église, il fallait la douleur : *in dolore paries!*

---

[1] Gerbet, *Oraison funèbre de Mgr de Salinis*, p. 12.

L'ÉVÊQUE D'AMIENS.

Sommaire. — Les conciles provinciaux au dix-neuvième siècle. — Mouvement vers Rome. — Concile de Soissons. — Gerbet et M. Lequeux. — Concile d'Amiens. — Une date à noter. — L'*Univers*. — Les *Annales de philosophie chrétienne*. — L'Empire. — Lettre de Lacordaire. — La Lettre pastorale sur le Pouvoir. — Adhésion à l'Empire. — Témoignage de M. de Ladoue. — Les Reliques de sainte Theudosie. — Les synodes diocésains. — Les *Nigauds* de l'évêché.

I

— Je pardonnerais à la République, quand elle n'aurait rien fait que nous permettre de ressaisir cette liberté dont l'Église était dépouillée depuis si longtemps [1].

Quand il écrivait cela, le nouvel évêque d'Amiens était à Soissons, occupé aux travaux d'un de ces conciles provinciaux qui marquèrent l'avénement de la seconde République.

Ce fut un mouvement général, salué par les plus vives acclamations et les plus joyeuses espérances. On eût dit que le régime nouveau, se souvenant que la France avait

[1] Lettre de Mgr de Salinis à l'abbé de Ladoue, 12 octobre 1849.

été constituée par les évêques comme les abeilles le font d'une ruche, selon l'expression célèbre de l'historien protestant Gibbon, voulait laisser aux évêques réunis en synodes provinciaux le soin de reconstituer une France nouvelle, en christianisant les bases de la nouvelle société française.

Or, pensait Salinis, la base nécessaire, c'est l'affirmation plus nette de l'unité catholique. « Pendant le dix-huitième siècle, l'épiscopat français formait comme un corps d'armée séparé de son général en chef. Voilà pourquoi tout le dernier siècle ne fut qu'une grande déroute... L'époque actuelle est une époque de transition et de régénération, c'est la veille d'une ère nouvelle... Le catholicisme seul peut régénérer le monde », et c'est pourquoi aussi la Providence a imprimé à cette époque « ce trait caractéristique : le mouvement vers Rome [1] ».

Sous l'impression de cette pensée, le concile de Soissons se préoccupa de l'obéissance au Souverain Pontife. Salinis, convaincu « qu'il y a toujours danger pour des passagers à se placer sur les bords de la barque, et que le plus sûr est d'être au centre, tout près du pilote [2] », avec l'aide de Gerbet, son théologien, apporta au décret synodal relatif au Pape un concours précieux que l'histoire des délibérations conciliaires a noté.

Le supérieur du séminaire de Soissons, M. Lequeux, avait préparé une de ces rédactions vagues et élastiques, que l'on peut interpréter à volonté et qui semblent destinées à esquiver la difficulté plutôt qu'à la résoudre.

---

[1] Discours de Mgr de Salinis au synode du clergé d'Amiens, 1850.
[2] Mgr Gignoux, *Oraison funèbre de Mgr de Salinis*, prononcée à Amiens.

— Messieurs, dit Gerbet, nous ne pouvons pas proposer aux Pères du concile une rédaction qui n'exprime pas leurs sentiments. Les évêques ici assemblés n'ont pas à s'inquiéter de savoir si ce qu'ils disent dans leur acte d'adhésion au Souverain Pontife blessera les oreilles gallicanes de quelque professeur de séminaire. Ils doivent parler selon leurs convictions, et parler haut afin que leur parole ait du retentissement. Qu'en pensez-vous?

La commission entra dans cette pensée.

— Voulez-vous me charger de rédiger un nouveau projet?

On accepta, et la nuit entière fut consacrée à ce travail. Quand il en donna lecture, le lendemain, à ses collègues, le théologien de Mgr de Salinis leur dit :

— Messieurs, le décret que je vous propose n'est pas de moi : il est composé exclusivement de textes empruntés à des décisions dogmatiques des conciles généraux, des Souverains Pontifes, etc. Je n'ai pas indiqué les sources, parce que je suis convaincu que, dans la discussion qui aura lieu, on nous accusera de déserter les opinions anciennes pour favoriser les nouveautés.

La prévision se réalisa. Gerbet avait utilisé le solide travail qui marqua le début de Lamennais[1]. Quand on vint en congrégation générale, M. Lequeux attaqua très-fortement le projet de la commission, qui, disait-il, renfermait presque des hérésies.

Le concile, un peu impressionné par la parole compétente et convaincue du vénérable sulpicien, respira lorsque l'ami de Salinis établit, pièces en main, que ce qu'on

---

[1] Voir au volume consacré à LAMENNAIS, chap. III.

taxait de nouveauté remontait à la plus haute antiquité et que ce que l'on accusait d'hétérodoxie était emprunté à des conciles généraux [1].

L'œuvre du concile de Soissons fut complétée en 1853 par celle du nouveau synode de la province de Reims, réuni cette fois à Amiens, auprès de cette splendide cathédrale à laquelle il manquait cette gloire, que Salinis lui procura, d'abriter un concile provincial.

On y défendit l'enseignement du gallicanisme dans les écoles de la province. La petite phrase qui renferme cette prohibition, prélude du célèbre anathème prononcé en 1870 par l'Église catholique réunie au Vatican, est, à mon sens, un des graves événements de ce temps.

— L'histoire ecclésiastique, disait Mgr de Salinis, a retenu la date de 1626, où les évêques de France adressèrent au Pape une lettre qui semble être un désaveu anticipé des opinions émises plus tard [2]. Ne nous est-il pas permis d'espérer que l'histoire de l'Église remarquera aussi la date de 1853, où ce désaveu, enseveli trop longtemps dans le silence de l'oubli, est ressuscité dans un décret de notre concile, pour être une expression nouvelle de l'ancienne doctrine des Églises gallicanes? Nous n'avons pas brisé la chaîne de nos traditions, nous n'avons fait que la renouer [3].

Au concile d'Amiens, les Pères, sous l'inspiration du prélat plus convaincu que jamais que « ces assemblées d'évêques, qui ont fait la vieille France, doivent mettre la

---

[1] DE LADOUE, *Vie de Mgr Gerbet*, t. II, p. 262.
[2] Lors de la célèbre déclaration du clergé de France, en 1682.
[3] DE SALINIS, *Lettre pastorale pour la promulgation des décrets du concile d'Amiens.*

main dans la reconstruction de la France nouvelle[1] », s'occupèrent de diverses questions qui préoccupaient alors vivement l'attention publique : la question du journalisme, celle des classiques chrétiens, l'intervention des laïques dans les choses de l'Église, etc. L'*Univers,* vivement combattu par une fraction du parti catholique et dénoncé en cour de Rome, trouva, dans le zèle dévoué de Mgr de Salinis, un de ses principaux défenseurs, et lui dut, en grande partie, son triomphe.

M. de Salinis fut chargé de porter à Rome les décrets d'Amiens et d'en solliciter l'approbation. Il profita de ce séjour pour aider MM. Louis Veuillot et Bonnetty à vaincre les oppositions que rencontraient, dans une fraction notable de l'épiscopat et du clergé français, les polémiques de l'*Univers*[2] et les doctrines des *Annales de philosophie*[3].

II

Me voici amené sur un terrain délicat. J'y entre sans passion, comme sans arrière-pensée.

L'empire avait cet avantage, aux yeux de bien des hommes politiques, qu'il a deux solutions à proposer, suivant les moments et les circonstances : une solution

---

[1] GERBET, *Discours pour la clôture du concile d'Amiens.*
[2] Pie IX fit écrire à M. Veuillot par Mgr Fioramonti une lettre destinée à terminer le différend
[3] M. Bonnetty reçut l'assurance du Pape, par l'intermédiaire de Mgr de Salinis, qu'il ne pouvait être question de le condamner.

dictatoriale, quand c'est l'heure de la peur, et une solution libérale, quand le pays rassuré redemande ses libertés. Il avait cette autre décharge à son acquit qu'au lendemain de la Révolution, il s'est donné comme l'alliance entre le pouvoir monarchique et l'avénement de la démocratie, en sorte que la théorie napoléonienne, restée celle des héritiers du fondateur de la race, donne quelque satisfaction à ceux qui, fiers des conquêtes de 89, aspirent à une organisation de la démocratie, telle que l'a faite la Révolution.

« Monarchie je ne veux, République je ne sais. » C'était à ce moment, disait Lacordaire, la devise de l'Europe [1]. C'était surtout la devise de la France de 48.

Pénétré de cette conviction, touché des gages que le neveu de Napoléon donnait à l'Église et des promesses qu'il lui faisait, effrayé du désarroi des partis et des menaces du jacobinisme renaissant, pour « faire de l'ordre avec du désordre », l'*Univers* se rallia au prince président, lequel, dit M. Louis Veuillot, « ne se propose rien qui puisse effrayer les consciences démocratiques [2] ».

J'entrerai dans plus de détails à cet égard, quand je traiterai de Montalembert [3] et de Rohrbacher [4]. Ici, je ne puis que rappeler sommairement un souvenir, indispensable à l'intelligence de ce qu'on a appelé, non sans quelque raison, « le bonapartisme de l'évêque d'Amiens ».

Quand Lacordaire apprit ces choses, il les considéra comme une trahison. Toute sa correspondance est em-

[1] Lettre de Lacordaire à Mgr de Salinis, 25 mars 1841.
[2] *Univers* du 18 août 1850.
[3] Au tome IV de nos *Études sur l'École Menaisienne*.
[4] A la fin du présent volume.

preinte de cette impression [1]. Elle n'éclate cependant nulle part avec plus d'amertume que dans la célèbre lettre qui marqua sa rupture avec Mgr de Salinis.

« L'*Univers,* y disait-il, est à mes yeux la négation de tout esprit chrétien et de tout bon sens humain, une sorte de gageure soutenue contre tous les sentiments de l'humanité contemporaine, et dont il ne faudrait que rire, si le ton, les doctrines et les procédés ne donnaient une prise sérieuse aux ennemis de notre foi. Je ne crois pas que jamais l'Église ait été défendue par d'aussi tristes personnages et d'aussi pauvres théories. Si ma foi n'était pas aussi profonde par la grâce de Dieu, je crois que le spectacle plus que toléré qu'ils nous offrent, n'eût pas été sans péril pour mon âme. C'est vous dire, Monseigneur, pour ne pas vous parler du reste, à quelle distance une singulière fortune nous a placés l'un de l'autre. C'est pour moi un regret; c'est aussi un enseignement. En voyant l'école sortie des ruines de l'abbé de Lamennais et l'étrange filiation qui lie ce qui est à ce que j'ai vu en 1824, je comprends mieux la chute de cet homme et la vengeance anticipée que Dieu a prise dans sa personne de tout ce qui devait naître de sa poussière. L'histoire lui demandera compte un jour de sa postérité, et sa postérité expliquera ce que sa vie aura pu laisser dans l'ombre. »

Après ces amères paroles, celui qui signait « un de vos anciens compagnons d'armes » ne craignait pas d'écrire encore ceci :

— Ma consolation est de vivre solitaire, et de protester par mon silence, et de temps en temps par mes paroles,

[1] Voir au chap. intitulé *Sous l'Empire,* dans le volume consacré à LACORDAIRE.

contre la plus grande insolence qui se soit encore autorisée du nom de Jésus-Christ.

Cette citation, que j'emprunte à M. de Ladoue[1], donne l'idée du diapason où en était arrivée cette polémique. Or, qu'on ne l'oublie pas, Mgr de Salinis était le protecteur affiché de l'*Univers,* et un acte public, son fameux mandement *sur le Pouvoir,* venait de mettre en scène avec solennité son ralliement à l'empire.

Publiée à l'occasion du rétablissement de l'empire au profit du Prince Président, cette lettre pastorale, qui eut un retentissement si considérable, était divisée en deux parties : l'une, théorique, où l'évêque d'Amiens discutait, d'après les diverses opinions des théologiens, auxquelles il en ajoutait une mitoyenne et conciliante; la seconde où il faisait l'application de ces principes au coup d'État.

Même dans les camps neutres et les moins passionnés, cette initiative de l'évêque fut sévèrement jugée.

— Pourquoi, lui disait-on, transformer une question purement politique en question religieuse? N'y a-t-il pas danger à soumettre à la discussion la parole de l'évêque, qui ne devrait rencontrer chez tous les fidèles qu'obéissance et soumission?

Cette observation était grave; Mgr de Salinis en reconnut plus tard la valeur.

On contestait aussi l'opportunité d'une manifestation qui se précipitait, pour ainsi dire, au-devant d'un gouvernement dont rien ne faisait encore connaître les principes et les tendances. Le nouveau pouvoir était-il assez bien assis pour qu'on pût le considérer comme un pouvoir de fait?

[1] *Vie de Mgr de Salinis,* p. 258.

Avait-il, en dehors des circonstances qui lui avaient donné une existence en quelque sorte forcée, des garanties suffisantes de durée? N'était-ce pas une bien lourde responsabilité d'engager le clergé à prêter au nouveau pouvoir, non-seulement une obéissance passive, mais un concours actif [1] ?

Je me garderai de résoudre ces difficiles problèmes. Mais, si je dois constater que Mgr de Salinis crut de bonne foi servir l'Église et la France en agissant de la sorte, je dois aussi, pour rester véridique, constater que cette adhésion éclatante à l'Empire, en irritant les républicains, froissa profondément les légitimistes et entrava, en bien des circonstances, l'action de son ministère épiscopal. A ce point de vue, il dut souvent la regretter, tout en conservant « une illusion qui plongeait ses racines dans la foi [2] ».

En écrivant de lui, son ami et panégyriste a pu le dire :

— Sur ma conscience d'homme d'honneur et de prêtre, j'affirme que Mgr de Salinis n'a fait, dans le cours de sa longue carrière, aucune démarche importante, je n'en exclus pas celles qui ont rencontré le plus de contradicteurs, dont le bien de la religion n'ait été le principe et le mobile. J'affirme, avec la même conviction, que les petits calculs de l'ambition humaine ne sont jamais montés à la hauteur de sa grande âme. Je suis heureux que le bon Dieu m'ait permis de rendre ce témoignage public à celui qui fut le guide de ma jeunesse et qui daigna plus tard m'honorer du titre d'ami. Je le lui devais [3].

---

[1] DE LADOUE, *loc., cit.*, p. 259.
[2] DE LADOUE, *Circulaire au clergé et aux fidèles du diocèse d'Auch*, p. 6.
[3] *Ibid.*, p. 7.

III

Mgr de Salinis rapporta de Rome les saintes reliques d'une Amiénoise des âges héroïques. On avait découvert dans les Catacombes une épitaphe par laquelle, à la suite du nom de la sainte femme, Aurélius Optatus avait voulu transmettre à la postérité, avec le souvenir du martyre et de la vertu de sa pieuse épouse, l'indication de son pays d'origine.

Nat. Ambiana, disait la pierre tumulaire, née à Amiens! C'est son époux même qui fit ciseler sur le marbre le titre authentique par lequel cette sainte martyre appartient à l'Église d'Amiens. « Or, écrivait à ses diocésains Mgr de Salinis, cette indication, qui est quelque chose de si précieux pour notre foi, est en même temps une rareté archéologique très-remarquable. Ce n'était pas l'usage de marquer dans l'épitaphe des martyrs le lieu de leur naissance. Un des plus savants archéologues de Rome nous disait qu'il se rappelait à peine un exemple fourni par l'inscription tumulaire d'une sainte de Nicomédie. C'est donc une gloire presque unique qui va rejaillir, avec ses reliques, du sein des catacombes, sur l'Église d'Amiens [1]. »

Seize siècles au moins s'étaient écoulés depuis que la martyre alla d'Amiens à Rome pour le combat, jusqu'au jour où elle revint de Rome à Amiens pour le triomphe.

Gerbet fut le chantre et l'historiographe de ce triomphe,

[1] Mgr DE SALINIS, *Lettre pastorale à l'occasion de la translation des reliques de sainte Theudosie.*

le plus beau assurément qu'une châsse ait recueilli en ce siècle : on eût dit ces grandes scènes des âges de foi, où tout un peuple accourait au-devant des saintes reliques, escortées par l'épiscopat et le clergé d'une province entière [1].

Le pays natal de Pierre l'Ermite retrouvait, sous l'inspiration brûlante de son évêque, les beaux élans de son antique foi.

Les études florissaient. Le clergé regardait du côté de cet évêché, d'où lui venaient tant de règlements excellents et d'excitations puissantes. La liturgie romaine fut rétablie aux acclamations du chapitre et du clergé.

« Comme Monseigneur est bon! » disaient à l'envi les prêtres d'Amiens, à mesure que les nécessités du ministère les mettaient successivement en rapport avec ce prélat si accueillant et si disposé à entrer dans toutes leurs sollicitudes.

— Chaque diocèse, dit à ce propos M. de Ladoue, est comme une petite société qui vit de sa vie propre. Cette vie, qui prend sa source au centre de toute vie catholique, à Rome, et qui est essentiellement une, se diversifie selon les usages, les traditions, les mœurs, les besoins. C'est à l'évêque qu'il appartient de constituer le code particulier qui doit régir ces petites sociétés qu'on appelle diocèses. Toutefois, quoique l'autorité législative réside tout entière dans ses mains, il ne doit pas l'exercer seul et sans contrôle; il lui est prescrit de prendre le conseil de son clergé. Tel est le but des synodes, assemblées ecclésiastiques où, sans aucun des inconvénients inhérents aux assemblées

---

[1] Voir au chap. V de la Ire partie du présent volume.

délibérantes, sont discutées, avec une liberté et une indépendance complètes, les mesures qui doivent devenir, pour les prêtres et les fidèles d'un diocèse, des règles liant la conscience.

Mgr de Salinis considérait l'institution des synodes comme une des sauvegardes de l'autorité pontificale, surtout dans l'organisation actuelle des Églises de France. A Amiens, il put s'assurer combien ces assemblées canoniques contribuent à resserrer les liens hiérarchiques, à faire aimer l'autorité parce qu'on la sait éclairée et qu'on la voit douce [1].

Inébranlable sur le terrain des principes, l'évêque d'Amiens savait, dans le commerce des hommes, apporter cette sage modération qui fait de plus en plus l'ornement de l'épiscopat français contemporain.

Mais, comme on l'a justement observé [2], l'esprit de tolérance n'était pas chez lui le résultat d'un calcul : il prenait sa source dans son caractère naturellement bienveillant et dans un sentiment profond de charité chrétienne. Le cœur de Mgr de Salinis était comme une riche hôtellerie ouverte à tous ceux qui voulaient y entrer, et combien y sont entrés et n'en sont plus sortis! car c'était là un des traits caractéristiques de cette aimable nature : quand on l'avait connu, on l'aimait, et quand on l'avait aimé, on l'aimait toujours.

Au collége Henri IV, à Juilly, à Bordeaux, Salinis s'était de plus en plus convaincu que le contact du prêtre avec la société est aussi utile au prêtre qu'à la société.

— Vivant toujours isolé, disait-il, le prêtre ne connaît

[1] DE LADOUE, *Vie de Mgr de Salinis*, p. 390.
[2] DE LADOUE, *Circulaire*, etc., p. 9.

pas les hommes, il les juge souvent plus hostiles, plus éloignés qu'ils ne le sont réellement ; il apprécie avec une sévérité outrée les choses dont il n'entend parler que par des détracteurs intéressés ; il se laisse entraîner à la déclamation qui aigrit, au lieu de conserver la douceur qui rapproche. La scission entre la société et le catholicisme s'accentue ainsi davantage, au grand préjudice de la religion [1].

IV

Connaissant à fond les besoins de la société moderne, Mgr de Salinis, évêque catholique du dix-neuvième siècle, cherchait à renouer des liens prêts à se briser ; son salon était comme le vestibule qui menait à l'église ceux qui pouvaient en avoir oublié le chemin.

Les soirs du dimanche, racontait Sainte-Beuve dans le *Constitutionnel,* Mgr l'évêque d'Amiens a l'habitude de recevoir ; on vient avec plaisir dans ce salon qui n'a rien de sévère, et où la bonne compagnie se trouve naturellement chez elle. On y joue à quelques jeux ; on y tire quelque loterie, et, pour qu'il soit dit que personne ne perdra, il est convenu que l'abbé Gerbet fera des vers pour le perdant, pour celui qui s'appelle, je crois, le *Nigaud.* Ces nigauds de l'abbé Gerbet sont pleins d'esprit et d'à-propos ; il les fait « par obéissance », ce qui le sauve, dit-il, de tout reproche et de toute idée de ridicule [2].

[1] De Ladoue, *Vie*, etc., p. 341.
[2] Sainte-Beuve, *Causeries du lundi.*

Un soir, on avait plaisamment agité trois questions : Pourquoi vient-on bien plus nombreux en Carême dans le salon de Monseigneur? Quel est l'animal que les dames vont voir le plus volontiers chez un collectionneur d'Amiens? Et enfin, qui donc avait donné le gros lot de la loterie de demain aux conférences?

Mgr de Salinis fit un signe à l'abbé Gerbet, qui, se recueillant un instant, annonça une *Réponse à trois questions du moment :*

> Ici la foule est loin d'être la même
> Quand le monde offre un heureux alibi ;
> Mais le salon est toujours bien rempli
> Lorsque revient le saint temps du Carême :
> De s'amuser y voit-on le moyen
> Ou le moyen de faire pénitence?
> On voudrait bien savoir ce que j'en pense :
>   En vérité je n'en sais rien.

> Dans la maison qui tient sous bonne garde
> Ces animaux qu'on va voir par cachet,
> Pourquoi, dit-on, est-ce le perroquet
> Que mainte dame avec plaisir regarde?
> A-t-elle un goût, qui se conçoit très-bien,
> Pour son babil ou bien pour son plumage?
> Encore ici je suis prudent et sage,
>   En vérité je n'en sais rien.

> Quand pour demain, à cette loterie
> Dont le beau nom est de vous bien connu,
> Une bonne âme a, presque à son insu,
> Remis un lot qui fera bien envie,
> On veut savoir, par sentiment chrétien,
> Auquel des deux plus d'intérêt s'attache,
> Au lot qui brille, à l'âme qui se cache :
>   Oh! pour cela je le sais bien.

Une autre fois, on parlait de la loterie des conférences de Saint-Vincent de Paul, dont le tirage imminent allumait bien des convoitises. L'abbé Gerbet, avant de laisser procéder au tirage, demanda la parole, et, de sa voix harmonieuse, récita cette charmante fantaisie, qu'il intitula : *La loterie de Saint-Vincent de Paul dans le ciel parmi les anges :*

> Quand, revêtant une forme légère,
> La charité prend sa part à nos jeux,
> Je tiens pour sûr que ces jeux de la terre
> Ne sont que l'ombre obscure et passagère
> D'un jeu brillant célébré dans les cieux.
>
> Demain, au ciel, une salle fleurie
> Verra jouer tous vos anges gardiens;
> Ils tireront aussi leur loterie,
> Si belle à voir que sa beauté défie
> L'art de Paris joint au cœur d'Amiens.
>
> Sur un fauteuil d'une riche élégance
> Qu'il s'est acquis en servant des grabats,
> Vincent de Paul préside la séance,
> Où l'on observe un merveilleux silence,
> Chose assez rare aux salons d'ici-bas.
>
> Chaque ange, orné de sa grâce candide,
> Espérant tout et ne jalousant rien,
> Reçoit un lot dans un écrin splendide,
> Marqué d'un nom qu'il lit d'un œil avide,
> Nom qu'il chérit et qui n'est pas le sien.
>
> Le saint leur donne ou ces fleurs de lumière
> Que Dante vit au céleste séjour,
> Ou les saphirs que la Bible énumère;
> Ou bien il mêle au cœur de la prière
> Les diamants de l'éternel amour.

>Mais le bon saint, comptant dans sa mémoire,
>Les pleurs, les maux que vous avez vaincus,
>Pour figurer cette douce victoire,
>Donne à chaque ange un beau lacrymatoire,
>Brillant des pleurs qu'il ne renferme plus.
>
>A demain donc, en secouant leurs ailes,
>Arriveront ces célestes joueurs,
>Pour vous offrir leurs perles les plus belles :
>Qu'à les garder vos écrins soient fidèles ;
>Ces écrins sûrs sont au fond de vos cœurs.

Les *Nigauds*, de l'abbé Gerbet, s'inspiraient ainsi des mille petits détails qui constituaient la vie du salon de l'évêché : un fait récent, la présence du prédicateur du Carême, la visite d'un ami, la venue d'un hôte illustre, comme le soir où il célébra, sous la forme plaisante d'un *fragment d'histoire naturelle,* la visite de Son Éminence le cardinal Donnet à l'évêché d'Amiens :

>Dans ce beau jour où tout se renouvelle,
>Votre nigaud, se transformant aussi,
>Devient savant : l'histoire naturelle
>Va lui fournir le sujet que voici :
>
>Buffon a fait la merveilleuse histoire
>D'un bel oiseau, bien rare en nos climats ;
>Écoutez-la, j'ai quelque lieu de croire
>Que ce récit ne vous déplaira pas.
>
>Ce bel oiseau porte, avec modestie,
>Un fort beau nom, le nom de cardinal,
>Oiseau français, car il a sa patrie
>Dans nos forêts des bords du Sénégal.
>
>Il aime aussi les bords d'autres rivières
>Et, voyageant vers des climats plus beaux,
>Va se poser dans ces lieux que nos pères,
>Pour abréger, appelaient les bords d'eaux.

Souvent aussi vers le Tibre il s'envole,
Rome en a fait l'oiseau le plus chrétien ;
Car, Dieu merci, le nouveau Capitole,
En fait d'oiseau, choisit mieux que l'ancien.

Malgré l'éclat de son rouge plumage,
Il n'est pas fier, et vous pouvez tous voir
Qu'il est plus simple, et d'air et de langage,
Que maint oiseau dont le plumage est noir.

Comme son cœur, sa voix est noble et tendre :
Aussi Buffon nous dit qu'à chaque fois
Que ses beaux chants doivent se faire entendre,
Dix mille oiseaux accourent à sa voix.

Tel nous voyons dans notre basilique,
Quand l'éloquence éveille ses échos,
Des auditeurs la foule sympathique
En ses trois nefs se presser à grands flots.

Si tant d'oiseaux, que sa présence attire,
Lui vouent toujours un respect si pieux,
C'est que surtout on sait, on entend dire,
Qu'en chantant bien, il agit encor mieux.

Dans tous les bois, on voit, sur son passage,
Des nids nouveaux se bâtir à l'envi
Où chaque oiseau, que menaçait l'orage,
Chantera Dieu qui lui donne un abri.

Buffon prétend que son généreux zèle,
Peu satisfait de presser ses travaux,
Tire, au besoin, des plumes de son aile
Pour faire un nid aux plus pauvres oiseaux.

Nous envions cette heureuse Aquitaine
Où ses bienfaits ont fixé son séjour.
Puisse bientôt, sur sa plage lointaine,
Un bon wagon nous conduire en un jour !

Que l'oiseau rouge, ornement de ses rives,
Vienne souvent embrasser en ces lieux
Un autre oiseau dont les couleurs moins vives
Nous font l'effet du plus bel oiseau bleu.

De l'oiseau bleu l'oiseau rouge est le père ;
Fier de son fils, il n'en fut point jaloux,
Et lui permit de quitter sa volière
Pourvu qu'il vînt se poser parmi nous.

Notre oiseau bleu lui dira que la Somme
Mérite bien, malgré le froid du Nord,
Que les oiseaux de Bordeaux et de Rome
Viennent planer sur son modeste bord.

Que, sans avoir un soleil sans nuage,
Elle a pourtant une douce chaleur ;
Quand les brouillards recouvrent son rivage,
Le froid est là, mais le chaud est au cœur.

Le cœur ici règne sur toute chose,
Et, tour à tour, Picard ou Bordelais,
Le mien ne sent, dans sa métamorphose,
Que le bonheur de bien parler français.

C'est grâce au cœur, à sa douce puissance,
Qu'on voit ici des prodiges divers :
La loterie a de l'intelligence,
Et les nigauds y font lire des vers.

On le voit, les *Nigauds* de l'évêché d'Amiens, grâce au talent de l'abbé Gerbet et à la douce influence du prélat qui l'inspirait, avaient une portée plus haute que le simple amusement d'une soirée, ils faisaient aimer la piété et ils prêchaient la charité. On en eut l'exemple, un soir de fin de Carême, avant la clôture du salon de l'année : c'est intitulé : *Il est trop tard.*

Quand le Carême affublé de la neige
Qu'il attendait pour s'en faire un manteau,
Du carnaval dissipant le cortége,
Des vains plaisirs va souffler le flambeau,
Pourrai-je encor, fidèle à ma coutume,
Être causeur, enjoué, babillard?
Non, ce seul mot s'échappe de ma plume :
    Il est trop tard.

Il est trop tard. Puis-je pourtant me faire
Sur le bœuf gras, ce bon diocésain,
Qui, pour fêter un pasteur qu'il vénère,
Ne craindra pas d'allonger son chemin [1]?
Vaine leçon! pour la troupe volage
Qu'ici ce soir cherche en vain mon regard,
L'exemple, hélas! d'une bête aussi sage
    Viendrait trop tard.

Oui, des jours gras la folle turbulence
Fait déserter ce paisible salon ;
Quand reviendront les jours de pénitence,
On reviendra comme on vient au sermon :
Mais au retour, si quelque fugitive
Parmi vos lots prétend avoir sa part,
Pour la punir, dites-lui qu'elle arrive
    Un peu trop tard.

Des gens sensés ce salon est l'asile ;
Pourquoi le fuir? on y parle raison ;
Sur son fauteuil chacun se tient tranquille,
Et de bonne heure on rentre à la maison.
D'autres salons ont un charme funeste,
On s'y fatigue avec grâce, avec art,
On n'y tient plus, et pourtant on y reste
    Beaucoup trop tard.

[1] Cette année, le cortége du bœuf gras était venu jusqu'à l'entrée intérieure de l'évêché.

Pour vous du moins, qui suivez sa fortune,
Ce vieux salon vous est reconnaissant ;
Je l'aurais dit cent fois pour une
Si je n'avais l'esprit un peu pesant :
Pardonnez-moi, quand l'à-propos m'échappe,
Je suis *nigaud*, et lorsque, par hasard,
Je cours après un bon mot, je l'attrape
   Toujours trop tard.

Mais des *nigauds* la saison est passée,
Pour les jours saints cherchons d'autres sujets,
Et, près de Dieu fixant notre pensée,
Tournons vers lui nos cœurs et nos couplets ;
C'est lui, lui seul dont la bonté fidèle,
A tous nos vœux répondant sans retard,
Ne dit jamais à l'âme qui l'appelle :
   Il est trop tard !

On aimait ces réunions, où l'esprit, la courtoisie, la vertu et la charité faisaient assaut. Les perdants s'estimaient heureux d'emporter le lot envié du *nigaud*, surtout quand le rimeur attitré tournait deux quatrains comme ceux qui échurent un jour au perdant de la soirée :

La loterie est aveugle et volage,
Mais aujourd'hui cette sœur du hasard
Y voit plus clair et fait un choix fort sage
En vous donnant un rien pour votre part.

Pour accepter une part si légère
Sans laisser voir un petit air bourru,
Il faut vraiment un heureux caractère,
Voilà pourquoi ce lot vous est échu.

VI

L'ARCHEVÊQUE D'AUCH.

SOMMAIRE. — A vingt-cinq ans de distance. — Ce qu'il fit à Auch. — Le défenseur de la papauté. — Dernière visite à Napoléon III. — Dernières réceptions à l'archevêché. — La messe et l'office. — Le viatique et les adieux. — Les enfants. — Gerbet au lit de mort de son ami. — L'agonie. — Ce qui hâta la mort.

En 1821, au lendemain de son entrée dans les Ordres sacrés, — il venait d'être ordonné sous-diacre, — le jeune abbé de Salinis montait, sur l'invitation de l'archevêque, dans la chaire de l'église métropolitaine Sainte-Marie d'Auch. L'enthousiasme fut grand.

— Quel beau sermon! écrivait à son fils une personne du peuple, rendant compte, à sa manière, de l'impression produite. Quel beau sermon! Ce n'était plus le même genre de nos prédicateurs gascons. Tout le monde était extasié de voir un jeune homme de vingt et un ans réunir autant de talent.

A un quart de siècle de là, l'humble séminariste, devenu archevêque d'Auch, reparaissait dans la même chaire. Les anciens faisaient leurs remarques tout haut et rappelaient leurs souvenirs de 1821. C'était cette même figure méridionale, empreinte de finesse et de bonté. C'était cette même parole douce, persuasive, entraînante, qui avait fait le succès du sous-diacre et qui, du premier coup, gagna les cœurs de tous ses nouveaux diocésains.

I

Son prédécesseur démissionnaire était fort aimé. La succession était difficile. Un de ses prêtres, qui l'a le mieux connu, va nous dire comment il la recueillit :

« Au point de vue ecclésiastique, il tint un premier synode diocésain l'année qui suivit son entrée dans sa ville archiépiscopale, et un second deux ans après.

« Là, furent arrêtées les bases de l'une des institutions ecclésiastiques les plus utiles : celle de la caisse de retraite pour les prêtres infirmes. En moins d'une heure, fut établie par acclamation cette œuvre de charité que tous ses prédécesseurs avaient désirée ou essayée.

« Le retour à la liturgie romaine, c'est-à-dire à la liturgie universelle de l'Église catholique, fut encore arrêté en synode et accompli définitivement quelques mois après.

« Dans cette même assemblée sacerdotale, fut définitivement reconstituée l'ancienne organisation diocésaine, plus conforme à l'état général de l'Église et plus en harmonie avec les besoins, soit du clergé, soit des fidèles.

« Sous son inspiration, les études ecclésiastiques ont reçu un essor plus vigoureux et plus étendu : les monuments du culte sont moins dégradés ou mieux conservés : les nouvelles églises sont mieux conçues et plus intelligemment construites, les réparations plus soignées et mieux entendues.

« Au point de vue de la piété, il a établi une œuvre suave et qui s'est admirablement constituée dès le premier jour : l'adoration perpétuelle du Saint Sacrement.

« Ici, comme à Amiens, il a provoqué une de ces manifestations catholiques qui laissent dans un pays les traces les plus durables et les plus heureuses. A Lectoure, la translation des reliques de saint Clair et de ses compagnons attira, autour des restes de ces premiers martyrs, une foule immense de peuple et de clergé, venus de tous les points du sud-ouest pour assister à cette imposante cérémonie, pour laquelle neuf évêques et trois archevêques, dont l'un décoré de la pourpre romaine, s'étaient donné rendez-vous au siége de l'un des plus anciens évêchés de Gascogne.

« Au point de vue du bien général de sa ville archiépiscopale, Mgr de Salinis a donné l'impulsion à tous les grands travaux exécutés à Auch. Le dégagement de la cathédrale, les améliorations exécutées à l'intérieur, les réparations et reconstructions de l'archevêché, la construction des prisons, celle du palais de justice, ont jeté, par lui ou à son occasion, plus d'un million dans la classe ouvrière.

« Mais arrivons à ce caractère saillant de cette vie si pure et si chère à tous ceux qui l'ont connu.

« La bonté, l'aménité, la charité, l'hospitalité, voilà ce qui a toujours caractérisé Mgr de Salinis. Ici, comme à Amiens, son palais ouvert à tous. Quelques-uns l'ont quelquefois blâmé de cette facilité avec laquelle il laissait se coudoyer dans ses salons des hommes mondains avec tout ce qu'il y avait d'hommes distingués et religieux. M. l'abbé de Ladoue a répondu à cette appréciation erronée dans une lettre admirable, tombée de son cœur sur le cœur de nous tous. Toujours bon, toujours aimant, toujours charitable, notre prélat pensait que ses salons étaient un terrain complétement neutre, où tous pouvaient se rencontrer sans jamais se heurter.

« Dans ces réunions du dimanche, combien de haines éteintes, de difficultés aplanies, de rapprochements inattendus opérés ! Combien de préjugés détruits ! Je le demande à tous ceux qui ont la consolation d'y avoir assisté, y a-t-il quelqu'un qui en soit sorti moins bon qu'il n'y est entré ? Y a-t-il quelqu'un qui n'en soit sorti meilleur qu'il ne s'y est présenté[1] ? »

II

Un jour, à Juilly, un vieil Oratorien, voulant expliquer les causes de la chute de son Ordre, disait à M. de Salinis :
— Nous devions périr, parce que nous n'aimions pas assez la Sainte Vierge ni le Saint-Siége.

« Les sentiments contraires à ces deux mauvaises choses, qui ont fait tomber l'Oratoire, ont été, disait Gerbet dans l'oraison funèbre de son ami, le soutien de votre évêque jusqu'à la fin. »

On sait quelle part il prit à la proclamation du dogme de l'Immaculée Conception, et, si le temps lui a ravi l'ineffable joie d'assister à celle de l'infaillibilité pontificale que

[1] Dupuy, *Notice biographique sur Mgr de Salinis*, p. 19 et suiv.

son école et ses travaux ont préparée, le testament de son épiscopat fut une admirable publication, où il défendit, avant de mourir, les droits de la Papauté.

La vivacité de sa dévotion envers le Saint-Siége hâta sa fin. M. de Ladoue l'a raconté dans une page saisissante.

A mesure que s'affaiblissaient des espérances qui avaient leur fondement dans son cœur bien plus que dans son esprit, il se rattachait plus fortement à cette institution bâtie sur la pierre que tous les efforts de l'enfer ne parviendront pas à ébranler... Or, dans plusieurs circonstances graves où l'intérêt de l'Église était engagé, sa parole avait trouvé un accès facile auprès du souverain; pourquoi, aujourd'hui, ne rencontrerait-elle pas le même accueil?

— Les intentions sont droites, disait-il, mais on ne connaît pas le véritable état des choses; en faisant arriver la vérité, ne peut-on pas espérer que les difficultés soulevées s'aplaniront? Oh! disait-on autrefois, si le Roi savait... Eh bien, l'Empereur saura...

Mais la maladie a déjà paralysé les forces, les médecins conseillent d'éviter les grandes émotions; le siége du mal est au cœur. Les amis font valoir ces raisons; ils craignent, et ils n'espèrent pas.

Le prélat ne se laisse pas arrêter : il est évêque, et pour un évêque, les intérêts de l'Église passent avant ceux de la santé; si l'on tombe dans une antichambre, on tombera avec la consolation d'avoir accompli son devoir.

Le 3 décembre 1860, après avoir entendu dire à la messe, — sa faiblesse ne lui permit pas de la célébrer, — ces paroles du prophète que l'Église applique au grand apôtre des Indes : *Loquebar de testimoniis tuis in conspectu regum, et non confundebar*[1], il se rendit aux Tuileries, où il eut une audience qui dura plus d'une heure. Nous le vîmes au sortir de cette entrevue : malgré la fatigue, il était radieux... Il avait dit la vérité[2].

Quand il prononça à Juilly l'éloge funèbre de son ancien grand vicaire, le cardinal Donnet salua, en termes émus, cette démarche solennelle et suprême de l'archevêque d'Auch :

— Mgr de Salinis, dit le cardinal, nous ne craignons pas de le rappeler ici, a été du nombre des évêques qui ont donné au gouvernement actuel, et dans ses écrits, et dans sa conduite, des marques nombreuses de dévouement. Mais pourquoi ne dirions-nous pas, avec la même liberté de langage, que, peu de jours avant de rendre compte de son administration au Juge suprême, lorsqu'aucun intérêt humain ne pouvait lui dicter une pareille démarche, il est allé, de sa voix presque mourante, dire au monarque lui-même ses craintes et ses douleurs sur les événements qui portent la désolation dans le cœur de tous les catholiques?

Quand il revint de Paris, il dit à l'un des siens :

— Tout ce qui se passe me fait un mal affreux.

Déjà, le jour où, pour obtempérer aux désirs de Pie IX, il avait dû quitter Amiens, il avait été blessé au cœur.

En rentrant du voyage entrepris pour les intérêts de l'Église, et à la pensée de ce que Pie IX allait souffrir durant cette longue passion dont la première scène se déroulait à cette heure, le mal fit tout d'un coup d'effrayants progrès.

Il voulut ne rien changer à ses habitudes hospitalières.

---

[1] J'ai annoncé vos témoignages en présence des rois, et je n'ai point été confondu. (Ps. CXVIII, 46.)
[2] DE LADOUE, *Vie de Mgr de Salinis*, p. 412.

Jamais les réunions de l'archevêché ne furent plus animées que cet hiver-là. Monseigneur s'y montrait avec son affabilité ordinaire, dissimulant dans un sourire les atroces douleurs qu'il endurait. « Il avait le cœur sur les lèvres, a dit un de ses hôtes, c'est ce qui l'a tué[1]. »

— Je suis hospitalier, disait-il avec une aimable candeur, c'est le fond de ma nature.

Et il ajoutait, en souriant :

— Vous savez que saint Paul veut qu'un évêque le soit : je ne l'ai jamais perdu de vue, et j'ai fait en sorte de suppléer, par cette qualité, à celles qui me manquent.

Le cœur, organe de la vie, allait être pour le prélat aimant et sensible un instrument de mort.

Il avait beaucoup désiré faire l'ordination de ses jeunes clercs. Il fallut recourir à son vénéré voisin, Mgr Desprez, l'obligeant archevêque de Toulouse, pour accomplir cette auguste fonction.

Du moins, à cette occasion, voulut-il monter à l'autel pour offrir l'adorable sacrifice à l'intention de ses chers ordinants.

C'était la nuit, dans sa chambre; soutenu par un ami, il accomplit les saints mystères, et, descendant de l'autel, il se dit : — Je n'y remonterai plus!

Lamennais aussi l'avait dit, un jour, à la Chesnaie... Mais, grand Dieu! quel contraste entre ces deux dernières messes!...

A quelques jours de là, comme Lamennais aussi, il dut demander la dispense de réciter l'office divin, mais, là encore, quel contraste entre le disciple et le chef de l'École!

---

[1] NIEL, *Mgr de Salinis.*

— C'est donc aujourd'hui, dit-il avec un accent déchirant, que, pour la première fois depuis mon sous-diaconat, je ne pourrai pas dire l'office! Du moins, que je l'entende psalmodier!

On lui donna cette consolation. Elle fut bientôt une occasion de fatigue telle pour le malade, qu'il fallut la lui refuser.

— Oh! fit-il, je ne puis me résigner à renoncer à mon bréviaire, qu'à la condition qu'un autre le dira pour moi[1].

III

Un jour qu'il souffrait davantage, il appela son grand vicaire.

— Mon ami, lui dit-il, je ne voudrais pas que mon tombeau fût dans les cryptes. Je préfère une place dans le sol de la cathédrale, où ma tombe, d'un abord plus facile, rappellera à mes amis, à tous les fidèles, que je demande leurs prières.

— Je désire, ajouta-t-il, que mon cœur soit rendu à mon premier diocèse. Qu'on le porte donc à Notre-Dame d'Amiens, et qu'on le dépose devant l'autel de sainte Theudosie.

---

[1] La plupart de ces détails sur les derniers jours de Mgr de Salinis sont empruntés à un article publié par M. l'abbé Caneto, vicaire général, dans le *Bulletin d'histoire et d'archéologie*, recueil fondé par Mgr de Salinis. C'est le journal écrit jour par jour de la dernière maladie du prélat.

L'évêque de Montauban, Mgr Doney, vint le visiter. Il en profita pour demander le viatique des mourants.

Après l'avoir reçu, saisissant la main du prélat qui le lui avait administré, il dit :

— Mon cher ami, j'ai tout un discours dans l'âme; mais, vous le voyez, les forces trahissent ma volonté...

Et, portant le regard sur ceux qui l'entouraient, il ajouta :

— Mgr Doney est un autre moi-même.

Souriant ensuite à l'évêque de Montauban, qui ne pouvait dominer son émotion :

— Vous souvenez-vous, Monseigneur, de ces travaux d'une autre époque?... Nous fûmes comme deux athlètes... Mais nous y avons mêlé beaucoup d'imperfections, moi surtout; et c'est bien de l'orgueil à moi de me comparer à vous, Monseigneur... Ma vie pourtant a été un acte de foi : comme prêtre, comme évêque, comme archevêque, j'ai toujours été étroitement attaché au siége de Saint-Pierre. A mon dernier synode, je vous disais, Messieurs, que ce souvenir serait, à mon lit de mort, ma plus douce consolation. Cette pensée, en effet, me rassure, en ce moment, contre les jugements de Dieu.

— Et puis, celle de la Sainte Vierge! Oh! oui, la Sainte Vierge, ajouta-t-il, en portant vers le ciel un regard inspiré, j'ai là une autre espérance... J'ai foi dans la protection de la Sainte Vierge...

S'adressant de nouveau à Mgr Doney :

— Nous avons assisté, vous et moi, à la proclamation du dogme de l'Immaculée Conception; nous étions ensemble à Rome le jour de la grande fête... Vous le voyez, je m'en vais, la vie se retire... Parlez donc à ces prêtres...

Vous leur direz nos anciens combats, nos efforts, nos luttes pour rapprocher de Rome ceux qui s'en éloignaient... Dites-leur qu'ils aiment le Pape, qu'ils se serrent autour de Pierre : là est la vérité, là est le salut.

L'évêque de Montauban, dominant ses larmes, prit la parole. Il rappela les souvenirs de trente-deux ans, évoqua le récit des luttes de Salinis en faveur de l'unité catholique, et conclut :

— Vous venez de l'entendre, Messieurs, c'est là ce qui fortifie votre premier pasteur contre les terreurs de la dernière heure, c'est là sa consolation.

— Et la Sainte Vierge aussi, Monseigneur, ajouta M. de Ladoue.

— Oh! oui, la Sainte Vierge, cet épanouissement de l'amour dans le monde! dit le malade avec un accent vibrant d'émotion.

Il était souriant, calme et serein : son visage resplendissait de foi, de noblesse et d'une douce piété.

Tous les assistants fondaient en larmes. Il les appela un à un près de son lit, cherchant à les reconnaître, les saluant par leur nom.

Il avisa un séminariste.

— Voilà, dit-il, l'avenir, l'espérance du diocèse... Venez, mon enfant, vous aussi, me serrer la main : soyez toujours bon catholique et romain ; aimez bien le Pape.

Quand le cortége fut reparti, le bon prélat dit à l'un de ses familiers :

— Tous ces prêtres pleuraient comme des enfants, ils m'ont bien touché : ils sont bien bons.

— Monseigneur, répondit cet ecclésiastique, ils sont bons, parce que leur évêque est bon !

— Oh! ils sont meilleurs que moi.

A ce moment, dans l'antichambre, on entendit une voix enfantine qui disait :

— Je veux voir Monseigneur!

— Mais ce n'est pas possible, répondit quelqu'un, Monseigneur ne reçoit pas de visite, il est trop malade.

— Je veux voir Monseigneur! réplique l'enfant, qui pénètre résolûment dans la chambre. C'était un petit voisin de l'archevêché, âgé de huit ans.

— Venez, mon enfant, dit l'archevêque, vous aussi; approchez que je vous bénisse!

Et le petit, se relevant sur la pointe des pieds, cherche des yeux cette douce figure qui tant de fois lui avait souri dans la rue, et que, dans cet appareil de grave maladie, il a bien de la peine à reconnaître.

Ce trait enfantin réveilla dans l'âme du pieux pasteur l'image de Jésus bénissant les petits enfants. Il se rappela que, depuis quelques jours, il ne voyait plus son petit neveu et filleul, Antoine de Marignan.

— Qu'on me fasse venir Antoine et ses sœurs, dit-il, je veux aussi les bénir dans ce jour si heureux pour moi.

Quelques instants après, ces enfants entouraient le lit de leur oncle, très-émus de le revoir en cet état.

— Je suis bien fatigué, mes enfants; mais j'ai voulu vous voir, vous bénir tous ensemble avec votre père et votre mère. Soyez-leur bien soumis... Soyez toujours bien sages et priez le bon Dieu pour moi.

A ces mots, Antoine, jeune enfant de trois ans, se met, de lui-même, à genoux, en disant :

— Mon Dieu, guérissez Monseigneur!

C'était, depuis ces derniers jours surtout, sa prière

habituelle. Le malade le savait; et cet angélique impromptu l'attendrit jusqu'aux larmes.

— Eh! oui, mon enfant, je veux bien revenir à la santé, si je puis être utile à l'Église, mais pas autrement... Adieu, mes chers enfants; je vais vous attendre au ciel, et vous y préparer une place.

IV

Le lendemain, arriva de Perpignan l'ami des premiers jours, le compagnon des premières années, Gerbet.

Ce fut, je l'ai dit ailleurs[1] déjà, une bien douce joie pour le mourant.

Le mal cependant empirait.

Le 29 janvier, M. de Ladoue lui dit que Pie IX, touché de son état, lui envoyait, par voie télégraphique, la bénédiction papale.

— Quel bonheur! s'écria-t-il autant qu'un mourant peut s'écrier. Quel bonheur! Je le désirais beaucoup, mais je n'avais pas osé le demander.

« Cette émotion fut si vive, dira Gerbet, qu'elle sembla l'agiter, et il porta la main à son front, comme si cette joie subite y eût frappé un coup. O coup heureux qui a bien adouci l'autre! Cette consolation dernière, qu'il avait méritée par son dévouement à l'Église, acheva de couronner son agonie. Comme un blessé qui expire sur un

---

[1] Pour le récit de cette entrevue, voir au chapitre VI de la 1re partie de cet ouvrage.

champ de bataille s'enveloppe de son manteau, il s'enveloppa de cette bénédiction[1]. »

Le préfet du Gers se présenta. Le moribond en profita pour faire entendre, d'une voix éteinte, ses derniers accents de dévouement à la sainte Église et au Pape.

— Jamais, disait ce fonctionnaire en sortant, il n'exprima de pensées plus élevées, de sentiments plus nobles, rendus avec plus de suite et dans un plus beau langage... Oh! quel homme nous perdons!

On lui donna l'extrême-onction. Il reçut une fois encore le pain de vie. Puis, sentant approcher le terme, il se fit apporter, sur son lit, son chapelet, des reliques de la vraie croix, de sainte Theudosie et de quelques autres saints personnages. Il demanda sa croix pectorale, son pallium, son anneau. Il voulut, près de son lit, sa crosse et sa croix archiépiscopale, la crosse de sainte Theudosie, que lui avait donnée le clergé d'Amiens; enfin, le tableau de Marie Immaculée qu'il avait reçu, à Rome, des mains du Souverain Pontife, le jour où fut proclamé le dogme de l'Immaculée Conception. En face de la mort, ces augustes et saints trophées étaient, à ses yeux, d'un tout autre prix que tant de glorieux titres qui, dans sa vie d'homme célèbre, lui avaient attiré les applaudissements et l'estime du monde.

— Monseigneur, lui dit Mgr de Ladoue, voici un ami de plus qui vient vous faire visite.

— Qui? répond le malade avec effort de voix.

— Votre bréviaire, Monseigneur, le fidèle compagnon de vos années de sacerdoce. Le voulez-vous aussi sur votre lit?

---

[1] GERBET, *Oraison funèbre de Mgr de Salinis.*

— Oui, là, à côté de moi!...

Ce fut sa dernière parole. On récita les prières de l'agonie, auxquelles il s'unissait visiblement. C'était le 30 janvier 1861. Une heure sonnait à l'horloge de la cathédrale.

— Tout est fini, dit tout à coup le docteur. Mgr de Salinis n'est plus de ce monde, il a rendu son âme à Dieu.

Le grand évêque venait de mourir, en digne et fidèle représentant de l'École qui a fait de l'Église de France ce qu'elle est, et Gerbet put dire, devant son cercueil :

« — Il y a eu du dévouement au Saint-Siége jusque dans le coup plus hâté qui lui a donné la mort. »

ROHRBACHER

PRÉFACE

DE LA PREMIÈRE ÉDITION.

De bienveillants critiques nous ont reproché d'avoir clos, après Montalembert, la série des grands initiateurs de l'École menaisienne.

Après Lamennais, le maître et l'inspirateur du mouvement général; après Lacordaire, le rénovateur de l'éloquence sacrée; après Gerbet et Salinis, tous deux experts à fouiller le vieux sol théologique pour en extraire sous une forme nouvelle les trésors négligés; après Montalembert, l'organisateur des forces catholiques, il était en effet injuste de laisser, dans l'ombre discrète où il se plaisait, le grand restaurateur des études historiques pour la défense de l'Église et du Saint-Siége.

C'est pourquoi nous allons consacrer quelques pages à peindre la figure du célèbre historien, utilisant pour cela les documents des compatriotes, des confrères et des disciples de l'abbé Rohrbacher.

ROHRBACHER

I

VOCATION.

Sommaire. — Autobiographie. — La genèse d'un grand esprit. — Voici mon hibou ! — Sous le chêne de Langatte. — Les parrains intellectuels de Rohrbacher. — Il vaut encore mieux labourer avec des ânes ! — Rohrbacher au séminaire. — Ses deux formateurs. — Une argumentation improvisée. — La piété. — A la veille d'entrer dans les saints Ordres. — A la veille de recevoir la prêtrise. — Portrait de Rohrbacher.

I

Lorsqu'il en vint à tracer la dernière ligne de son immense labeur, après avoir écrit, en conclusion de son long récit, ces paroles divines, dont il venait d'achever la glorieuse démonstration par l'histoire : *Les portes de l'enfer ne prévaudront point contre elle!* Rohrbacher déposa la plume, cette plume légendaire qu'il avait condamnée à fournir une si rude tâche [1]. Tout à coup, il se ravise.

[1] Il avait, dit-on, trois plumes, sans doute comme Cadet Roussel avait trois cheveux : une de service et deux de rechange : plumes

— J'ai raconté tant d'autres vies, se dit-il, pourquoi ne raconterais-je pas aussi ma propre vie, à moi, l'historien de tant de personnages bons et mauvais?

Puis, la plume tenait encore un peu debout :

— Allons, fit-il, usons-la jusqu'au bout.

Il la retailla avec un soin particulier et reprit, là où il s'était arrêté :

« C'est ici que se termine en quelque sorte cette histoire universelle de l'Église catholique, à partir depuis l'origine du monde. Pour que l'on en comprenne bien l'esprit, l'ensemble et le but, qu'il nous soit permis d'exposer par quelles voies la Providence nous a amené à concevoir, entreprendre et finir ce long travail [1]. »

Et, sans autre préambule, le bon Rohrbacher entame son autobiographie.

II

« Né le 27 septembre 1789, à Langatte, près de Sarrebourg, alors du diocèse de Metz, maintenant du diocèse de Nancy, j'ai eu pour parrain mon curé même, René-François de Frimont, grand ami de mon père [2], qu'il

---

d'oie qu'il taillait habilement et qui suffirent, ajoute-t-on, pour écrire les vingt-huit volumes de son histoire. (Fèvre, *Vie et travaux de l'abbé Rohrbacher,* p. 71.)

[1] Rohrbacher, *Hist. de l'Église,* t. XXVII, p. 299, 1re édition.

[2] Nicolas Rohrbacher. La mère de notre historien s'appelait Catherine Gantener : tous deux religieux comme on l'est en Allemagne, pieux comme on l'est dans l'Église.

avait attiré dans la paroisse, pour être chantre de l'église et tenir les écoles, après qu'il fut revenu de Brest, où il avait servi quelque temps dans la marine. Mon parrain s'était fait représenter au baptême par un de ses frères, officier de hussards; un autre de ses frères, le plus jeune, a été le baron de Frimont, général en chef des armées d'Autriche.

« Né à Fénétrange, mon parrain et curé y eut lui-même pour curé un excellent prêtre, mais imbu d'idées jansénistes, importées dans le diocèse de Metz par quelques-uns de ses évêques. L'abbé de Frimont s'en ressentit et dans son esprit et dans sa bibliothèque. Lors de la Constitution civile du clergé, il quitta sa paroisse pour être vicaire épiscopal de l'évêque intrus de la Meurthe, Lalande : il revint dans sa paroisse après la Terreur, et y resta au Concordat de 1801, après lequel je fis ma première communion.

« Cette adhésion de mon curé et parrain au schisme a été plus tard pour moi un motif pressant d'étudier et de démasquer à fond les erreurs et les opinions janséniennes, gallicanes et autres, qui ont fait tant de mal à l'Église et fourvoyé tant de personnes d'ailleurs recommandables.

« Le premier livre d'histoire que je me souvienne d'avoir lu, à l'âge de sept ou huit ans, c'est un petit catéchisme historique de l'Ancien et du Nouveau Testament. J'y prenais un si grand plaisir, que je me réunissais à deux ou trois camarades, dans un coin du cimetière, pour le lire ensemble par manière de conférence : nous promettions même et donnions de petits prix à celui qui racontait bien une histoire quelconque.

« Quelque temps après, vint demeurer avec nous mon

grand-père paternel : il passait tout son temps à lire, en français, en allemand, tout ce qu'il trouvait de livres à la maison, tout ce que lui prêtait le curé, histoire de l'Ancien et du Nouveau Testament, histoire romaine, vies des saints ; il me racontait volontiers ce qu'il avait lu. Cette circonstance me facilita singulièrement les premières études du latin : quand il fallut traduire l'*Epitome* de l'histoire sainte, et les *Hommes illustres de la ville de Rome*, je retrouvai presque partout les histoires de mon grand-père, que je savais par cœur.

« Ce qui éveilla chez moi un désir extrême d'étudier, ce fut un décret de Bonaparte, qui promettait à chaque famille de sept fils d'en mettre un dans un lycée ou dans une école d'arts et métiers. Trois familles se trouvaient dans ce cas à Langatte : je transcrivis les actes qu'il fallait à mes camarades qui devaient jouir de ce privilége ; je regrettais vivement de n'avoir pas le même bonheur. A la fin, mon père, qui était veuf, dit à mon curé et parrain qu'il fallait absolument trouver moyen de me faire étudier, autrement je mourrais de chagrin. »

Nicolas Rohrbacher avait raison : son fils n'annonçait guère de disposition pour un métier vulgaire. Tout jeune, raconte un de ses biographes[1], il aimait la promenade solitaire au milieu des bois ; il s'en allait souvent, un livre sous le bras, tantôt lisant, tantôt ruminant, se délectant à cet exercice si plein d'attrait pour les âmes fortes. D'aventure, il trouva un vieux chêne, poussé sur un sol rocailleux, dont les racines capricieuses avaient formé, par leurs saillies et leurs croisements, des fauteuils singu-

---

[1] Fèvre, *op. cit.*, p. 74.

liers. Une pierre, placée à propos, fit office de bourrelet élastique; quelques poignées de mousse tinrent lieu de velours. Sur ce siége rustique, le jeune Rohrbacher, grave comme un patricien de Rome, lisait ou plutôt dévorait les livres, même les plus ennuyeux comme celui de Tillemont, empruntés à la bibliothèque de son parrain.

Un jour, son père, le voyant revenir de sa laborieuse promenade, se prit à se dire : « Voici mon hibou! » Ce mot pittoresque exprimait, sous certain rapport, la vérité. Rohrbacher, en effet, n'aimait pas le monde, il lui opposait même une certaine rudesse, légèrement affectée : il ne se plaisait que dans la solitude, avec les livres, sans avoir, du reste, la voix gémissante, ni l'humeur chagrine de l'oiseau nocturne. Au contraire, après avoir épuisé sa force au travail, il se délassait comme un gai compère et un conteur amusant. Nous aurons l'occasion d'en citer plus d'un trait charmant.

Cet amour du travail et ces promenades studieuses lui donnèrent en même temps un singulier amour pour le pays natal. Par un phénomène qu'on trouve chez toutes les natures analogues, le cadre où s'est écoulée une enfance laborieuse s'unit si bien, dans les souvenirs, aux impressions des premières études, qu'on y revient toujours, même à longs intervalles, comme chez soi. Le biographe des dernières années de Rohrbacher en cite un trait curieux, qu'on ne saurait lire sans s'émouvoir avec un sourire.

Rohrbacher, dit-il [1], prenait ordinairement trois jours de vacances; il les consacrait aux trois personnes de la Sainte Trinité, et les prenait ordinairement à Langatte, au

---

[1] Fèvre, *op. cit.*, p. 74.

sein de sa famille, qu'il aimait de la plus tendre affection. En passant dans son humble village, il aimait à serrer la main des amis d'enfance, à visiter les bois, confidents de ses premières pensées; à raviver, dans son âme, le souvenir poétique et pieux du sol natal. Puis, il reprenait au plus vite la route de Nancy, se disant que la vie est donnée à l'homme pour le travail; que la mort sera le dernier acte de notre sacrifice; que le repos nous est réservé au sein du sépulcre, ou plutôt dans le sein de Dieu.

Mais reprenons le récit de Rohrbacher. Aussi bien, rien, à mon sens, ne remplacerait la bonhomie, fine et simple, de cette autobiographie, que son humilité porta l'auteur à supprimer, dans les éditions postérieures à 1847 :

III

« C'était en 1804 : il n'y avait encore ni petit séminaire ni école ecclésiastique; cependant, grâce à la divine Providence, je pus étudier cinq mois à un petit collége, à Sarrebourg, puis huit ou neuf mois au collége de Phalsbourg, et j'avais fini ce qu'on appelle les classes d'humanités, à l'âge de dix-sept ans.

« Je restai encore trois ans au collége, comme professeur ou maître d'étude, quelquefois l'un et l'autre, continuant à lire et à étudier. Il s'y trouvait un fort savant homme de Suède, M. Rosen, réfugié politique, qui enseignait à qui voulait les éléments de beaucoup de sciences, entre autres la botanique, le grec et l'hébreu. Je profitai de sa bonne volonté.

« Comme j'aspirais à être prêtre, je lisais des cours de philosophie et de théologie, avec d'autres écrits en faveur des bonnes doctrines. Je parcourus toute l'*Année littéraire* de Fréron, pour bien connaître la littérature de son époque, et aussi parce qu'on m'avait dit que c'était la meilleure école pour se former le goût. Mais je lus avec ravissement le *Génie du Christianisme* de Chateaubriand, qui venait de paraître, puis ses *Martyrs*. Pendant les vacances, à la tendue, au milieu des bois, je lisais encore, assis au pied d'un chêne, dont les racines, contournant le tronc, formaient un siége tapissé de mousse : c'est là que je fis connaissance avec l'*Histoire des Empereurs* de Tillemont et son *Histoire de l'Église*.

« Non-seulement le curé de Langatte, mon parrain, me prêtait des livres, mais encore le curé de Sarrebourg, M. Georgel, et le curé de Hoff, M. Uhrich, deux prêtres savants et exemplaires, qui avaient montré une fidélité à toute épreuve pendant la Révolution. Non contents de me prêter leurs livres, ils y ajoutaient d'excellents conseils pour bien diriger mes lectures et mes études. L'abbé Uhrich fut le premier à me signaler les altérations que les préjugés gallicans ont fait commettre dans l'histoire : dès lors, je me trouvais dans le cas de contredire mon parrain en plusieurs choses. »

Je m'attarde complaisamment à ces détails : ils forment, à mon sens, la plus lumineuse exposition d'une genèse dont nous ne tarderons pas à admirer le fruit, et, quand je vois, entre les mains du jeune Alsacien, Chateaubriand alternant avec les œuvres des deux autres précurseurs de Lamennais, de Maistre et de Bonald, je m'arrête volontiers devant ce chêne au pied duquel lit et médite leur futur héritier, saluant en ces trois grands hommes, à qui l'Église de France doit l'aurore de sa rénovation, les pères intellectuels de celui qui, nourri de leurs œuvres dès sa plus tendre adolescence, y puisa le goût, les initiations et la passion généreuse de ses futures revendications contre la grande conspiration historique dirigée par l'erreur contre l'Église.

On allait vite à cette époque. Tant de vides étaient béants au sein de la France! Les églises, en se rouvrant de toute part, appelaient à grands cris de nouveaux pasteurs, et, sur bien des points, les petits enfants, dont parle Jérémie, ne trouvaient personne pour leur rompre le pain qu'ils demandaient.

Vainement, les deux frères Lamennais adjuraient les pasteurs des diocèses, les suppliant de ne point se hâter :

— La disette de ministres, écrivent-ils dans leurs éloquentes *Réflexions sur l'état de l'Église en France*, pourrait peut-être engager quelquefois à abréger le temps des études et des épreuves; ce qui aurait des inconvénients très-graves... Aucune considération ne doit porter à se départir des règles si sagement établies par l'Église; car enfin, c'est moins encore de prêtres que de prêtres tout ensemble zélés et éclairés qu'on a besoin!

Les voltairiens, jaloux de voir se reformer les cadres ecclésiastiques, utilisaient volontiers cet argument, tiré de l'incapacité notoire de quelques ordinands trop hâtivement façonnés, et, comme l'observe justement Mgr Fèvre, c'est alors que fut inventé l'éteignoir dont les caricaturistes de haut goût aiment à coiffer la tête des prêtres.

Pris à partie à ce sujet et à bout d'arguments, un évêque d'alors crut trancher la difficulté par un aveu, d'ailleurs plus spirituel que juste :

— C'est vrai, j'en conviens, mes curés sont des ignorants; mais il vaut mieux encore labourer ses terres avec des ânes, que de les laisser en friche.

« De 1810 à 1812, époque à laquelle eurent lieu les premières ordinations, les évêques n'avaient plus, pour le service des paroisses, que quelques rares confesseurs qui avaient blanchi en exil et d'autres prêtres qui avaient plus ou moins failli pendant la Révolution. Ces prêtres trop âgés, quelquefois trop peu exemplaires, étaient souvent chargés de trois ou quatre églises : leur vie était plutôt la vie errante du missionnaire, que la vie stable, pieuse et réfléchie, du pasteur des âmes. Au moment où l'on songea à recréer des séminaires les vieux curés choisirent, parmi leurs paroissiens, les jeunes gens que la maturité de l'âge et l'intégrité de la conduite paraissaient destiner au sacerdoce. Ces jeunes gens furent stylés au latin en très-peu de temps, et après cinq, six, sept ans d'études en moyenne, élevés au sacerdoce. L'étude des lettres et de la théologie exige aujourd'hui un temps double. Mais il ne faut pas oublier que ces jeunes gens, plus avancés en âge que les étudiants d'aujourd'hui, travaillaient avec plus d'ardeur, comprenaient plus vite et avaient à examiner moins de sciences accessoires et de questions oiseuses. Pour ces populations qui, pendant les dix années de la Révolution, avaient été privées de toute culture morale ; qui, pendant dix autres années, avaient reçu peu d'instruction religieuse, ces jeunes prêtres avaient donc toute la science suffisante. Leur ordination était la meilleure fortune de l'avenir. D'ailleurs, si leur promotion avait été précipitée, rien ne les empêchait de suppléer, par des études particulières, à ce qui pouvait leur manquer. Enfin, on nous permettra de dire que, parmi ces ânes de 1812, figurent le cardinal Gousset, Gerbet, Salinis, Parisis, Lamennais, Guéranger, Sibour, Donnet et des centaines d'autres prêtres illustres, qui sont les vrais Pères de nos églises restaurées[1]. »

Rohrbacher fut de cette pléiade, et, de bonne heure, malgré la hâte de son ordination et la précipitation de ses études théologiques, il montra de quel cœur ces jeunes vaillants savaient bâtir d'une main et combattre de l'autre sur les remparts démantelés d'Israël.

Laissons-le encore nous raconter lui-même, comment il s'y prenait pour cela :

IV

« J'approchais de l'âge de vingt ans, Napoléon se brouillait avec le Pape, la conscription enlevait à peu près tous les jeunes gens : dans cette position, je m'appliquai un peu à l'algèbre et à la géométrie, pour le cas où je dusse faire le métier des armes. Tout à coup, à la promenade, on m'apprit qu'un décret impérial exemptait ceux qui se destinaient à l'état ecclésiastique. J'allai, à Nancy, recevoir la tonsure des mains de Mgr d'Osmond, le vendredi saint 1809. J'entrai en théologie au grand séminaire en 1810...

« Au séminaire, je m'attachais particulièrement à M. Mi-

---

[1] Fèvre, op. cit., p. 6.

chel, professeur de dogme, supérieur du séminaire, ancien déporté de Rochefort, et qui est mort en 1843, curé de la cathédrale.

« Pour commencer, nous vîmes le traité de l'Église : c'était en 1810 et 1811, au plus fort de la persécution de Bonaparte contre Pie VII et l'Église romaine. On étudiait à fond ce traité capital, d'autant plus que d'un moment à l'autre on pouvait s'attendre à donner sa vie pour les vérités qu'on enseignait et qu'on étudiait.

« Nous avions pour directeur des exercices spirituels, d'abord l'abbé Donzey, ancien Jésuite, chanoine de Strasbourg, mais comme exilé à Nancy, par suite des tracasseries de l'évêque Saurine, vieux constitutionnel incorrigible, qui ne pouvait digérer les bons prêtres. Nous eûmes ensuite un moment l'abbé Recorbet, supérieur d'un petit séminaire de Lyon, exilé par Bonaparte dans le département de la Meurthe : la police impériale ne lui permit point de demeurer au séminaire. L'évêché ne savait trop par qui le remplacer, lorsque la congrégation de Saint-Sulpice lui demanda, pour elle-même, l'abbé Mansuy, vicaire à Verdun, ancien chirurgien militaire et médecin habile, mais devenu prêtre à Saint-Sulpice. Au lieu de l'envoyer à Paris, l'administration diocésaine le fit venir à Nancy. C'est lui qui me fit faire connaissance avec les ouvrages de MM. de Bonald, de Maistre, Marchetti, et autres semblables, tels que les premiers ouvrages anonymes de M. de Lamennais. »

On sait l'influence d'un maître, surtout quand il s'agit de la formation d'un prêtre, sur l'avenir intellectuel et moral d'un jeune homme. Si Rohrbacher a été un savant historien de l'Église et un théologien hors ligne, s'il a su revêtir son âme d'une vertu admirable, si son caractère est demeuré ferme et droit en un temps où des causes diverses devaient affadir tristement les virilités natives, c'est à ceux dont il vient de citer les noms qu'il le doit.

« Ces deux hommes, dit-il, Michel et Mansuy, ont été pour moi des amis et des conseillers, non-seulement au séminaire, mais encore après.

« Je demandai un jour au premier si e devais m'efforcer à devenir plus souple et plus acile; me répondit : « Non, car ce qui nous manque le plus, c'est la fermeté « dans le caractère! » Je suivis son conseil, plus tard contre lui-même; car je me suis trouvé dans le cas de le contredire, comme avant cela mon parrain, en particulier sur les changements qu'il se permit dans le bréviaire et le missel, contrairement aux règles de l'Église romaine. Quand nous nous étions disputés, je retournais dîner chez lui le lendemain, je le consultais sur un point d'histoire ou de doctrine, et il me faisait part de ses conseils et même de ses livres, ce qui était chez lui une marque extraordinaire de confiance et d'amitié. »

Une anecdote de son temps de séminaire va nous livrer le secret des méthodes auxquelles Rohrbacher dut cette singulière fermeté d'esprit et cette façon originale de féconder ses connaissances par la réflexion personnelle, qui caractérisent son œuvre. Il l'a narrée lui-même, en se mettant en scène bonnement, mais sans orgueil, comme il convient au vrai mérite, qui ne fait point consister l'humilité à se refuser les mérites qu'il possède.

« Pendant ma première année de théologie, dit-il, il y eut parmi les élèves de philosophie une discussion sur les moyens de concilier la bonté de Dieu avec l'éternité des peines. Comme ils en parlaient à la récréation et à la promenade, il me vint une série de considérations, qu'ils trouvèrent concluantes. La voici :

« — Dieu, étant infiniment bon, a dû vouloir procurer à l'homme son plus grand bonheur possible, et le lui procurer par les moyens les plus efficaces. Or, quel est le plus grand bonheur possible de l'homme? N'est-ce pas un bonheur mérité? Et, pour mériter, ne faut-il pas être libre? Donc, pour procurer à l'homme son plus grand bonheur possible, Dieu a dû le créer libre. Maintenant, quels sont les plus puissants motifs, et par là même les moyens les plus efficaces, que Dieu pouvait employer pour porter l'homme à faire un bon usage de son libre arbitre? N'est-ce pas de lui proposer, d'une part, un bonheur éternel à gagner, et, de l'autre, un malheur éternel à éviter? De là cette conclusion finale : Dieu est bon, donc il y a un enfer; Dieu est infiniment bon, donc il y a un enfer éternel. »

J'ai dit que Rohrbacher dut à ses excellents maîtres une vigoureuse trempe d'esprit et de méthode. Il leur dut mieux et plus encore. Grâce à eux, lorsque sa vertu sera exposée aux plus rudes assauts qu'un esprit comme le sien devait subir, il n'hésitera pas un instant à immoler son esprit et à marcher sur son cœur, en se séparant d'un maître en qui il avait aimé le génie le plus séduisant de son époque.

De cela, il n'en dit mot dans son autobiographie. Si nous le savons aujourd'hui, c'est parce qu'il l'avait confié à son journal, comme c'est l'usage dans les séminaires où les jeunes clercs aiment à noter leurs souvenirs de retraites, pour s'y retremper plus tard, en les relisant aux heures de l'épreuve. Les cahiers du séminariste vont nous révéler les délicatesses de cette âme vertueuse :

V

« Vous avez dit, mon divin Sauveur : *Si quis vult post me venire, abneget semetipsum, et tollat crucem suam quotidie, et sequatur me.* Oh! donnez-moi la force de me renier moi-même, de haïr et de crucifier ma chair, et faites-moi la grâce d'être fidèle aux résolutions suivantes, que je vous conjure de rendre efficaces par la vertu de votre croix :

« D'abord je mortifierai ma volonté par une stricte observance de tous les points de la règle, je rechercherai les occasions d'obéir aux autres, et, toutes les fois que je ne l'aurai pas fait ou que je le ferai avec difficulté, je dirai un *Pater* et un *Ave,* et je m'imposerai une pénitence corporelle;

« 2° Toutes les fois que je sentirai une envie naturelle et inquiète de faire quelque chose qui n'est pas commandé ou que je peux omettre, je ne le ferai pas; je tâcherai sans cesse de contrarier ma curiosité, mes répugnances et mes fantaisies;

« 3° A tous les repas, je mortifierai mon goût et mon appétit, en quelque manière que ce soit, me rappelant souvent ce verset : *Dederunt in escam meam fel, et in siti mea potaverunt me aceto;*

« 4° Toutes les premières fois que je m'éveillerai la nuit, je sortirai de mon lit, et, me prosternant à terre, je dirai : *O crux, ave,* etc., et je ferai quelque mortification corporelle.

« Pour pratiquer l'humilité, que je n'espère, ô mon Jésus! que de votre infinie miséricorde : 1° j'aurai toujours un grand soin qu'il n'y ait rien dans mon extérieur, ma démarche, mon ton, mes paroles, qui sente l'orgueil ou la vanité; 2° je ne dirai jamais rien à ma louange, soit directement, soit indirectement, et j'éviterai de parler de ma propre personne; 3° toutes les fois qu'il m'arrivera quelque humiliation, je dirai un *Pater* et un *Ave* pour celui qui me l'aura faite, et si j'en ai été fâché, j'en dirai deux et je m'imposerai de plus une pénitence; j'aurai une affection et des intentions particulières pour celui qui m'aura humilié...

« Et vous, mon Jésus crucifié, auteur et consommateur de ma foi, sans lequel je ne peux rien, qui m'avez tiré à vous par votre grâce, dès aujourd'hui, je veux mourir entièrement au péché et ne plus vivre pour moi, mais pour vous seul, ô mon divin Jésus! qui êtes mort pour moi. Ou plutôt, je ne veux plus vivre du tout, mais je veux, je désire, je vous demande instamment, par les douleurs de votre croix, que vous viviez seul en moi; je ne veux plus savoir que vous et votre croix : *Nihil scire nisi Jesum, et hunc crucifixum,* je ne veux plus rien apprendre, désirer, entreprendre, qu'avec vous et par vous, *ut, sive vigilemus, sive dormiamus, simul cum illo vivamus.* Seigneur Jésus, qui m'avez inspiré ces bonnes résolutions, faites-moi la grâce d'y être fidèle. Je veux vous suivre, *sequar te quocumque ieris,* non pas parce que je le veux ou par mes propres efforts, mais j'espère en votre ineffable miséricorde : *Non volentis neque currentis, sed miserentis est Dei.* »

Il écrivait cela, la veille de son entrée dans les Ordres

sacrés, qui eut lieu le 21 mars 1812. Il avait vingt-trois ans. Deux jours après, car on ordonnait vite à ce moment, il recevait le diaconat, et, le 21 septembre 1812, l'onction sainte l'enrôlait dans les rangs de cette milice sacerdotale dont il allait être l'honneur, la lumière et le serviteur.

Rien ne me semble beau, sous la rudesse apparente de la forme, comme les élans de cette âme forte, à la veille de devenir prêtre de Jésus-Christ.

« Au nom de la sainte Trinité, Père, Fils et Saint-Esprit, sous l'invocation de Marie, ma bonne mère, de mes saints patrons, de tous les saints prêtres, de mon saint ange et de tous les saints, le 15 septembre de l'an de grâce 1812, R.-F. R., diacre par la grâce, mais indigne pécheur par mon orgueil, ma vanité, ma jalousie, ma présomption, suis entré en retraite au séminaire de Nancy pour préparer, avec la grâce de mon Jésus, mon indignité inconcevable à la réception du sacerdoce.

« O mon Dieu! pénétrez-moi de la crainte de vos terribles jugements, afin que j'emploie bien ces précieux instants : *Confige timore tuo*. Brisez mon orgueil, videz mon cœur de moi-même, afin qu'il soit prêt à recevoir abondamment votre grâce, et que je n'aie plus d'autres pensées, d'autre désir, d'autre volonté que vous, mon Dieu, mon héritage, mon attente, ma seule confiance, mon tout. Sainte Vierge, et tous les saints, obtenez-moi cette grâce.

« O ma bonne et douce mère! on nous a parlé de votre bonté et de la dévotion que nous devons avoir envers vous. Je me consacre de nouveau à votre service. Je réciterai tous les jours de ma vie le Chapelet en votre honneur, et je ferai outre cela quelque bonne pratique pour l'amour de vous. O ma bonne mère! secourez-moi en ce moment; je dois être sacré prêtre, faites que je devienne bon prêtre, pour l'amour de Jésus et de vous, ou obtenez ma mort plutôt que d'être ordonné pour offenser Jésus et vous contrister. Je me remets entièrement entre vos mains pour mon ordination; secourez-moi, comme vous l'avez déjà fait si souvent. Je voue ma personne, ainsi que mon futur ministère, à votre sacré cœur et à celui de Jésus. Oh! souvenez-vous que jamais pécheur ne vous invoqua en vain. »

VI

Avant de suivre le jeune prêtre dans le champ du Seigneur, je voudrais tracer de lui un portrait, suffisant pour éclairer la suite de ce récit. Faute d'avoir bien compris cette nature, maintenant fixée par l'éducation cléricale dans un moule d'où elle ne sortira plus, on ne saurait avoir l'intelligence de la vie et des œuvres de l'abbé Rohrbacher. C'est pourquoi, en interrogeant ceux qui ont vécu avec lui et l'ont connu de plus près, j'essayerai de reconstituer, au moral, cette physionomie, où l'étrangeté ne nuit point, au contraire, à un charme d'une saveur originale que subissaient, à leur insu souvent, amis et même adversaires, du vivant de ce saint prêtre.

J'ai dit saint prêtre, en empruntant, pour l'affirmer, le témoignage d'un de ses élèves :

Pour mon humble part, dit-il [1], je comprends ceux qui

---

[1] Fèvre, *op. cit.*, p. 76.

disent que Rohrbacher fut un saint, et je le répète volontiers dans le sens du décret d'Urbain VIII. On a dit, il est vrai, qu'il était irascible; mais il n'eut jamais de colère que dans la défense de l'Église, et, s'il s'irrita, ce fut sans gravement pécher. On a dit encore qu'il fut entêté; oui, mais dans des idées qu'il croyait justes et plus conformes à la doctrine de l'Église. Au reste, la perfection ne consiste pas à venir au monde sans défauts; elle consiste à combattre ses mauvais penchants, à réparer ses fautes par la pénitence et à rester toujours droit dans ses intentions.

Il suffisait, pour reconnaître l'esprit de foi qui animait cette âme vraiment sacerdotale, de l'entendre chanter ou de lui voir fléchir le genou devant le tabernacle.

Sa manière de chanter, témoigne encore son ancien élève de Nancy, eût été singulière, si l'on n'avait connu sa foi robuste. Il développait sa voix avec une puissance telle qu'il y faisait passer tous ses poumons. C'était la voix de stentor renforcée, sous le volume de laquelle on sentait son âme voler à Dieu, en redoublant d'effort pour accélérer son vol. Cette manière eût offusqué un musicien classique; elle édifiait les vrais chrétiens, et ravivait la foi de ceux qui l'entendaient *prier son chant*.

Sa foi n'éclatait pas moins dans sa manière de faire la génuflexion. Tout son corps athlétique s'abaissait majestueusement et verticalement. Quand son genou touchait terre, sa tête vénérable se courbait humblement sur le corps immobile; puis il se relevait avec un effort d'un certain genre, qui inspirait à tous une édification réelle, mais difficile à peindre.

Que de fois, suivant une habitude familière aux âmes pieuses, n'entendait-on pas sortir de ses lèvres des élans, comme la jaculatoire de saint Augustin : *Ordina in me charitatem,* ou l'acclamation liturgique : *Soli Deo honor et gloria!*

Mais laissons un autre de ses disciples [1] raconter ses pieux souvenirs :

« L'abbé Rohrbacher était plus distingué encore par le caractère que par l'intelligence. C'était un homme d'une droiture, d'une loyauté, d'une sincérité d'esprit et de cœur vraiment admirables. Naturellement vif dans la discussion, parce qu'il avait des convictions profondes et très-arrêtées, et qu'il avait la conscience de ne chercher en toute chose que la gloire de Dieu et l'utilité de l'Église, il souffrait avec peine la contradiction, et sa nature rude et sincère s'échappait quelquefois en des expressions que son cœur désavouait ensuite, et que sa conscience, timorée comme celle d'un saint, se reprochait sévèrement. Souvent alors, pour se punir et s'humilier, il demandait pardon à celui qu'il craignait d'avoir offensé, et il faisait cela avec la simplicité d'un enfant. Nous avons été témoin nous-même de plus d'un fait de ce genre. Une fois entre autres, dans l'un de ces entretiens familiers, mais toujours sévères, qui terminaient chaque repas à Malestroit, s'étant animé plus que de coutume, il adressa à l'abbé Blanc, son interlocuteur, quelques paroles un peu vives. Lorsqu'à la fin du repas nous fûmes tous réunis, selon la coutume, à la chapelle, M. Rohrbacher, d'une voix émue, nous dit : « Messieurs, je vous demande pardon du scandale que je viens de vous donner; priez le bon Dieu de me pardonner et de me corriger. » Nous sortîmes tous émus, édifiés de tant

---

[1] Ch. Sainte-Foi, *Notice biographique et littéraire sur l'abbé Rohrbacher,* p. xi.

d'humilité et remplis d'admiration pour un homme qui savait si bien racheter les moindres fautes.

« Sous cette écorce rude et grossière, battait un cœur tendre, accessible à tous les nobles sentiments et aux affections les plus délicates, capable d'enthousiasme, généreux, dévoué, et d'une fidélité inaltérable. Sa piété vive et tendre éclatait surtout pendant le saint sacrifice de la messe ; bien souvent, après la consécration, son visage était baigné de larmes, et sa voix, mâle et forte, affaiblie par les sanglots.

« Après Notre-Seigneur Jésus-Christ et la Sainte Vierge, il n'aimait rien autant que saint Pierre ; on le voyait s'animer quand il parlait de lui et des prérogatives que Notre-Seigneur lui a accordées, et lorsque, le dimanche, au salut, il entonnait l'antienne : *Tu es Petrus,* qu'on avait coutume d'y chanter, son visage s'enflammait, et sa voix prenait une étendue, une puissance et un accent inaccoutumés. Jamais aucun chrétien ne fut plus docile, plus tendrement soumis au Saint-Siége, et ceux qui, après les deux Encycliques de Grégoire XVI, lesquelles condamnèrent les doctrines politiques et philosophiques de son maître, ont osé soupçonner sa sincérité et l'ont accusé d'avoir mis quelque restriction dans son obéissance, ne connaissaient ni sa haute vertu, ni la droiture de son caractère. Un mot du Pape lui aurait suffi pour lui faire rétracter ses opinions les plus chères, et si, après les deux Encycliques, il a paru favoriser, dans son *Histoire,* avec trop d'ardeur peut-être, certaines doctrines qui semblaient se rapprocher de celles que le Pape avait signalées, c'est qu'il les entendait dans un sens bien différent de celui que le Saint-Siége avait en vue, et qu'il les croyait propres à relever ou à confirmer les prérogatives du vicaire de Jésus-Christ.

« Le sentiment du juste était singulièrement développé en lui. La moindre injustice le révoltait, et, quand une cause qui lui paraissait bonne et légitime était opprimée, il s'y attachait avec l'ardeur et l'opiniâtreté de son caractère. »

C'est Louis Veuillot qui a le mieux saisi la profonde humilité de ce prêtre, en qui l'illustre publiciste aimait encore plus le prêtre que l'historien, et c'est dire beaucoup.

« L'abbé Rohrbacher cachait sa vie; le petit nombre de ceux qui l'ont vu dans sa cellule, encombrée de livres, croiront, en lisant son testament, le revoir et l'entendre tel qu'il leur apparaissait, rude d'aspect, doux de cœur, franc de langage, plein de foi, de courage et d'humilité. Il était au même degré laborieux, savant et désintéressé, ne demandant à ses travaux que d'atteindre le but pour lequel il les entreprenait, c'est-à-dire le triomphe de la vérité, la gloire de Dieu et de son Église, profondément indifférent pour lui-même à la fortune et à la célébrité. Les profits qu'il a tirés de ses livres ont été consacrés partie à l'éducation de ses neveux et nièces, dont il était l'unique appui et qu'il a établis suivant l'humilité de leur condition première, partie à d'autres bonnes œuvres. Pour lui-même, il s'était réduit au nécessaire d'un prêtre qui aime la sainte pauvreté. Quant aux distinctions, il n'en a reçu ni songé à en désirer d'aucune sorte. C'est par un hasard dont il fut prodigieusement étonné que cet homme, qui savait parfaitement l'hébreu, le grec, le latin et l'allemand, qui avait écrit de savants opuscules de philosophie et qui venait d'élever ce beau monument de l'*Histoire universelle de l'Église,* unique dans notre littérature, se trouva un jour membre d'une Académie portugaise. La seule chose qu'il ambitionnât et qui pût le toucher était d'apprendre qu'on lisait son *Histoire* au réfectoire dans quelque séminaire ou communauté religieuse; et, certes, ce n'était pas l'amour-propre de l'auteur qui se réjouissait alors, mais le cœur du prêtre dévoué à la sainte Église catholique, apostolique, romaine [1]. »

VII

Achevons ce portrait par quelques traits qui peignent le caractère en même temps que la vertu de Rohrbacher, car, ainsi qu'il le rappelait volontiers lui-même, la grâce ne détruit pas la nature, elle la perfectionne et l'ennoblit, mais elle la suppose.

Dans les Cent-Jours, on craignait, pour les prêtres, de nouvelles persécutions. Rohrbacher, qui les attendait sans les craindre, s'en alla, un jour, chez un marchand, faire acquisition de quelques aunes du drap le plus beau et le plus fin, pour la confection d'une soutane. Comme Rohrbacher n'était pas en réputation d'ecclésiastique ami du luxe, le marchand s'étonna tout haut de cette acquisition.

— C'est, répondit Rohrbacher, que nous allons être martyrs, je veux monter à l'échafaud en bel habit; ce sera, pour moi, jour de grande fête!

---

[1] Louis VEUILLOT, *Univers.*

« Pour payer ladite soutane, Rohrbacher remit sa bourse au marchand. Celui-ci s'en étonnait. Alors, le regardant avec un coup d'œil profond :

« — Je sais, dit Rohrbacher, que vous êtes bon chrétien. Payez-vous. J'ai confiance entière dans les bons chrétiens.

« La Providence lui épargna l'échafaud, et lui offrit, en échange, un autre dévouement. En 1814, les armées avaient apporté le typhus en France. Rohrbacher se mit au service des victimes de l'épidémie, gagna ce mal contagieux, et fut jugé assez malade pour être admis aux derniers sacrements.

« En partant pour Paris, il vendit son mobilier de vicaire six louis sonnants, qu'il donna à l'hospice des vieillards à Lunéville. Il gagna la capitale avec quelques écus que lui avait fait parvenir Lamennais; et, sans doute, il avait usé la belle soutane. On ne pouvait s'engager plus à *l'apostolique* [1]. »

---

[1] Fèvre, *op. cit.*, p. 76

II

PREMIERS DÉBUTS.

Sommaire. — Au sortir du séminaire. — Vicaire à Lunéville. — Vie d'études au milieu des travaux du ministère. — Les trois influences. — En police correctionnelle. — Qu'est-ce qu'un Juif? — Le prône sur la Providence. — Comment il débuta dans la vie de missionnaire. — Son portrait à cette époque. — Un nouveau juron. — La politique en chaire. — Méthodes. — Les anecdotes sur Marc-Aurèle. — Nouveau portrait. — Deux confrères lorrains. — Rohrbacher cherche sa voie. — Ce qu'il lui fallait.

« Comme le diocèse de Nancy comprenait trois départements, et que les prêtres y étaient rares, on nous ordonnait le plus vite qu'on pouvait. Un de mes condisciples, au sortir du séminaire, eut jusqu'à onze clochers à desservir. »

Ce renseignement, noté par Rohrbacher, explique comment, huit jours seulement après son ordination, à peine âgé de vingt-trois ans, il fut nommé vicaire dans la paroisse d'Insming, préposé à la direction d'une école ecclésiastique, succursale du petit séminaire de Nancy pour la partie allemande du diocèse, et en même temps chargé de desservir, le dimanche, une paroisse mixte du voisinage.

Au bout de six mois, on l'enlève à son premier ministère pour l'envoyer vicaire à Lunéville, où il restera neuf ans et demi, chargé, en outre du labeur paroissial, de desservir l'hôpital civil et militaire de cette ville importante.

Comment, au milieu de ces travaux, si peu favorables à la vie d'étude, où les heures sont dévorées par des devoirs, où l'imprévu surtout est une cause incessante de distractions, comment le jeune prêtre trouvera-t-il le temps et le moyen de poursuivre sa vocation studieuse?

Il nous le raconte avec une admirable simplicité :

« Malgré tant d'occupations, il me restait encore du temps pour lire et étudier. Ce qui me manquait, c'était un but précis, un plan d'ensemble, où rapporter mes lectures, réflexions, passées, présentes et futures. Je cherchais bien, mais vaguement, à mettre plus d'ensemble, une unité plus nette dans mes connaissances et entre les ouvrages que je lisais le plus, Chateaubriand, Bonald, de Maistre, Bossuet, Fénelon, Belcastel. »

J'ai déjà dit que les trois premiers furent comme les pères intellectuels de Rohrbacher : Chateaubriand, par son initiative courageuse en faveur du génie de la religion catholique dans ses rapports avec les arts, les sciences, les lettres, les mœurs, tout ce qu'aime et tout ce qui grandit l'humanité ; de Bonald, avec l'élévation et l'originalité de ses pensées, parfois subtiles, compliquées, mais déduites comme un vaste filet d'arguments, où l'adversaire se trouve enfermé sans une issue possible ; de Maistre, avec ses affirmations qui foudroient, ses ironies qui percent, ses invectives d'une éloquence entraînante.

Pour peu qu'on ait pratiqué l'œuvre de Rohrbacher, on aura reconnu, dans sa manière, l'influence de ces trois grands initiateurs de la renaissance catholique au dix-neuvième siècle.

De Maistre surtout exerçait sur le jeune vicaire une étrange séduction. Déjà porté, par son propre naturel, à aiguiser la pointe, quand il croit tenir l'adversaire au bout de sa lance, il apprend du spirituel jouteur à manier le fer qui perce à l'endroit vulnérable et trouve le défaut de la cuirasse.

Un dimanche, c'est à son tour de prêcher, et le plan, adopté d'un accord commun avec ses confrères de la paroisse, l'amène à traiter de la divinité de Jésus-Christ. Préoccupé de trouver une façon neuve de présenter des arguments connus, le voilà qui, sortant de l'ornière convenue, entame bravement la discussion sur ce thème nouveau :

— Jésus-Christ est un Juif crucifié, et nous adorons Jésus-Christ !

Ses confrères et ses auditeurs lèvent la tête, surpris et curieux de voir comment il va développer son argumentation. Sans se laisser le moins du monde décontenancer, il poursuit sa pointe en avant, et, après avoir répété sa majeure, il entame le syllogisme.

— Or, fait-il, qu'est-ce qu'un Juif ? Un Juif, c'est un escroc, un voleur, un usurier et le reste.

Il y avait des Juifs à Lunéville, il y en avait dans l'auditoire. Peu flattés de la définition, ceux-ci sortent de l'église et s'en vont trouver leurs coreligionnaires. Les esprits s'échauffent. Bref, quand il descendit de chaire, Rohrbacher apprit que les Juifs de l'endroit lui intentaient un procès en diffamation.

L'abbé n'était pas homme à se troubler pour si peu. Il reçut l'assignation avec un calme superbe, signa tranquillement décharge à l'huissier qui lui avait lu son instrument avec quelque émotion, et, au jour dit, il arrive à l'audience, le manuscrit de son sermon dans la poche et un gros dictionnaire sous le bras.

Quand ce fut son tour, il se leva gravement et lut sans sourciller le passage incriminé. Les Juifs murmurent, et leur avocat se frotte joyeusement les mains, en entendant la lecture.

— *Habemus confitentem reum!* fait-il en souriant à ses clients, qui ne paraissaient pas aussi satisfaits que lui, d'autant que l'abbé, quittant son cahier, a pris en main le gros dictionnaire de l'Académie, dernière édition, et, l'ouvrant au mot Juif, lit l'article, où il est dit :

— Juif : Celui qui prête à usure ou qui vend extrêmement cher, et en général quiconque cherche à gagner de l'argent par des moyens sordides et injustes. — C'est un Juif, un vrai Juif : il m'a prêté à quinze pour cent. — C'est l'usurier le plus Juif, disait Lesage. — J'aimerais mieux cent fois, dit une héroïne d'Allainville, avoir traité avec feu mon mari, tout Juif qu'il était : elle m'a vendu de l'argent au poids de l'or.

Sa lecture du dictionnaire finie, l'accusé regarda finement ses juges et fièrement ses accusateurs, qui n'avaient pas décoléré, et leur avocat qui ne riait plus.

Après quoi, Rohrbacher ne fut convaincu que d'avoir parlé français, méfait dont il n'était pas coutumier, disent les mauvaises langues, et pour ce crime, d'ailleurs rare, il n'encourut du tribunal aucune condamnation.

A Bossuet, le jeune et studieux vicaire empruntait peu à peu une habitude de voir les choses de haut, en les généralisant.

« Témoin, dit-il, depuis 1789, de tant de révolutions en

France, je considérais quelles pouvaient être les vues de la Providence en ceci. J'exposai quelques-unes de ces considérations dans un prône qui fut imprimé à Lunéville, et récompensé à Metz. »

Ce prône est singulier, dans le plan comme dans les développements. Il débute par une comparaison tout à fait originale entre le monde, que le prôniste appelle l'atelier de la Providence, et une boutique de serrurier. Là-dessus, il donne, des outils de la profession, une énumération à rendre jaloux saint Éloi [1].

---

[1] Rohrbacher mêle ses bizarreries à des considérations vraiment frappantes : « Lorsque, à la fin du dix-huitième siècle, la Révolution « française égorgeait les évêques et les prêtres fidèles, ou qu'elle les « bannissait sur la terre étrangère, elle ne s'attendait guère à réveil- « ler le catholicisme en France et à l'étendre ailleurs. Tel est pour- « tant le résultat final de ses persécutions. Tertullien disait dans le « troisième siècle : Le sang des chrétiens est une semence de chré- « tiens nouveaux. Il en est encore de même dans ces derniers temps : « le sang et les souffrances du clergé français ont été pour l'Église « catholique une semence féconde de nouveaux enfants, et même de « nouveaux apôtres. A la vue de tant de foi et de tant de patience, le « schisme, l'hérésie, l'incrédulité même, se sont senti des entrailles. « Chassés de leur patrie, les prêtres français ont trouvé chez l'étranger « une hospitalité généreuse. La compassion pour leurs maux a donné « lieu aux protestants de déposer bien des préventions haineuses « et de s'attirer bien des grâces divines. Cela est particulièrement « vrai de l'Angleterre, qui s'est montrée plus généreuse qu'aucune « autre nation. En voyant de plus près les évêques et les prêtres « catholiques, en leur entendant expliquer à eux-mêmes la foi pour « laquelle ils souffraient, les Anglais sont revenus de bien des pré- « jugés. »

Ici, la manière de Rohrbacher réclame ses droits, et il se met à raconter, après une facile transition, l'amusante anecdote que voici : « Ces préjugés étaient quelquefois bien étranges, surtout « dans le peuple. Ainsi, la femme d'un artisan de Londres, touchée « de compassion, donnait l'hospitalité à un ecclésiastique émigré de « France. Après quelques jours, deux petits enfants de la maison

Les originalités abonderont plus tard dans le grand œuvre du futur historien, elles abondaient dès lors dans ses ser-

« s'approchèrent familièrement du prêtre, qui leur fit beaucoup de
« caresses Leur mère, cependant, qui était à quelques pas, regardait
« avec une anxiété inexprimable, faisant signe aux enfants de s'éloi-
« gner. Le lendemain, elle découvrit naïvement au prêtre français la
« cause secrète de ses transes — Depuis que vous êtes chez nous,
« lui dit-elle, je vois bien que vous êtes un brave homme; mais on
« nous a dit tant de choses contre les catholiques! On nous a dit,
« entre autres, que les prêtres catholiques avaient le secret d'attirer
« les petits enfants, et cela pour les manger! Aussi bien, quand j'ai
« vu mes deux petits s'approcher de vous, j'étais dans un état qu'on
« ne saurait dire. Je tremblais pour eux, et cependant je n'osais
« vous faire de la peine. Je vois bien que c'est encore une calomnie. »

En racontant cette histoire dans son grand ouvrage, l'abbé Rohrbacher la confirma par un autre fait, qu'il narre fort agréablement, après la transition traditionnelle : « Qu'il pût y avoir des préjugés
« de cette force dans le peuple anglais, nous l'apprîmes encore, en
« 1829, d'un jeune Anglais qui n'était pas du peuple, et qui venait
« d'arriver en France. Il nous dit que, quand il communiqua à sa
« famille son projet de voyage, son père, sa mère, sa sœur lui
« témoignaient les plus vives appréhensions, lui répétant que les
« prêtres papistes, qu'il ne manquerait pas de rencontrer, avaient
« l'art d'ensorceler les gens et de les attirer au papisme malgré eux.
« Il leur promit d'être bien sur ses gardes et de revenir aussi bon
« protestant qu'il allait partir. Et de fait, débarqué à Lorient, sa
« principale attention fut d'éviter la rencontre d'un prêtre. Mais le
« hasard voulut que, dans l'hôtel où il s'adressa, il n'y eut plus de
« disponible qu'une chambre à deux lits, dont l'un était justement
« occupé par un prêtre catholique. L'embarras du jeune homme fut
« extrême. Toutefois il s'arma de courage. En se couchant, il mit
« deux pistolets chargés sous son chevet, passa la nuit sans fermer
« l'œil, résolu de tirer sur le prêtre, s'il s'avisait de venir de son
« côté. Cependant, le prêtre dormit profondément toute la nuit, et
« le jeune homme eut le temps de s'apercevoir que ses craintes
« étaient mal fondées. Au bout de quelques mois, ses craintes étaient
« tellement diminuées, qu'il alla demeurer chez un ecclésiastique
« de notre connaissance, qui l'instruisit dans la foi catholique et
« reçut son abjuration. C'est de la bouche même du jeune homme
« que nous tenons ce récit. »

mons, témoin le jour où, prêchant sur la femme, il en donna cette définition, pour laquelle j'implore l'indulgence de mes lectrices :

— La femme, c'est un fumier couvert de neige !

Rohrbacher aimait la vie de communauté.

« Ce qui me plaisait surtout à Lunéville, dit-il, c'est que curé et vicaires nous demeurions ensemble et avions la même table. Pendant les repas, on lisait les journaux, l'*Ami de la religion*, la *Quotidienne*, le *Conservateur*, le *Défenseur*, etc. »

Cette existence en commun, si conforme d'ailleurs à l'esprit de l'Église dans la direction des clercs, l'attira toujours, et cet attrait favorisa singulièrement le choix des différentes étapes de son existence, en particulier celle qui allait le faire sortir du ministère paroissial pour l'amener à la vie plus accidentée de l'apôtre nomade. Il en a raconté l'origine :

« J'étais encore à Lunéville, dit-il, lorsqu'un curé du diocèse vint me proposer de faire une mission dans sa paroisse avec quelques autres confrères. Jamais nous n'avions vu ni fait de missions. Nous ne les connaissions que par ouï-dire et par des lectures. Grâce à Dieu, notre premier essai réussit : c'était en 1821, dans la paroisse de Flavigny, où vécut le savant Bénédictin dom Cellier. Mgr d'Osmond vint y prêcher et donner la bénédiction. »

Entré en 1821 chez les missionnaires diocésains, Rohrbacher devint, en 1823, leur supérieur, et remplit ces fonctions jusqu'en 1826.

« A la rentrée des Bourbons, les abbés Janson et Rauzan, instruits par expérience des besoins du ministère pastoral, avaient mis à exécution le projet d'une société de missionnaires qui iraient, dans les paroisses, au secours des curés.

Le secours ordinaire qu'ils devaient prêter consistait surtout en retraites annuelles de huit ou quinze jours. En tout état de cause, une retraite est, pour une ville et aussi pour un village, une bonne nouvelle : la nouveauté des figures, le talent des prédicateurs, la fréquence des instructions, la multitude des œuvres pies, les confessions surtout, impriment, en un laps de temps très-court, un mouvement décisif de régénération. A cette époque, ces retraites, coïncidant avec la réaction antirévolutionnaire à laquelle prirent part tous les bons esprits, et s'appliquant à des populations qui avaient gardé, dans leur pauvreté morale, une grande simplicité de mœurs, étaient un trait de génie. Pour donner ces retraites, il fallait former des sociétés de missionnaires, et cela se fit d'emblée dans tous les diocèses. Par le sentiment éclairé et apostolique des besoins du temps, on vit se réunir partout ce que les dernières ordinations avaient donné de plus intelligent, de plus fervent et de plus énergique. Rohrbacher, qui avait, comme vicaire, un cœur à l'unisson de toutes les grandes choses, donna son nom et sa personne à la société de Nancy. Ce fut, je suppose, une de ses meilleures têtes.

« L'abbé Rohrbacher avait, en effet, toutes les qualités et vertus du parfait missionnaire. Pour réussir dans ces prédications, surtout près des auditoires ruraux, il faut, outre un plan exactement concerté de prières, d'œuvres de pénitence et de confessions, deux choses du plus rare mérite : une netteté d'idées traduite par des expressions à l'emporte-pièce qui restent, au fond des cœurs, comme l'expression vivante et criante de la vérité, une délicatesse de sentiments qui, par leur sincérité profonde, enlèvent tous les cœurs. Rohrbacher possédait, dans une large mesure, ces deux qualités. Sous la rudesse de l'écorce, il unissait la tendresse et l'énergie; il épanchait à flots l'eau vive qui jaillit, suivant l'admirable expression du Sauveur, jusqu'à la vie éternelle. Pour la parole, il était, par excellence, l'orateur populaire qui ne se soucie ni de l'Académie, ni du Portique, ni de l'Aréopage, mais qui sait donner le coup de boutoir, et enlever le morceau. Dans ses entretiens et dans ses sermons solennels, vous retrouvez, par-ci par-là, des phrases baroques que le dictionnaire n'approuve pas, et que n'approuverait pas non plus un qualificateur de l'Index. C'étaient des coups de lance que portait l'orateur, sauf à s'expliquer après, en toute exactitude, et à verser l'huile dans la plaie avec la tendre charité du bon Samaritain[1]. »

Le missionnaire, grâce à sa nature tout à la fois tendre et rude, opérait des merveilles. Les gens de la campagne aimaient cette parole semée de traits d'originalité, comme nous en avons déjà cité plusieurs. On raconte encore, à Nancy, le succès prodigieux de son sermon sur le blasphème, où, pour répondre aux charretiers qui prétendaient que leurs chevaux ne sauraient obéir s'ils n'entendaient plus éclater, à côté d'un coup de fouet vigoureux, un juron retentissant, il s'écria :

— Eh! mes amis, je le veux, mais ne jurez plus le saint nom de Dieu, jurez le mien!

Et, à partir de ce moment, sur tous les chemins de la Lorraine, on n'entendait plus retentir que des *Rohrbacher* tellement énergiques que les chevaux, pris de peur, couraient à perdre haleine.

[1] Fèvre, *op. cit.*, p. 6.

Un de ses disciples l'a raconté :

« Rohrbacher, missionnaire, puisait dans sa piété toute son éloquence, et sa parole, empreinte de la grâce divine qui remplissait son cœur, avait une force à laquelle ne résistaient pas les bons habitants de la Lorraine et qui produisait en eux des fruits abondants de bénédiction et de salut. Il avait de ces succès qui réjouissent le cœur du prêtre sans nourrir sa vanité, parce qu'ils sont le témoignage de l'efficacité de la grâce plutôt que du pouvoir de la parole humaine. Souvent, lorsqu'il descendait de chaire, ses auditeurs, émus par ses discours, se pressaient autour de lui, hommes, femmes et enfants, afin de lui baiser les mains. Il pouvait à peine s'arracher à cette foule, dont le pieux empressement alarmait à la fois son humilité et son extrême modestie, et quelquefois il rejetait ces témoignages de reconnaissance et d'admiration avec une rudesse qui n'échappait point à ses confrères et dont le souvenir égayait ordinairement le repas du soir [1]. »

Mes lecteurs savent ce qu'on a reproché aux missions de MM. de Forbin-Janson et Rauzan. « Œuvre de zèle et de talent, écrit M. Foisset, malencontreusement et maladroitement compromise par un imprudent mélange de la propagande politique à l'apostolat [2]. »

Lacordaire va plus loin. Dans son oraison funèbre du principal fondateur de cette œuvre, le grand orateur n'a pas craint de dire, du haut de la chaire : « Ils appelaient le peuple à des chants qui n'exprimaient pas seulement les espérances de l'éternité, mais encore celles de la politique profane. Puis, dans leurs prédications, l'excès du

---

[1] Ch. Sainte-Foi, *op. cit.*, p. viii.
[2] *Vie du P. Lacordaire*, t. 1er, p. 79.

sentiment suppléait à la faiblesse de la doctrine, et ils s'attaquaient moins au cœur qu'à l'imagination[1]. »

Rohrbacher devina d'instinct le péril, et le jeune missionnaire alla au-devant de l'objection, ainsi qu'il le raconte lui-même avec sa bonhomie accoutumée :

« On forma, dit-il, une réunion de missionnaires ou prêtres auxiliaires à Nancy. Ils faisaient des missions à la campagne et dans les petites villes, aux époques les plus commodes pour les habitants. Ce ministère me fit mieux comprendre bien des faits de l'histoire de l'Église et des saints.

« Jamais, continua-t-il, il n'était question de politique. Aux personnes qui nous conseillaient le contraire, nous répondîmes : — Notre but est de faire de bons chrétiens, avec cela ils seront assez bons Français et assez bons royalistes. Aussi n'éprouvâmes-nous jamais de difficultés à ce sujet. »

Puis, le bon missionnaire raconte les bons procédés auxquels il attribue ses succès apostoliques :

« Suivant la méthode de M. Moye, ancien missionnaire en Lorraine et en Chine, outre les instructions publiques à l'église, communes à tout le monde, nous en faisions de particulières à toutes les classes d'habitants, hommes, femmes, filles, garçons, en des salles ou chapelles et à des heures convenables. Là, on apprenait les cantiques, on répétait les instructions faites à l'église, on entrait dans les détails particuliers à chaque âge, à chaque état, on leur donnait permission d'exposer leurs doutes. Ces conférences particulières leur inspiraient une merveilleuse

---

[1] *Œuvres complètes*, t. VIII, p. 94.

confiance, et donnaient lieu de leur suggérer quelquefois des raisons assez familières, mais efficaces, pour faire le bien et éviter le mal. Ainsi, pour déshabituer les hommes de jurer le nom de Dieu, leur proposions-nous de le remplacer par le nôtre, comme plus propre à faire peur. D'autres fois, ils nous fournissaient eux-mêmes des raisons nouvelles, surtout à la campagne, où nous avons trouvé l'esprit du peuple plus développé que dans les villes.

« On pourrait croire qu'une vie aussi occupée que celle d'un missionnaire absorbait tous les instants de l'abbé Rohrbacher et ne lui laissait aucun loisir pour l'étude; mais le désir qu'il avait de s'instruire pour la gloire de Dieu et l'utilité du prochain lui faisait trouver le temps de lire les ouvrages modernes qui pouvaient intéresser la religion; car il était persuadé qu'un prêtre ne doit pas rester étranger au mouvement intellectuel qui s'accomplit autour de lui, parce que, les armes dont se servent les ennemis de la religion pour la combattre changeant avec les siècles, les armes de ses apologistes doivent changer également[1]. »

Cette lecture lui donna dès lors le goût de remonter aux sources. Comme son successeur et émule en cette méthode de critique historique, l'abbé Gorini, il redressait les jugements tout faits que se transmettent les historiens, en revisant, pour sa propre satisfaction d'abord, et plus tard pour sa grande œuvre, les jugements du siècle qui a précédé le nôtre.

Nous n'en citerons qu'un trait, d'abord parce qu'il est amusant, puis parce qu'il donne l'idée des méthodes de travail intellectuel chez Rohrbacher.

[1] Ch. Sainte-Foi, *op. cit.*, p. viii.

Il s'agit de Marc-Aurèle, et ce que nous allons citer est extrait d'une lecture[1] faite par lui à la Société *Foi et lumières* de Nancy :

C'est intitulé : *Anecdotes sur Marc-Aurèle ou petit correctif au grand éloge de Marc-Aurèle par Thomas.*

« ...Je me réjouissais, dit-il, d'en venir à l'époque de Marc-Aurèle, cet empereur si renommé, surtout dans les temps modernes. Comme l'académicien Thomas, académicien de Paris, en a fait un éloge qui passe pour son chef-d'œuvre, je m'empressai de le lire. En conséquence, pour parler le langage des poëtes, trois fois je m'efforçai de le lire d'un bout à l'autre, et trois fois j'échouai dans mon entreprise, tant le discours me parut, comme quelqu'un a dit d'un autre, long, lent, lourd. Je ne dis pas que ce soit à tort ou à raison ; je suis simple historien. Je saisis toutefois les points les plus saillants de cet éloge sous le rapport moral, philosophique et religieux, afin de les examiner d'après les monuments de l'histoire. Dans cet examen, je découvris, sur l'empereur Marc-Aurèle, philosophe, certaines anecdotes curieuses qui peut-être pourront servir de petit correctif à son grand éloge par l'académicien Thomas, et, dans un siècle positif comme le nôtre, modifier quelque peu l'opinion publique. Permettez-moi de vous les soumettre. »

Après ce début, Rohrbacher entame la plus divertissante histoire de la philosophie stoïcienne, — cette secte « dont le mérite distinctif consistait à dire les choses autrement que tout le monde », — à laquelle appartenait Marc-Aurèle.

---

[1] Reproduite par l'*Université catholique*, t. X, p. 64 et suiv.

Or, dans le panégyrique de Thomas, ce philosophe couronné est présenté comme un stoïcien fidèle à tous les préceptes de l'école d'Apollonius, « comme un homme accompli, qui, dans le cours de sa vie, n'a point eu d'erreur et qui, sur le trône, n'a point eu de faiblesse ».

Rohrbacher s'inscrit en faux contre Thomas :

« Il y a pourtant, fait-il avec une feinte bonhomie, il y a pourtant, dans les biographies de Marc-Aurèle, quelques faits qu'on pourrait au moins taxer de faiblesse et d'erreur.

« Par exemple, il avait une femme, qui était fille d'Antonin. Fille et femme d'un empereur philosophe, Faustine devait naturellement se montrer un modèle de sagesse. Toutefois, non contente d'être l'épouse de Marc-Aurèle, elle se donna encore trois ou quatre maris supplémentaires. Le public en jasait, les comédiens la nommèrent en plein théâtre, en présence même de Marc-Aurèle. C'est son biographe, Jules Capitolin, qui le dit. Et le philosophe Marc-Aurèle promut aux honneurs et aux dignités les maris supplémentaires de sa femme. En vérité, je doute que beaucoup de maris veuillent prendre pour modèle l'empereur Marc-Aurèle, philosophe.

« Ce n'est pas tout, car la femme de Marc-Aurèle ne s'en tint pas là. Souvent elle se choisissait des maris d'occasion parmi les gladiateurs. Pour lors, on pressa Marc-Aurèle de la répudier. — C'est fort bien, dit-il; mais, si nous renvoyons la femme, il faudra rendre aussi la dot, *si uxorem dimittimus, reddamus et dotem ;* et la dot était l'empire. Il la garda donc. Il fit plus : il la récompensa par le titre de mère des armées, *ut matrem castrorum appellavit.* Il poussa la complaisance encore plus loin. Cette femme étant morte, il en fit une déesse, lui éleva des temples et des autels, proclama lui-même son apothéose, institua en son honneur une confrérie de filles nommées Faustiniennes, la donna pour patronne aux jeunes époux, et obligea les nouvelles mariées à lui offrir des sacrifices. Et le sénat romain consacra par son suffrage la nouvelle déesse et son culte! C'est ce que disent Jules Capitolin et Dion Cassius. De plus, il y a des médailles en mémoire de cette apothéose où on lit ces mots : *Diva Faustina,* la déesse Faustine. Que penser maintenant d'un pareil homme et d'un pareil sénat? Il y a des auteurs qui disent que de pareils sénateurs méritaient d'avoir des femmes et des filles pareilles à Faustine.

« Il y a peut-être quelque chose de plus fort. Dans les mémoires que Marc-Aurèle a laissés, et qui sont des entretiens avec lui-même, il remercie les dieux de lui avoir donné une si bonne femme. Encore une fois, que penser d'un pareil homme? Il ne pouvait ignorer les débordements de son indigne épouse; ils étaient publics; on les lui avait dits. Lui-même, d'après son biographe, la surprit un jour sur le fait, et avec tout cela, il remercie les dieux de la lui avoir donnée si vertueuse! Explique ce mystère qui pourra! »

Continuant, sous une forme plaisante, à ramener la lumière sur cette réputation surfaite dans un but notoirement hostile à l'idée chrétienne, Rohrbacher emploie cet argument *ad hominem* qu'il affectionnait :

« C'est un proverbe, dit-il, *regis ad exemplar totus componitur orbis,* tout l'univers se forme sur l'exemple du souverain. Supposons un moment que tous les souverains ressemblent à Marc-Aurèle, tous les ménages au ménage de Marc-Aurèle, toutes les femmes à la femme de Marc-

Aurèle; supposons que tous les maris en bénissent les dieux de Marc-Aurèle; supposons que la loi de Marc-Aurèle subsiste et s'exécute encore, que toutes les nouvelles mariées soient tenues de prendre pour modèle la déesse Faustine; en vérité, si quelqu'un trouve que ce serait l'âge d'or, il mérite de le voir dans sa famille. »

Les académiciens de Nancy riaient, en entendant cette argumentation, qui donne une fois de plus raison à la remarque si juste et si bien observée de l'un de ses biographes[1] :

« On remarquait qu'il réunissait en lui les qualités de l'Allemand et celles du Français. Il avait du premier le sérieux, le goût des recherches minutieusement exactes, la volonté tenace qui parvient au but et use les obstacles à force de patience plutôt qu'elle ne les renverse de haute lutte. Il tenait du second la lucidité, la suite et l'ordre qui ont tant de prix partout, mais surtout dans des ouvrages aussi étendus que l'*Histoire de l'Église*. La pensée n'est pas toujours exprimée avec art, elle l'est toujours franchement et avec originalité. Aussi, même quand le développement est un peu long, il n'ennuie pas. Le style de l'écrivain a parfois, comme sa personne elle-même, les abords difficiles et les formes un peu dures et étranges, mais cette écorce rugueuse couvre du fruit d'une exquise douceur qui, lorsqu'on l'atteint, empêche de regretter quelques piqûres. Nous plaignons, pour notre part, les délicats qui s'arrêtent à ces misères et ne sauraient goûter dans un écrivain ce qu'on pourrait appeler les coups de boutoir. Ces coups ont du moins cela de bon qu'on ne les oublie

---

[1] Ernest LABBÉ, *Histoire ecclésiastique de France*, p. xxv.

plus quand on les a reçus et qu'ils font entrer les idées dans les esprits les plus rebelles ou les plus inattentifs. L'abbé Rohrbacher n'ignorait pas les avantages que pouvait présenter ce côté de son talent. Un jour (il était alors au séminaire du Saint-Esprit), un jeune élève s'avisa de critiquer devant lui une expression un peu trop germanique : « Vous avez raison, mon enfant, répondit-il ; mais j'ai remarqué qu'au réfectoire vous avez ri de fort bon cœur en entendant cela ; or, c'est surtout pour les réfectoires que j'écrivais. Puis, ne pensez-vous pas que vous retiendrez mieux la chose dite sous cette forme qui vous a frappé ? »

Que de finesse et de bonheur dans ces simples paroles !

Parmi ses confrères, les premiers ordinands de l'Église de Nancy au sortir de la Révolution, Rohrbacher trouvait des émules en l'art de dire les choses avec une brusquerie tout à la fois apostolique et militaire.

Dans un charmant discours de réception à l'académie Stanislas, M. l'abbé Mathieu a raconté quelques-uns des souvenirs du clergé lorrain à cette date :

« Le premier prêtre qui fut ordonné par M. d'Osmond, au commencement de ce siècle, était un brave et vieux gentilhomme qui avait été blessé à la guerre de Sept ans : M. de Malartic, ancien maréchal de camp, ancien commandant de la citadelle de Nancy. Pendant la sédition militaire de 1790, il avait sauvé la vie à des centaines de personnes et conquis une popularité qui le protégea jusqu'en pleine Terreur et le dispensa d'émigrer. Devenu veuf, il embrassa l'état ecclésiastique à l'âge de soixante-trois ans et consacra le reste de ses jours et toute sa fortune à la restauration du séminaire dont il fut nommé supérieur. Ce ne fut pas la seule recrue que l'armée fournit alors au sacerdoce. En 1815, un bel officier de cavalerie revenant de Waterloo se présentait chez le successeur de M. de Malartic : « Monsieur, lui dit-il à peu près, j'ai quitté cette maison malgré moi en 1791, j'ai fait de mon mieux le métier de soldat; voilà ma seconde carrière brisée, et je vous demande de revenir à ma première vocation en rentrant ici comme élève. » Et la maison s'enrichit d'un abbé qui était lieutenant-colonel de lanciers en demi-solde, qui avait gagné tous ses grades à la pointe de l'épée et reçu la croix de la main de Napoléon lui-même sur le champ de bataille de Dresde. M. Vaudeville, dans une certaine mesure, fut le Malartic du petit séminaire de Pont-à-Mousson où l'on parle encore de sa belle prestance, du vieux cheval qu'il montait et qui lui avait sauvé la vie à la Bérésina, et d'un gros juron qui, à la grande stupéfaction des élèves, lui échappa, un jour, au milieu du *Benedicite*[1]. »

— Rohrbacher, travailleur infatigable et prêtre au cœur d'or, mérita de bonne heure « le surnom que reçurent de leurs disciples deux hommes de génie, saint Thomas d'Aquin, le *grand bœuf muet* du siècle, et Bossuet, *bos suetus aratro*. Il avait, en effet, la force et la patience qui creusent les longs sillons, la gravité silencieuse, la douceur habituelle, et, de loin en loin, le coup de corne brusque et violent, inévitable tribut payé sans doute à ce qu'il avait de sang germanique dans les veines[2]! »

Cependant, cet homme cherchait sa voie. Écoutons-le nous décrire lui-même ses angoisses :

« Dans l'intervalle de mes missions, je me tenais au

[1] Mathieu, *l'Abbé Rohrbacher*, p. 10.
[2] Lettre du 14 mars 1823.

courant de tout ce qu'on publiait de bons ouvrages en France et en Allemagne. Je lisais le *Catholique* de Mayence ou de Spire, l'*Histoire de la religion de Jésus-Christ*, par Stolberg; la *Restauration de la science politique*, par de Haller. »

Ce dernier ouvrage n'était pas encore traduit en français. Rohrbacher le lisait dans l'allemand, il en était ravi, mais il craignait de ne pas le comprendre assez bien. Il écrivit à l'auteur, récemment converti du protestantisme précisément par les études auxquelles il s'était livré pour écrire cette étude magistrale sur la nécessité et l'exercice d'une autorité spirituelle dans la société humaine.

« De toutes les lettres qui m'ont été adressées au sujet de mon ouvrage, répondit à l'abbé Rohrbacher le célèbre auteur de la *Restauration,* aucune ne m'a fait autant de plaisir que la vôtre, Monsieur, parce qu'elle me prouve que vous avez parfaitement bien saisi le principe et l'ensemble, chose assez rare, même chez des lecteurs instruits. Dieu seul a fait tout ce que j'ai faiblement esquissé : aussi ce n'est pas l'imparfait tableau qu'il faut louer, mais l'objet seulement qu'il représente. J'espère, Monsieur, que vous serez encore plus content du quatrième volume, et que vous y reconnaîtrez que ces idées ont dû forcément me conduire au catholicisme, car je n'y pensais pas en le commençant. Je voulais tracer d'une manière philosophique la nature et l'organisation d'un empire spirituel. Le magnifique exemple s'est trouvé sous mes yeux, et la réalité a surpassé de beaucoup le modèle idéal à mon imagination [1]. »

[1] Lettre du 14 mars 1823.

Cette lettre du célèbre converti faisait désirer de plus en plus à Rohrbacher qu'on pût présenter avec netteté, suite et ensemble, la substance de tout ce qu'on avait publié de bon depuis l'aurore de la renaissance catholique au dix-neuvième siècle, et aussi antérieurement. Ce désir le tourmentait. Dieu vit sa bonne volonté et lui montra le chemin.

A ce moment, Rohrbacher avait trente-sept ans; il avait été, pendant trois ans, le supérieur des missionnaires diocésains; il n'avait donc plus l'âge d'un écolier, et il demandait tout autre chose que des leçons.

D'un autre côté, l'homme vers qui Dieu le poussait « n'était pas un pédagogue; c'était un homme qui voulait former d'autres hommes, et, pour remplir ce dessein, il réunissait trois conditions excellentes : un coup d'œil prompt et profond pour deviner ses recrues, une puissante énergie pour leur imprimer l'impulsion générale, et un libéral esprit pour les laisser à la spontanéité de leur force intellectuelle, au développement généreux de leur talent. Cette méthode ne saurait convenir à des enfants : les enfants ont besoin qu'on leur mâche la besogne, qu'on leur présente le solide aliment comme en lait, sous l'attrait d'un doux breuvage; elle ne conviendrait même pas à des hommes faits, mais doués de talents ordinaires, ces sujets médiocres devant, pour profiter, recevoir d'autrui ce qu'ils ne sauraient tirer de leur propre fonds. Pour les hommes déjà formés ou d'un talent supérieur, cette méthode libérale est non-seulement bonne, mais nécessaire; une trop grande rigueur blesserait leur juste fierté, contraindrait leurs facultés plus qu'elle ne les développerait, étoufferait en eux les germes providentiels de la vérité et méconnaîtrait les immunités du génie. Le propre du vrai maître est de savoir ce qu'il faut à chacun et de l'appliquer à propos.

« Telle était, disons-nous, la méthode de l'homme dont nous voulons parler. Ses disciples recevaient de lui, moins une direction de détail qu'une impulsion première, laquelle, une fois donnée, les livrait, sous le rayonnement de son génie, aux aspirations de leur intelligence. Avec Rohrbacher, il sut tout de suite ce qu'il devait faire. Allemand d'origine, Français par l'éducation, d'une constitution d'airain, d'une grande aptitude au travail, d'une foi naïve unie à un don singulier pour écrire, Rohrbacher était taillé pour se livrer aux recherches érudites et pour porter la plume d'un Bénédictin. D'ailleurs, il nourrissait déjà dans son cœur d'anciens projets qui n'avaient pas reçu dans sa pensée leur détermination définitive. On résolut donc de l'appliquer aux travaux d'érudition; et cette vocation répondait si exactement aux desseins de la Providence qu'une fois engagé dans cette carrière, il s'y montra le digne continuateur des Eusèbe de Césarée, des Socrate, des Sozomène[1] », et le digne émule des Haller, des Stolberg et des autres restaurateurs de la science sacrée au dix-neuvième siècle.

Le moment est venu d'assister à cette scène où la Providence va utiliser les plus intimes attraits du prêtre lorrain pour l'amener dans la voie qu'elle lui avait tracée dans ses desseins immortels.

[1] Fèvre, *op. cit.*, p. 18.

III

AVEC LAMENNAIS.

Sommaire. — Par le coche de Lorraine. — Premier attrait. — Le *Catéchisme du sens commun*. — Genèse des écrits de Rohrbacher. — Le *Tableau des conversions*. — Le livre sur la Grâce. — Un beau texte de saint Justin. — La *Religion méditée*. — Chute de Lamennais. — Vains efforts. — Douleur inconsolée.

I

J'ai raconté plus haut [1] le procès célèbre où celui qu'on a si justement appelé le Tertullien moderne fut traîné devant les tribunaux de son pays, accusé d'avoir trahi les libertés gallicanes au profit de l'unité catholique romaine. De toute part, en France, au sein des presbytères, ce fut un frémissement ardent de sympathie pour la personne du courageux confesseur de la foi romaine : tout le clergé français, le jeune clergé s'entend, l'accompagna au prétoire.

« Le même jour où Lamennais comparaissait devant la police correctionnelle des Bourbons, pour crime de fidélité à la Chaire apostolique, débarquait à Paris, par le coche de Lorraine, le supérieur des missionnaires dio-

[1] Lamennais, chap. viii.

césains de Nancy, l'abbé Rohrbacher. Jeune étudiant, il avait senti son cœur battre à la lecture des *Réflexions sur les maux de l'Église;* jeune prêtre, il avait applaudi à la bravoure du *Traité sur l'institution des évêques;* jeune vicaire, il s'était épris d'un saint enthousiasme pour l'*Essai sur l'indifférence;* jeune missionnaire, il avait soutenu de ses prières et encouragé de ses intelligentes sympathies l'athlète des combats du Seigneur. Aujourd'hui qu'il voyait le prêtre vaillant persécuté pour la justice et le géant triomphal couronné des lauriers de la police correctionnelle, supérieur des missionnaires diocésains, à trente-sept ans, l'âge des passions domptées et de la raison plus mûre, Rohrbacher venait, avec la permission gracieuse de son évêque, Forbin-Janson, s'enrôler sous les bannières de Lamennais [1]. »

Rohrbacher, en venant ainsi se ranger aux côtés du restaurateur de l'Église de France, accomplissait simplement un devoir qui lui était apparu s'imposant à lui, et il accourait pour combattre et mourir sous les ordres de celui qu'il regardait comme son chef.

Il l'a dit avec une noble franchise :

« M. de Lamennais était tracassé par le gouvernement, non pour ses idées philosophiques, mais parce qu'il défendait avec courage les doctrines et les prérogatives du Saint-Siége. Je le voyais seul, ou à peu près. La nouvelle qu'il était traduit en police correctionnelle me détermina tout à fait à me réunir à lui, pour le soutenir dans ses combats pour l'Église. Le nouvel évêque de Nancy, Mgr de Janson, y donna son consentement. »

[1] FÈVRE, *op. cit.*, p. 16.

On sait quelles difficultés cet évêque avait rencontrées, au début de son gouvernement, dans le diocèse de Nancy. Ancien missionnaire de France, il devait aimer Rohrbacher; celui-ci se sentait attiré vers lui, raison de plus pour se séparer, pensa Rohrbacher, qui le confesse naïvement :

« J'étais encore déterminé (à me réunir à M. de Lamennais) par un motif secondaire que je ne disais pas (à Mgr de Forbin-Janson). Je voyais avec peine s'établir dans le diocèse un certain antagonisme entre le clergé étranger amené par le nouvel évêque, et le clergé indigène. Comme j'aimais bien les uns et les autres, particulièrement l'évêque, je ne voulus pas être témoin de l'éclat que je prévoyais immanquable. »

Son double attrait pour Mgr de Forbin et pour M. de Lamennais l'avait déterminé. Il partit.

« J'arrivai à Paris, dit-il, le jour même que M. F. de Lamennais parut devant le tribunal séculier pour avoir défendu la cause de l'Église. »

Lorsqu'il se présenta devant le glorieux condamné, le nouvel arrivant put lui raconter comment son attrait pour lui datait de loin :

— C'était, dit-il, à Lunéville; tout d'un coup, dans son numéro du 21 janvier 1818, l'*Ami de la Religion* annonce, avec les éloges les plus magnifiques, justifiés par des citations, l'*Essai sur l'indifférence en matière de religion*..... Sur les deux ou trois passages que citait le journal, nous jugeâmes aussitôt, curé et vicaires, que l'auteur de cet ouvrage devait être le même que celui des *Réflexions sur l'état de l'Église en France pendant le dix-huitième siècle, et sur sa situation actuelle*, et de la *Tradition de l'Église sur l'institution des évêques :* et, sans délai, nous fîmes venir vingt-cinq exemplaires, que nous distribuâmes dans la paroisse et à des confrères du voisinage.

« Bientôt, continue Rohrbacher, qui se plaît à ces souvenirs de jeunesse enthousiaste, communs à tant d'autres alors, bientôt le nom de M. F. de Lamennais, à peine connu, fut célèbre comme ceux de Chateaubriand, de Bonald et de Maistre. »

Puis il ajoute, dans l'humble et franche bonhomie de son naturel peu adulateur :

« Comme tout le monde l'applaudissait, il ne me vint pas même dans la pensée de lui écrire. »

Il faudra, pour l'y déterminer, que son apologiste préféré soit frappé par la critique et lui paraisse avoir besoin d'aide :

« En 1820, parut le second volume de l'*Essai*. A Paris, à Nancy, on ne savait qu'en penser : que veut-il dire? ne va-t-il pas trop loin? Prévenu de ces incertitudes, je lus ce volume avec un de mes confrères devenu depuis curé de la cathédrale de Saint-Dié : nous nous trouvâmes d'accord sur la manière d'entendre le fond du livre. Peu de jours après, parut, dans la *Quotidienne,* un premier article de M. Laurentie sur le volume. Je lui adressai quelques réflexions dont je fis part à M. F. de Lamennais par une lettre du 24 août. »

Cette lettre, naïve et dépouillée de toutes précautions de rhétorique, devait frapper Lamennais :

— Il y a deux jours, disait ce correspondant inconnu de Lorraine, que j'ai lu, dans la *Quotidienne*, un article de M. Laurentie, où j'ai vu clairement, à ce qu'il me semble, qu'il ne vous comprenait pas. J'ai pris la liberté de lui adresser par une lettre les réflexions suivantes, que je m'empresse de vous soumettre pour apprendre de vous-même si je vous comprends bien.

Suivait un exposé très-acceptable et parfaitement orthodoxe de la doctrine de Lamennais sur le criterium de la certitude. L'auteur de l'*Essai* s'empressa de le faire sien :

— Oui, répondit-il de la Chesnaie à la date du 28 août, vous m'avez parfaitement compris, et je trouve tant de clarté dans l'exposé que vous faites de ma doctrine, que je vais le faire insérer dans le *Défenseur*, comme l'explication la plus nette que je puisse donner de mes sentiments.

Nous n'avons pas à refaire ici l'exposé et la réfutation du système de Lamennais, si justement condamné par l'Église et par le simple bon sens. Mais, pensait Rohrbacher, on pouvait lui donner une interprétation philosophiquement exacte et religieusement orthodoxe, en lui faisant dire : « Les sens, le sens intime, la raison nous trompent quelquefois, mais pas toujours ; en les considérant en exercice, non dans un individu, mais dans l'humanité, on les élève à leur plus haute puissance : dans l'individu, ils ne donnent qu'une certitude partielle ; dans l'humanité, ils donnent une certitude totale. »

Rohrbacher, qui tenta cette interprétation, en fit l'objet de son premier livre, le *Catéchisme du sens commun*, dont il a raconté lui-même l'origine et l'histoire :

« En 1822, dit-il, nous commençâmes le *Catéchisme du sens commun*, pour nous instruire nous-même et nous prouver, de la manière la plus claire, que la règle de la foi catholique, *de tenir pour certain ce qui a été cru en tous temps et par tous,* est vraiment catholique ou universelle, et s'applique non-seulement à la religion, mais encore à toutes les connaissances humaines. Dans cette vue, nous en fîmes d'abord une édition privée, tirée à un petit nombre d'exemplaires, pour consulter plus facilement les personnes capables de nous donner de bons conseils. De ce nombre fut un estimable magistrat, M. Adam, procureur impérial à Lunéville, puis conseiller à la cour royale de Nancy, homme intelligent et chrétien courageux, qui communiqua le petit écrit aux membres les plus capables de sa compagnie, sans faire connaître l'auteur. Ce qui nous y fit mettre la dernière main et nous décida même à le publier, ce fut une lettre écrite, le 7 mai 1825, à M. F. de Lamennais, par Mgr Flaget, évêque de Bardstown (États-Unis d'Amérique). Dans cette lettre qui nous a été communiquée, le vénérable évêque-missionnaire, après avoir fait l'éloge le plus complet de l'*Essai sur l'indifférence,* témoignait un grand désir d'en voir la doctrine développée, par demandes et par réponses, en forme de catéchisme. Le *Catéchisme du sens commun* eut deux éditions en France. En 1826, il fut traduit en italien et inséré, avec beaucoup d'éloges, dans le *Mémorial de Modène.*

« Cependant l'*Amico d'Italia,* recueil périodique qui se publiait à Turin, observa que ce qu'on y disait sur Aristote était fort incomplet, et par là même inexact. En France, d'autres personnes y trouvèrent d'autres défauts; du nombre de ces personnes fut l'auteur lui-même. C'était vers l'an 1829. Comme nous lisions les œuvres d'Aristote dans le texte original, pour apprécier catholiquement la doctrine de ce philosophe dans l'*Histoire universelle de l'Église catholique,* nous y remarquâmes avec admiration, sur la règle du raisonnement, sur le syllogisme, sur la foi comme fondement de la science, sur le doute méthodique ou scientifique, des propositions fondamentales, dont les philosophies modernes ne parlent presque jamais que pour supposer à Aristote le contraire de ce qu'il dit. Aussi, lorsque, dans les commencements de 1842, M. l'abbé Migne nous demanda de réimprimer dans sa collection de catéchismes celui du *Sens commun,* nous déclarâmes qu'on ne le pouvait sans y faire des modifications et des additions considérables. Ces modifications et ces additions, qui se rapportent principalement à Aristote, nous les rédigeâmes nous-même,

« Depuis cette époque, nous avons fait une autre découverte non moins inattendue. En 1847, nous crûmes devoir lire de suite toutes les œuvres de Descartes, pour savoir au juste ce qu'il dit et comment il l'entend, afin de pouvoir en parler équitablement dans le tome XXV de l'*Histoire de l'Église*. Or, nous avons reconnu avec une nouvelle surprise que les modernes philosophies ne connaissent pas mieux Descartes qu'elles ne connaissent Aristote. Nous avons reconnu que les Cartésiens attribuent à Descartes leurs idées et non pas les siennes, ou qu'ils en donnent des explications contraires à l'explication qu'il a donnée lui-même. Enfin, nous avons reconnu, avec grande satisfaction, que, quant aux premiers principes de la raison humaine, Descartes est d'accord avec Aristote et avec tout le monde, et qu'il n'y a plus de quoi se disputer. »

Ce *Catéchisme* est une première tentative du dévouement de Rohrbacher à la personne du chef de l'École Menaisienne beaucoup plus encore qu'à ses idées, car, comme on l'a spirituellement remarqué, « dans le parti lamennaisien, il fut toujours du centre gauche par les idées et de l'extrême droite par son attachement à la personne du maître. Enfin, voyant celui-ci attaqué par toutes sortes d'adversaires, il s'offrit à tout quitter pour aller le joindre, avec cette générosité des bons cœurs que la persécution attire. M. de Lamennais fut touché : « Venez », écrivit-il à son disciple, en lui envoyant cent francs par la poste. M. Rohrbacher partit avec l'agrément de son évêque, arriva à Paris le 22 avril 1826 et se rendit tout droit chez l'écrivain dont il partagea la table et le logement avec l'abbé Gerbet, de douce et poétique mémoire. »

C'était l'heure du combat. L'*Avenir* déployait au vent des batailles sa bannière généreuse, mais téméraire. Le général en chef, avec ce coup d'œil sûr qui lui faisait saisir les aptitudes et la place de chacun dans son plan de campagne, ne lança point le nouveau venu dans la mêlée. Il lui confia bien quelques escarmouches dans l'*Avenir*, mais il ne lui donna point rang dans le brillant état-major qui livra les grands combats et reçut les blessures mortelles. Il en fit un commandant de place en Bretagne, en lui confiant, à Malestroit, la direction d'une maison d'études et de prière, fondée là par les deux frères pour recruter des soldats à l'armée de Dieu et de la liberté. Rohrbacher s'occupa, jusqu'en 1835, de la direction morale et de l'enseignement théologique, dans cette succursale de la Chesnaie.

La Chesnaie!... qui n'a lu les pages d'une mélancolie exquise où le frère d'Eugénie de Guérin en a gravé l'image? M. Rohrbacher y venait souvent, tout le monde l'y aimait, et il avait sa physionomie à part qui le faisait remarquer à côté même des visiteurs illustres qui passaient dans cette demeure entourée de prestige. Écoutez Maurice de Guérin :

« M. Rohrbacher est un homme à larges épaules, à grosse

« tête, à gros traits, comme un bon Lorrain qu'il est ; mais
« cette enveloppe cache une grande science et même assez
« d'amabilité. »

Un ami de Maurice, qui vit encore, ajoute : « Nous
« aimions tous l'humeur joviale de ce consciencieux et naïf
« érudit, qui avait une manière à lui de tourner les jeux
« de mots et d'en rire, et dont la figure franche et carrée
« s'épanouissait sous le moindre rayon de gaieté comme
« celle d'un vieillard qui dilate ses deux mains devant une
« belle flamme [1]. »

C'est une remarque très-juste et indispensable à la suite
de cette étude, que l'affection pour Lamennais et l'amour
de l'Église ont inspiré tous les écrits de Rohrbacher.

Étudiée sous cette double préoccupation, la genèse de
ses œuvres devient lucide, et l'on en suit le développement
logique. On va le voir :

« Une des illusions chères à Lamennais, c'était que le
christianisme avait subi en ce siècle un déplorable affaissement. Lamennais reconnaissait avec admiration les splendeurs du passé catholique ; il saluait avec amour les futurs
et prochains triomphes de l'Église ; mais il trouvait dans
le présent sa vertu diminuée. Pour dissiper cette illusion
fragile, Rohrbacher entreprit d'abord de montrer l'influence éloignée de l'Évangile sur les sectes dissidentes,
et de prouver que sa vertu était encore assez grande
pour vaincre les préjugés des esprits et les faiblesses des
cœurs [2]. »

Telle fut l'origine de la première publication de Rohrbacher. Ce sont deux opuscules, édités en 1827-28. L'un est

[1] Mathieu, *op. cit.*, p. 16 et suiv.
[2] Fèvre, *op. cit.*, p. 30.

intitulé : *Tableaux des principales conversions qui ont eu lieu parmi les protestants, depuis le commencement du dix-neuvième siècle;* l'autre contient les *Motifs* de ces nombreuses conversions.

Le second ouvrage de Rohrbacher fut le *Catéchisme du sens commun.* Nous avons d'ailleurs hâte d'en arriver à un autre écrit, qui révéla chez son auteur une intuition vraiment merveilleuse des besoins nouveaux de l'apologétique, déviée par l'hérésie jansénienne et par l'affadissement de la vérité chez les docteurs restés fidèles. Ceci mérite quelques développements.

« Les erreurs de M. de Lamennais avaient pour racine un certain naturalisme secret qui ne distinguait point assez l'ordre surnaturel de celui de la nature. De même que l'Église semblait n'être dans son système que le développement nécessaire de la société du genre humain, ainsi la grâce se présentait à lui comme l'épanouissement de l'énergie naturelle de l'homme ; c'est du moins ce que l'on peut conjecturer de certaines expressions vagues, dont l'inexactitude révélait plutôt une tendance qu'une doctrine bien terminée, mais dont les conséquences n'échappèrent point au regard pénétrant de l'abbé Rohrbacher. Le premier il en comprit la portée, et, pour bien fixer ses idées dans une matière aussi importante, où l'erreur est si facile et si dangereuse à la fois, il se mit à étudier la question de la grâce, et résuma le fruit de ses études dans son opuscule *De la nature et de la grâce,* où la doctrine catholique est présentée avec une clarté et une exactitude vraiment remarquables [1]. »

[1] Sainte-Foi, *op. cit.*, p. XIII.

Rohrbacher a raconté comment il fut amené à écrire ce bon livre, dicté, comme les autres, par sa filiale tendresse pour le génie dont il redoutait les défaillances et par son inébranlable fidélité à la doctrine de l'Église.

« Vers la fin de 1829, dit-il, il nous vint de la Chesnaie à Malestroit quelques jeunes gens auxquels M. de Lamennais avait développé de vive voix ses idées et qui les avaient ensuite rédigées. Je remarquai dans le nombre des idées peu exactes sur la nature et la grâce : la grâce n'apparaissait que comme une simple restauration de la nature; quelquefois l'une y semblait confondue avec l'autre. Toutefois, comme la rédaction n'était pas de lui, mais des jeunes gens, je pensai que c'était à eux qu'il fallait s'en prendre, et je ne lui en fis rien connaître à lui-même. Seulement j'étudiai la matière à fond dans saint Thomas, afin de n'émettre que des idées nettes et catholiques sur l'état du premier homme, avant et après sa chute, dont j'écrivais alors l'histoire. Vers la fin de 1832, il nous vint à Malestroit d'autres jeunes gens, auxquels il avait dicté ses propres cahiers de philosophie. J'y trouvai les mêmes inexactitudes et la même confusion sur la nature et la grâce. Comme c'était un point capital dans l'ouvrage, j'écrivis à M. F. de Lamennais, qui était alors à Rome avec MM. Lacordaire et Montalembert. »

Pendant que la lettre de Rohrbacher s'acheminait vers Rome pour en revenir sans avoir trouvé Lamennais, Rohrbacher était engagé à prêcher une retraite annuelle à des ecclésiastiques. « Comme j'en savais dans le nombre, dit-il, qui avaient eu les cahiers en question, et qui pouvaient en avoir retenu quelques idées peu exactes sur la nature et la grâce, je résolus de prêcher sur cette matière. Pour m'y préparer mieux, je passai une quinzaine de jours, tout seul, à la Chesnaie, où, avec le secours de saint Thomas, de saint Bonaventure et de Louis de Blois, j'écrivis, dans la chambre même de M. F. de Lamennais, les *Réflexions sur la grâce et la nature,* telles qu'elles ont été imprimées depuis, sauf quelques paragraphes que j'y ai ajoutés. Les *Réflexions sur la grâce et la nature* furent trouvées assez bonnes pour que quelques-uns des auditeurs exprimassent le désir de les transcrire. »

En 1832, Lamennais était revenu à la Chesnaie à son retour de Rome. « J'allai le voir au mois de décembre, dit encore Rohrbacher. Je lui apportai le manuscrit des *Réflexions* dont il a été parlé et lui dis : « Voilà comment j'ai développé mes idées sur la grâce et la nature, dont je vous ai envoyé la substance à Rome; je serais bien aise de savoir ce que vous en pensez. » Il les prit, les lut, et deux heures après vint me dire : « Mais ce que vous avez fait là est très-bien. J'adopte toutes ces idées pour ma philosophie, et je m'en vais les faire transcrire pour mon usage. » Ce qui fut fait. Ce n'est pas tout. Quinze jours après, il me lut un endroit capital de sa Philosophie, qu'il avait entièrement refondue pour y faire entrer les idées complétement catholiques; ce qui l'obligeait à recommencer une très-grande partie de tout son travail. J'avoue que, dans ce moment-là, je remerciai Dieu de tout mon cœur, et que je conçus le bon espoir qu'un homme qui se montrait de si bonne façon avec un de ses amis, n'irait jamais envers l'Église de Dieu à une résistance opiniâtre. J'allai plus loin; le voyant si bien disposé, je lui fis connaître amicalement plusieurs choses que je trouvais à reprendre en lui. Il me remercia et me dit : « Vous me connaissez : je suis quelquefois un peu difficile à vivre. Mais voilà comment il faut se dire les choses entre amis. » Et nous nous embrassâmes. »

Je voudrais disposer de plus d'espace pour m'attarder sur cette matière si importante de la grâce, dont Rohrbacher, à l'encontre des manuels de théologie alors en faveur dans les séminaires français, disait : « Sans doute, la grâce est une restauration de la nature déchue, mais elle est plus encore, et ce plus est le principal, et ce principal, une fois méconnu, doit nécessairement jeter la confusion dans tout le reste [1]. »

Depuis, « ce plus qui est le principal », c'est-à-dire la participation de l'humaine nature à la nature même de Dieu, qui est le propre de la grâce, a été mis en lumière par des docteurs éminents comme Mgr Gay, mais c'est Rohrbacher qui a eu la gloire de rouvrir la voie en cette difficile entreprise.

Je suis contraint de négliger diverses publications moins importantes, des brochures de circonstance, des réfutations et des défenses opposées aux adversaires de Lamennais. Je dois même ici passer vite, sauf à y revenir dans le chapitre suivant, sur le grand travail de 1829, où Rohrbacher traite *des rapports naturels entre les deux puissances d'après la tradition universelle,* où l'érudit écrivain exhume cet admirable texte du deuxième siècle, attribué à saint Justin, texte qu'on ne saurait trop méditer :

« Ce que l'âme est dans le corps, les chrétiens le sont
« dans le monde : l'une est répandue par tous les membres
« du corps, et les chrétiens par toutes les cités du monde.

---

[1] *Université catholique,* t. VI, p. 324.

« L'âme demeure dans le corps sans être du corps; les
« chrétiens demeurent dans le monde sans être du monde.
« L'âme invisible habite le corps visible comme une cita-
« delle; bien qu'on voie les chrétiens dans le monde, on
« ne voit pas néanmoins l'esprit de religion qui les anime.
« La chair hait l'âme et lui fait la guerre, sans qu'elle en
« ait reçu aucun mal; mais, parce qu'elle ne lui permet pas
« de s'abandonner aux voluptés, le monde hait les chré-
« tiens, sans en avoir reçu aucun mal, mais parce qu'ils
« sont opposés aux plaisirs; l'âme chérit le corps qui la
« hait, et les chrétiens aiment ceux qui les haïssent; l'âme
« est enfermée dans le corps, mais c'est elle qui conserve
« le corps même; les chrétiens sont enfermés dans le
« monde comme dans une prison, mais ce sont eux qui
« soutiennent le monde [1]. »

Mentionnons le livre où l'abbé Rohrbacher épanche sa belle âme en des effusions qui surprennent, sous une plume qu'on ne soupçonnait point si tendre.

En 1834, on rapportait, sur les dispositions de Lamennais, des bruits inquiétants.

« Je savais, dit Rohrbacher, qu'une des idées fausses qui lui revenait assez souvent, et qu'il n'appuyait que sur quelques faits particuliers dont il tirait des conséquences générales et extrêmes, c'est que l'Église, de nos jours, était dans une complète décadence. Je lisais alors les principaux Pères de l'Église, où je trouvais une foule d'excellentes choses que je ne pouvais faire entrer dans mon *Histoire*. Je résolus d'en profiter pour faire, sous le nom de *Religion méditée*, une suite de méditations sur toute

---

[1] Lettre à Diognète dans saint Justin.

l'histoire de la religion et de l'Église, depuis la création du monde jusqu'au jugement dernier, afin de montrer par les faits que, dans ces derniers temps comme dans les autres, l'Église catholique a toujours été digne de Dieu, et que, de nos jours même, elle ne cesse d'enfanter de saints personnages et des œuvres saintes. En faisant cet ouvrage, qui a été imprimé depuis, j'avais donc l'intention formelle, non-seulement d'être utile aux frères d'école de l'excellent abbé Jean de Lamennais, mais encore de neutraliser le scandale que je recommençais à craindre de la part de son malheureux frère. »

La *Religion méditée* fut publiée en 1837 et rééditée en 1852. En voici la préface. Elle est courte, mais elle est éloquente pour qui sait lire entre les lignes.

« Saint Pierre, dans le dernier chapitre de sa dernière épître, donne certains avis aux fidèles pour les prémunir contre les périls des derniers temps. C'est de se rappeler assidûment les paroles des prophètes, les commandements du Seigneur, la doctrine de ses apôtres, ainsi que l'attente du jugement à venir. Nous avons eu intention d'accomplir cet avis de saint Pierre, en méditant la religion dans tout son ensemble : depuis le premier dimanche de l'Avent jusqu'à Noël, les principaux faits et les principaux personnages de l'Ancien Testament, qui prédisent ou préfigurent Jésus-Christ; depuis la naissance du Sauveur jusqu'à son Ascension, les principales instructions que nous offrent sa vie et sa mort; après l'Ascension, les principales promesses qu'il a faites à son Église, promesses qui ont leur accomplissement le jour de la Pentecôte; le principal sacrement qu'il lui laisse pour la soutenir en ce monde; ensuite les principaux saints de chaque siècle, jusqu'au nôtre, où Dieu veuille qu'il y en ait beaucoup : enfin, pour la dernière semaine après la Pentecôte, le jugement dernier et ce qui s'y rattache. Ces méditations ont été écrites originairement pour les Frères de l'instruction chrétienne en Bretagne. Mais on a jugé qu'elles pouvaient convenir à tout le monde. Veuille saint Pierre, du haut du ciel, y ajouter sa bénédiction apostolique et obtenir à nos lecteurs la grâce de faire ce qu'il nous a été seulement donné d'écrire. »

Il y a, dans ce livre, des pages ravissantes, mais il faut savoir se hâter.

Aussi bien, l'heure est grave. Une clameur sinistre a retenti, et la foudre a déchiré la nue. Les *Paroles d'un croyant* viennent de paraître.

II

Lorsque parut ce livre, Rohrbacher reprit sa plume filiale, et, dans un style empreint d'une tristesse mortelle, mais voilée sous l'humble déférence du disciple tremblant pour son maître, il adressa à l'auteur une critique analogue à celle des doctrines sur la grâce, relevant surtout les erreurs sur la certitude et sur les rapports entre les deux puissances. Lamennais répondit qu'il différait avec lui sur bien des points; qu'après tout, le principal était la charité, suivant cette parole d'un apôtre : *Filioli, diligite invicem.*

« Quelques jours après, continue Rohrbacher, ayant su que le moment de la crise approchait, et qu'il n'y avait plus d'espoir, je crus devoir, pour l'acquit de ma conscience, tenter un dernier effort, et je lui écrivis la lettre suivante :

« Mon très-cher Monsieur de Lamennais, dans votre dernière lettre, vous me dites un mot qui m'est allé au cœur : *Filioli, diligite invicem*. Eh! mon cher Monsieur, je n'osais vous dire combien je vous aime, de crainte de vous déplaire! Oui, je vous aime plus que ma vie. Mais plus j'aime, plus je crains. Vous le comprendrez par un exemple.

« Il y a des années, j'aimais un ami de tout mon cœur; mais je remarquai en lui comme deux hommes, dont l'un me faisait craindre pour l'avenir, l'autre me faisait espérer. Ce qui me faisait craindre, c'est que quand cet ami... (Ici je rappelais en détail et avec franchise tout ce que j'avais remarqué de dangereux en lui depuis que je le connaissais, et je terminais l'énumération par ces paroles :) Voilà, mon très-cher Monsieur, ce qui me faisait craindre pour cet ami, mais craindre au point qu'une fois, malgré mon bon tempérament, j'en fus malade, et je sentis que je pouvais en mourir; car je n'osais épancher tout mon cœur, ni dans le vôtre, ni dans celui de personne. »

Il termine sa lettre en disant :

« Cependant celui que j'aimais ainsi, je l'aime encore; et le jour qui dissipera mes craintes sera le plus heureux de mes jours.

« Mon très-cher Monsieur de Lamennais, vous êtes le premier et le seul devant qui j'épanche ainsi mon cœur tout entier. Si cela vous déplaît, pardonnez-le-moi. Je vous aime assez pour consentir à ce que vous me repoussiez et me haïssiez, pourvu que vous viviez et mouriez en bon chrétien et bon catholique, et que vous sauviez votre âme. Malestroit, le 10 avril 1835, fête des Sept-Douleurs de la Très-Sainte Vierge. »

« Cette lettre lui fut remise à Paris, dans le moment qu'il allait rompre ou qu'il venait de rompre, et avec lui-même, et avec l'Église de Dieu.

« Six mois après, continue Rohrbacher, comme j'étais sur le point de quitter la Bretagne pour revenir en Lorraine, je me rendis à la Chesnaie pour lui faire mes derniers adieux, en revenant d'un voyage dans le Maine, où j'avais été consulter M. l'évêque du Mans. Trop gêné pour lui dire de vive voix les dernières pensées que j'avais sur le cœur, je les lui communiquai par écrit, le 9 septembre au soir, en ces termes :

« Mon très-cher Monsieur de Lamennais. Dans le petit voyage que je viens de faire, j'ai rencontré beaucoup de personnes qui vous aimaient précédemment : toutes, elles vous aiment encore et ne cessent de prier pour vous; mais toutes se plaignent de vous en un point. M. de Lamennais nous a manqué de parole, disent-elles : il nous a trompés. Mille fois il a protesté de sa soumission sans réserve au chef de l'Église; nous avons tenu la parole qu'il a donnée; lui seul y a manqué. Toutes conviennent qu'on a usé envers vous de procédés déplorables; mais toutes conviennent aussi que vous avez manqué d'humilité, et que c'est l'orgueil qui vous perd. Ceux qui vous aiment se demandent avec anxiété : A-t-il encore la foi? Pratique-t-il encore la religion? Et nul ne sait que répondre à des bruits fâcheux qui s'accréditent. Voici où quelques-uns pensent que vous en êtes. Vous avez établi dans vos ouvrages que sans religion point de société, sans le christianisme point de religion, et sans le Pape point de christianisme. En résistant opiniâtrément au Pape, il est comme nécessaire que vous descendiez cette échelle, et que, pour la pratique comme pour la croyance, vous arriviez à un christianisme vague, qui va se confondant avec l'indifférence en matière de religion. Oh! mon cher Monsieur, si vous saviez le chagrin, l'affliction que vous causez à ceux qui vous aiment, mais surtout à votre bon, à votre excellent, à votre saint frère, en vérité vous auriez pitié de nous. Je vais vous quitter pour longtemps, peut-être pour toujours. Partout, ceux qui vous aiment vont me demander de vos nouvelles : vous serait-il donc impossible de me dire un mot de consolation pour eux et pour moi? C'est l'unique récompense que je vous demande pour mon long et inaltérable attachement. »

« Il me répondit entre autres :

« Mais vous m'avez déjà écrit tout cela à Paris. Je vous dirai même que votre lettre m'avait blessé; mais je ne vous en veux point, parce que c'est l'amitié qui vous fait parler. Quant à mes dispositions présentes, mes convictions d'aujourd'hui ne sont plus celles de ma vie passée, et je ne suis pas sûr que, dans quelques mois, elles seront encore les mêmes qu'aujourd'hui. Il n'y a point de loi pour l'esprit..... »

Tout était fini!... Comme Lacordaire, comme Gerbet, comme Montalembert, Rohrbacher avait échoué.

« M. Rohrbacher quitta Malestroit à la fin de 1835, et, peu de temps après son retour en Lorraine, il fut nommé professeur d'histoire ecclésiastique au séminaire de Nancy. De ces enthousiasmes de sa jeunesse, de ce séjour en Bretagne, de cette catastrophe où avait sombré la foi de son illustre ami, de cette intimité brisée par la foudre, il garda un souvenir profond et une blessure qui saignait dès qu'on avait la hardiesse d'y toucher. Plus d'une fois, les jeunes séminaristes (cet âge est sans pitié) lui demandèrent : « M. de Lamennais se convertira-t-il ? » Habituellement, il ne répondait rien, mais on voyait ses traits un peu durs s'attendrir et deux larmes énormes couler le long de ses joues. Une fois pourtant, qu'il était poussé à bout, il dit en soupirant : « Dieu le veuille ! Pour moi, je l'espère, je l'ai vu tant de fois dire son chapelet de bon cœur que la Sainte Vierge ne l'abandonnera pas. » Puis il ajouta, faisant allusion à certaines inimitiés hargneuses : « Il y a des gens qui auront été bien coupables de sa chute et qui en répondront devant Dieu ! » Malgré l'abîme qui s'était creusé entre eux, ils s'écrivaient encore une fois tous les ans. M. Rohrbacher était à Paris, quand Lamennais mourut ; il se présenta plusieurs fois au domicile du malade, lui envoya son *Histoire ecclésiastique* et obtint encore de lui quelques lignes d'affectueux souvenir, mais il ne fut point admis en sa présence. Jamais il ne se consola de cette mort sans prêtre et de ces funérailles sans prières, et le nom de M. de Lamennais fut un des derniers que murmurèrent ses lèvres expirantes [1]. »

[1] MATHIEU, *op. cit.*, p. 17. Dans son testament, Rohrbacher mentionne le manuscrit de la *Justification des doctrines de M. de Lamennais contre une censure imprimée à Toulouse;* il est intéressant de noter ici comment il en parle : « Ce travail a été fait au mois de décembre 1832, après la première Encyclique de Grégoire XVI, lorsque M. de Lamennais fut revenu de Rome et que le Pape lui eut fait témoigner être content de sa soumission. Comme je n'ai pas revu depuis ce travail avec attention, j'ignore s'il y a quelque chose de contraire à la seconde Encyclique. Quant aux doctrines philosophiques, mon dessein formel était de les tourner

(et par conséquent les idées de M. de Lamennais, qui approuvait tout ce travail) dans le sens qui s'est trouvé celui de la seconde Encyclique. Ce travail devait être publié; comme les esprits commençaient à se calmer à cette époque, on crut plus sage de ne pas le publier. Il sera bon de conserver le manuscrit comme renseignement, d'autant plus qu'il reste une copie entre les mains de M. de Lamennais. — Pour M. de Lamennais lui-même, Dieu veuille avoir pitié de lui et lui redonner la foi. Par celles de mes lettres qui se trouvent à la fin des 20e et 21e volumes de l'*Histoire*, on sait quelle a été ma conduite à cet égard. — Le 1er décembre 1852, je lui ai fait envoyer un exemplaire de la seconde édition de l'*Histoire*, après avoir su par une lettre de sa main que cela lui ferait plaisir. Je n'en ai pas eu de nouvelles. Dans sa dernière maladie, je me suis transporté à son logis; des messieurs qui se trouvaient là me dirent qu'on lui parlerait de ma visite, et que, sans doute, il me recevrait dans huit jours. J'y retournai, j'y trouvai son neveu, Ange Blaise, qui promit de m'écrire quand son oncle serait en état de me recevoir. Je n'ai pas reçu d'avertissement, et M. de Lamennais est mort sur ces entrefaites. Écrivain en deux tomes : le premier dit *oui*, le second dit *non;* valeur totale, *zéro.* »

IV

L'HISTORIEN DE L'ÉGLISE.

SOMMAIRE. — Genèse de l'œuvre principale de Rohrbacher. — Un trait de génie. — Ce qu'est l'œuvre de Rohrbacher. — Portrait de Rohrbacher écrivant son histoire. — Bossuet et Fleury. — Anecdote. — La bonne foi des critiques. — Rohrbacher les avait prévues.

I

« J'arrivai à Paris le jour même que M. F. de Lamennais parut devant le tribunal séculier pour avoir défendu la cause de l'Église. La suite de cette controverse me donna lieu d'écrire les *Lettres d'un anglican à un gallican*, et la *Lettre d'un membre du jeune clergé à Monseigneur l'évêque de Chartres*. A cette occasion, je parcourus la collection des conciles et quelques saints Pères. Je découvris bientôt qu'il y avait comme une infinité de choses omises, tronquées, mal représentées dans les histoires au sujet des papes et de l'Église romaine ; que d'en rectifier quelques-unes, isolément, dans des brochures détachées, était un remède insuffisant ; que pour faire triompher la cause de Dieu et de son Église de toutes les erreurs, et mettre les hommes de bonne volonté à même de s'entendre, il fallait présenter courageusement cette cause dans tout son ensemble, appréciant les faits et les doctrines particulières d'après la doctrine du Saint-Siége, règle une, connue et toujours la même. Le but précis et final de mes études m'apparut alors clairement : je résolus de le poursuivre. J'en parlai aux abbés F. de Lamennais et Gerbet, avec lesquels je demeurais en commun ; ils furent du même avis. Quelque temps après, le premier reçut une lettre d'un ecclésiastique lyonnais, lui mandant que depuis plusieurs années il travaillait à une histoire ecclésiastique, dans un sens meilleur que celle de Fleury, et lui demandant la permission de lui en envoyer le commencement, pour savoir si elle pouvait être imprimée. Tous les trois nous fûmes d'avis de voir le travail ; car, s'il était bon, il était inutile qu'un autre le recommençât. Mais on trouva que c'était moins une histoire proprement dite qu'un recueil de dissertations. Je m'appliquai donc définitivement à mon entreprise. »

C'est en ces termes d'exquise et ravissante simplicité que le plus grand historien de l'Église parle des origines de son œuvre.

Ici encore va nous apparaître cette préoccupation d'atténuer ou, pour parler plus rigoureusement, de combattre, avec la déférence d'un fils et les ménagements d'un disciple, les erreurs du chef de l'École à laquelle il avait donné sa vie.

« Vers l'automne 1827, raconte-t-il, je suivis l'abbé Jean de Lamennais en Bretagne, où je restai jusqu'en 1835, dirigeant les études philosophiques et théologiques des jeunes ecclésiastiques qui se dévouaient à le seconder dans ses bonnes œuvres.

« En 1828, comme j'étais à Rennes, y remplissant ces

fonctions, M. F. de Lamennais y vint pour m'exposer de vive voix et me dicter un plan combiné de philosophie et de théologie. Comme j'y aperçus dès lors la tendance qui depuis a été réprouvée par le Saint-Siége, je refusai de l'écrire. Un ami, qui était présent, l'écrivit à ma place : je refusai de m'en servir. Ayant été laissé libre, je le modifiai dans le sens qui s'est trouvé celui des deux encycliques de Grégoire XVI. Voici comment :

« Dans son plan de théologie, M. F. de Lamennais distinguait trois Églises : l'Église primitive, l'Église judaïque, l'Église chrétienne. La première y apparaissait comme la source et la règle des deux autres. On y assignait pour monument de cette Église primitive les traditions des anciens peuples, sans dire nettement si, à la tête de ces peuples ou du moins dans leur nombre, on devait compter les Juifs et les chrétiens. Il me parut que c'était là subordonner implicitement le christianisme et le judaïsme au chaos du paganisme; qu'il y avait d'ailleurs une erreur grave à supposer d'une manière quelconque que les monuments écrits de la gentilité étaient antérieurs à la Bible, car tous ces monuments sont postérieurs aux livres de Moïse, plusieurs même le sont à l'Évangile. De là, pour moi, une répugnance invincible à adopter ce plan.

« Ayant été laissé libre, je le changeai, sur cet article fondamental, du tout au tout. Je posai en principe, avec le commun des théologiens, avec Bailly entre autres, que l'Église catholique, dans son état actuel, remonte de nous jusqu'à Jésus-Christ; et que, de Jésus-Christ, dans un état différent, elle remonte, par les prophètes et les patriarches, jusqu'au premier homme qui fut de Dieu; que, hors de l'Église catholique ainsi entendue, on peut bien trouver quelques débris de vérité, qui encore viennent originairement d'elle, mais nul ensemble, ni même nulle vérité complète. Voilà bien, je crois, le sens qui depuis a été indiqué comme le seul véritable par les encycliques de Grégoire XVI.

« Non content de donner cette direction aux études théologiques que je dirigeais, j'entrepris quelque chose de plus. Depuis 1826, je travaillais à l'*Histoire de l'Église*, la prenant seulement depuis Jésus-Christ, avec le dessein d'y joindre une simple introduction pour faire sentir que, dans le fond, cette histoire remontait jusqu'à l'origine du monde; mais quand j'eus remarqué dans les idées de M. F. de Lamennais cette tendance, quoique flottante encore, et par où il abusait déjà du terme vague d'*Église primitive*, dès lors ce qui n'avait été pour moi qu'une idée d'introduction me parut devoir être l'*objet capital*. Comme l'Église catholique elle-même, je crus devoir embrasser tous les siècles dans son histoire, à partir de la création du monde. Le titre qui m'a paru exprimer le mieux l'ensemble et le but de ce travail est : *Histoire universelle de l'Église catholique*, avec cette épigraphe tirée de saint Épiphane : « *Le commencement de toutes choses est la sainte Église catholique.* »

C'était une intuition de génie. En effet, le trait distinctif de l'œuvre de Rohrbacher, « c'est son plan. Avant Rohrbacher, les historiens ne commençaient leur récit qu'à l'avénement du Sauveur. Lui, par une innovation qu'il est à peine nécessaire de justifier, mais tellement simple qu'elle a paru originale, commence par le commencement : *In principio erat Verbum; In principio creavit Deus; Multifariam multisque modis loquens patribus, novis-*

sime locutus est in Filio, quem constituit heredem universorum; Christus heri, et hodie, et in sæcula; voilà ses titres. Le monde et l'homme créés dans le Verbe; l'homme placé dans l'état surnaturel, déchu, mais racheté et rendu à sa destination béatifique; Adam et les patriarches, Moïse et les prophètes, Jésus-Christ et les Apôtres, l'Église, les Papes, les Saints et les Docteurs; le Christ promis, figuré, préparé, incarné, crucifié, continué dans une société qui existait d'ailleurs dès l'origine du monde et qui ne finira qu'au dernier jugement; toutes les nations ayant leur rôle terrestre subordonné à la mission catholique de cette Église; toutes les doctrines, toutes les vertus, toutes les grandeurs trouvant dans cette société leur principe, leur modèle, leur réparation, ou leur sanction; l'humanité enfin, sous tous ses aspects surnaturels, allant d'une éternité à l'autre : tel est son thème. C'est le poëme de Dante; c'est le grand, l'incomparable drame du genre humain, non pas suivant les fictions de la poésie, mais selon la rigoureuse exactitude de l'histoire [1]. »

II

Dans les annales ecclésiastiques de la France, notre siècle tiendra une place bien glorieuse : on l'appellera le siècle des restaurations.

Restauration de la théologie, de la philosophie, de la

---

[1] Fèvre, *op. cit.*, p. 61.

liturgie, de l'ascétisme, de la morale, de la prédication, de l'histoire.

Rohrbacher aura été, lui, l'agent de cette dernière restauration, accomplie sur le terrain où les conjurés, dont parle de Maistre, avaient entassé tant de ruines, et, par l'histoire, il aura puissamment concouru à restaurer tout le reste.

Cet homme, par la puissance de ses études et l'intuition de son rare sens chrétien, a compris le but, l'objet, la philosophie de l'histoire. Il a vu et montré l'Évangile, expliquant la suite des temps, l'ordre des événements, la valeur des monuments, ces trois grandes choses dont se compose l'histoire.

L'Église, c'est-à-dire l'humanité entendue dans son sens vrai et providentiel, est, à proprement parler, historique. Les autres sociétés le deviennent au degré de leurs rapports avec l'Église, rapports d'union ou d'opposition. J'entends l'Église avant, pendant et après Jésus-Christ, de qui Lacordaire, dans ses magnifiques pages sur l'histoire, a dit qu'il était *historique*. Il est plus que cela encore, il est l'histoire. Adam était la forme et la figure du Christ; le Christ était hier, il est aujourd'hui, il sera dans la suite des siècles : tout ce qui n'est pas lié au Christ figuré, réalisé ou imité, n'est pas historique, ce sont des rayons qui se perdent dans la nuit [1].

Rohrbacher a saisi ce point de vue, que Bossuet avait

---

[1] Voir, sur cette unité historique, les belles considérations développées dans un livre trop peu lu où, sous le titre *Saint Chrême ou Pétrole,* l'auteur s'est élevé à des hauteurs magnifiques, d'ou la philosophie de l'histoire apparaît avec une merveilleuse et saisissante lucidité.

touché de son œil d'aigle et que l'historien du dix-neuvième siècle a fait toucher du doigt.

De là ce que nous appellerions volontiers le côté positif de son œuvre.

Il expose le plan de Dieu et suit l'action divine dans le temps, depuis l'ouverture des temps jusqu'à leur clôture par le jugement final, avec une marche progressive, au sein de laquelle s'agite la liberté humaine, cette liberté sans laquelle l'existence du mal moral serait un problème insoluble.

Rosmini a admirablement expliqué cet antagonisme constant entre le mal et le plan divin, en montrant, dans l'histoire de l'impiété depuis l'origine, la formule générale de cette impiété qui réside tout entière dans cette seule prétention, proposée à l'homme par l'esprit du mal dès l'origine : vouloir être heureux indépendamment de Dieu[1].

Notre historien s'est emparé de cette pensée, et, utilisant la donnée du beau texte de saint Justin que nous avons déjà cité, il montre comment, l'Église étant l'âme de l'humanité et les nations étant le corps de cette humanité, les conflits sont incessants et la lutte permanente.

Cette Église, âme de l'humanité, il la montre, toujours et partout lumineuse, virginale, maternelle dans son action, et cela dans l'ordre de la vérité, de la sainteté et de la réalité; tenant le fil de l'unité dans la papauté, dont l'action est toujours réelle et efficace, quoique souvent cachée ou implicite.

Ces choses que je ne puis guère qu'indiquer d'un mot,

[1] *Réfutation du système religieux de Benjamin Constant*, livre d'or qui, sous le modeste format d'une courte brochure, est toute une révélation.

Rohrbacher les déroule lumineusement dans ses vingt-huit volumes, dont il me reste à esquisser ce que j'appellerais le côté négatif.

Contre les oppositions de l'esprit du mal au plan divin, l'Église est toujours en définitive victorieuse : c'est la foi qu'elle enseigne qui triomphe du monde, de l'impiété, des faits accomplis contre Dieu, du despotisme, de l'anarchie, des hérésies sociales, de toutes les dépravations scandaleuses qui dérivent de l'erreur.

Ces hérésies, Rohrbacher les prend corps à corps comme un lutteur, il les réfute, il flétrit les errants obstinés, il cite les pièces à l'appui, bulles, conciles, sans que cela arrête jamais le dramatique de l'action ; au contraire, cette érudition l'accélère et le précipite, tant c'est bien choisi, disposé, cité à propos.

Il me resterait à montrer, chez Rohrbacher, l'étude des auteurs, l'analyse de leurs œuvres : rien n'est plus favorable à la vérité historique, les auteurs sont l'expression des idées, des peuples, des tendances, surtout des idées qui suivent ou que suivent les faits.

L'Église est universelle, tout la regarde, tout est pour elle, car tout est pour les élus. Aussi Rohrbacher se garde-t-il de rien négliger.

Il aborde tous les problèmes philosophiques, scientifiques, etc. Tout cela, il le traite avec exactitude et précision.

Puis, son plan l'amène à montrer la Providence opposant sans cesse la lumière de la vérité à l'erreur, la sainteté à la débauche, l'action miraculeuse à l'impuissance des sectes. Il s'y complaît, étudiant l'Église dans ses saints, répandant la vérité, la sainteté héroïque, les miracles, selon les temps, les lieux, les besoins de chaque époque.

Et tout cela dramatisé, avec des entrées en matière souvent sublimes, avec une lucidité, une richesse incomparables!

III

J'oublierais le but de cet écrit, si je ne me bornais à une page d'appréciation. Mais, à défaut des développements qu'elle comporterait, j'ose espérer que cette esquisse, dans son laconisme, suffira pour indiquer la valeur de l'œuvre de Rohrbacher.

Il avait quarante-six ans lorsqu'il l'entreprit : il la mena à bonne fin, écrivant ces vingt-huit volumes en entier, de sa propre main, sans s'arrêter d'un jour.

« On n'arrivait à lui, raconte M. l'abbé Mathieu [1], qu'en passant par un sentier sinueux tracé à travers des piles de livres que chaque siècle grossissait et recouvrait de sa poussière. Dès le commencement de l'ère chrétienne, il se trouva emprisonné jusqu'à la ceinture; au moyen âge, il en eut jusqu'au cou, et vers le seizième siècle, il disparut tout à fait derrière la montagne. Il excellait naturellement dans l'art, familier aux hommes d'étude, de se rendre invisible et d'écarter les importuns. Il paraît qu'après le succès de ses premiers volumes, deux prêtres étrangers réussirent à obtenir audience, et lui débitèrent

[1] *Op. cit.*, p. 20.

un joli compliment, déclarant qu'ils étaient venus de très-loin rien que pour le voir. Sur ce mot, il se leva gravement, sans rien dire, tourna lentement sur lui-même, se montra successivement de face, de trois quarts, de profil, etc., puis, quand il eut achevé sa révolution, dirigea sur la porte un regard insinuant et significatif. Sa grande récréation était de descendre au jardin pour jouir de la nature, dont il avait, depuis son enfance, le sentiment très-vif. Dans ses *Méditations sur la religion,* qu'il publia en 1836, il mêle aux effusions de la piété beaucoup de descriptions charmantes de naturel et de naïveté pittoresque. Cet homme, qui paraissait de bronze, s'est toujours montré plus aimable pour les oiseaux, les abeilles, les fleurs et les petits poissons rouges de la pièce d'eau du jardin, que pour ses semblables, et on l'a entendu plus d'une fois raconter avec attendrissement la grande histoire d'une couvée de rossignols que, sous les yeux de leur mère éperdue, il avait sauvée de la dent d'un gros chat noir. Une fois sa récréation prise, il remontait dans son château fort pour ne plus s'entretenir qu'avec les papes, les rois, les saints et tous les personnages qui lui racontaient le passé. »

Dans son voyage à travers ce passé, il rencontrait sans cesse sur sa route des devanciers, animés d'un esprit différent, et il surprenait avec indignation les tentatives de ceux-ci pour fausser les sentiers et troubler les chemins.

Parmi eux se distinguaient les protestants, et à leur suite, les jansénistes et les gallicans. Les gallicans surtout devinrent sa bête noire, comme ils l'étaient de son chef d'école et comme il avait appris, auprès de Lamennais, à les haïr, parce qu'ils ont le plus contribué à entraîner la

France hors des voies de la vérité et de l'unité catholique.

Grégoire VII, comme Boniface VIII, comme les autres grands papes du moyen âge, passaient pour des moines fanatiques, qui n'avaient pas su un traître mot de leurs devoirs. Jusqu'à Luther, on avait peu ou point partagé ces étranges idées; mais depuis, il s'était opéré dans les livres, et, par les livres, dans les esprits, une entière destruction de la vérité historique. Il serait curieux d'étudier, dans les principales histoires, les commencements et les progrès de cette violente injustice; nous ne saurions faire ici ce travail; en voici, du moins, les principaux traits. Le mystère d'iniquité commence dans les Centuries de Magdebourg. Là, les papes sont des espèces de diables incarnés, des sorciers qui asservissent les princes par la magie et les incantations. Rien n'est plus odieux et plus risible aujourd'hui que les lâches et les stupides mensonges des Centuriateurs. Leur travail fut transporté en France par le patriarche des huguenots, le célèbre Duplessis-Mornay. On trouve dans les ouvrages de Duplessis des anecdotes qui attestent une parfaite judiciaire, entre autres ceci : « Un jour, deux serviteurs de Grégoire VII étant allés chercher, à Albano, un livre de nécromancie qu'il avait oublié, et ayant eu la témérité d'ouvrir le grimoire, furent changés en essaim d'abeilles. » Le savant P. Gretzer avait réfuté Duplessis-Mornay. Un de ses confrères, Maimbourg, qui se fit exclure de la Compagnie pour la résistance aux censures de Rome, et qui mourut dans la grâce de Louis XIV, reprit la thèse de Duplessis, en écartant les grosses fables et en édulcorant avec un peu de miel gallican le venin du protestantisme. Son *Histoire de la décadence de l'Empire,* que Gibbon refera dans le même esprit et seulement avec un peu plus de malice, est un hymne à Louis XIV restaurateur de l'Europe plongée dans la barbarie par Grégoire VII. Bossuet vint après Maimbourg, et remit en vigueur, dans sa *Défense de la Déclaration*, des préjugés que le style léger et moqueur de Maimbourg n'aurait pu établir dans des esprits chrétiens et français. Fleury suivit Bossuet : son *Histoire* est un réquisitoire constant et systématique contre les papes ; ce sont les Centuries menteuses et acerbes de l'Église anglicane, et l'auteur n'est qu'un Mosheim tonsuré. Après Fleury viennent Voltaire, Gibbon, et Luther engendre les Centuriateurs, les Centuriateurs engendrent Duplessis-Mornay, Duplessis engendre Maimbourg, Maimbourg engendre Bossuet historien de la papauté, Bossuet engendre Fleury, Fleury engendre Voltaire, Voltaire engendre Gibbon [1] » et ses successeurs contemporains.

Dès lors, on comprend avec quelle verve acharnée Rohrbacher s'attaque à cette généalogie. Bossuet lui-même, pour y avoir eu sa place, deviendra la cible de ses traits, et, comme il semblera oublier les autres grandeurs de cette figure, il s'exposera à des protestations, analogues à celles dont je fus témoin, un jour de vendredi saint, au réfectoire du séminaire de Marseille.

L'évêque assistait au maigre dîner de ce jour et écoutait, comme nous, la lecture de l'*Histoire universelle de l'Église catholique*, par l'abbé Rohrbacher. On en était à la vie de Bossuet, et l'historien y mordait, à pleines dents, sur le grand évêque, dont Mgr de Mazenod était l'admirateur déclaré. Pendant quelques phrases, le prélat pro-

---

[1] FÈVRE, *op. cit.*, p. 63.

vençal patiente, non sans faire entendre un sourd murmure, qui présageait l'orage. Nous le pressentions tous, quand il éclata :

— Mon enfant, cria-t-il tout à coup au lecteur, passez cela, c'est une chose indigne d'entendre parler ainsi de Bossuet.

Le lecteur passa quelques pages, mais, au bout de quelques lignes, voilà Rohrbacher qui recommence à taper dur comme un sourd.

— Passez donc tout! finit par s'exclamer Mgr de Mazenod.

Il fallut changer de volume et d'époque.

Après Bossuet, c'est Fleury que Rohrbacher déteste le plus franchement. Il le raille, le malmène, l'interpelle impoliment, le poursuit à coups de massue dans tout le cours des âges. Or, Fleury, on le sait, était en possession de l'estime, du respect et de la confiance du clergé français, lorsque parut l'œuvre de son ennemi déclaré.

Pour cela surtout, elle fut discutée, critiquée, honnie, dénoncée à l'épiscopat, déférée même en Cour de Rome.

Ne nous en étonnons point, car, selon la juste remarque de Charles Sainte-Foi[1], le livre de Rohrbacher « heurtait des préjugés qui avaient vieilli parmi nous et qui s'étayaient de noms respectables, ce qui les rendait plus dangereux encore et plus difficiles à déraciner. Propagés par l'enseignement des séminaires, par les livres que l'on mettait entre les mains des aspirants au sacerdoce, soutenus par l'autorité et les exemples d'hommes vertueux et recommandables, ils auraient fini par altérer profondément l'es-

[1] *Op. cit.*, p. xxv.

prit du clergé français, si une réaction puissante n'était venue, à temps encore, en arrêter les progrès. Or, nul n'a plus contribué à ce mouvement salutaire que M. l'abbé Rohrbacher dans son *Histoire ecclésiastique,* et c'est à lui surtout que nous devons l'heureuse modification qui s'est opérée dans les esprits, dans les institutions et dans les habitudes du clergé depuis quelque temps. Il ne faut donc pas s'étonner que son livre ait soulevé tant de réclamations et donné lieu à des critiques si sévères; elles étaient inspirées par un motif bon en soi, par la crainte de voir compromises des opinions que l'on s'était accoutumé à regarder comme la vraie doctrine de l'Église, de telle sorte que celle-ci dut paraître une nouveauté téméraire à ceux qui n'avaient eu pour les guider dans l'étude de la théologie que les manuels dont l'*Index* a fait enfin justice en ces derniers temps, et qui n'avaient eu ni le temps ni l'occasion d'aller puiser à des sources plus sûres. Aussi devons-nous être très-indulgent pour ceux qui, moins favorisés que nous, et ayant vécu à une époque où l'enseignement était moins pur qu'il ne l'est aujourd'hui, n'avaient pour règle de leur jugement et de leur conduite que les opinions qu'ils avaient apprises de leurs maîtres. La docilité est une vertu assez rare de nos jours pour qu'elle ait droit à nos égards, même lorsqu'elle se trompe sur son objet, et la vivacité avec laquelle plusieurs ecclésiastiques, recommandables par leurs vertus, ont attaqué l'*Histoire ecclésiastique* de M. Rohrbacher était un effet de leur zèle pour ce qu'ils croyaient la saine doctrine et de leur aversion pour toute nouveauté. Leur zèle, il est vrai, n'était pas selon la science, mais on ne pouvait exiger d'eux qu'ils connussent ce qu'on ne leur avait jamais appris et qu'ils se montrassent favorablement disposés pour des doctrines qu'on leur avait présentées comme nouvelles et téméraires. Des idées généralement reçues et propagées par l'enseignement finissent par former comme une atmosphère morale qu'on respire involontairement, et à laquelle échappent seulement quelques hommes qui, plus heureux que les autres, ont pu s'élever à des régions plus hautes et plus sérieuses. Mais ceux-ci perdraient une partie de leurs avantages et se montreraient ingrats envers Dieu du bienfait qu'ils en ont reçu, s'ils en prenaient occasion d'accuser avec amertume ceux qu'il a traités moins favorablement, au lieu de les plaindre et d'avoir pour eux une indulgence charitable et compatissante. Nous ne reprocherons donc point à ceux qui, d'office ou autrement, ont critiqué l'*Histoire ecclésiastique* de M. Rohrbacher, d'avoir cédé, sans le vouloir, à des préjugés d'école qui devaient leur paraître respectables; mais, nous plaçant au point de vue où ils se trouvaient par un fâcheux concours de circonstances, nous ne pouvons que les plaindre, et bénir Dieu d'avoir fait surgir des temps meilleurs parmi nous et purifié l'enseignement théologique des erreurs et des préjugés qui l'avaient altéré. Mais nous reconnaîtrons en même temps, comme la justice nous y oblige, que M. Rohrbacher a été un des principaux instruments dont Dieu s'est servi dans cette œuvre de régénération, et que son *Histoire*, malgré quelques imperfections, et pour le fond et pour la forme, est un des monuments les plus précieux de la science ecclésiastique en ces derniers temps, celui peut-être qui a exercé le plus d'influence sur la direction générale des esprits, parce qu'il répondait au besoin le plus impérieux de notre époque. »

Les critiques d'ailleurs, Rohrbacher les avait prévues, comme le prouve le trait que raconte Mgr Fèvre :

« Si Rohrbacher eût suivi ses goûts studieux, il eût fondé une communauté de prêtres savants, une espèce d'Oratoire approprié aux besoins du dix-neuvième siècle : la liberté rendue aux Ordres religieux fit tomber ce dessein. Plus tard, il eût songé à revêtir la robe bénédictine, à prier et combattre à côté de Dom Guéranger, avec qui Rohrbacher a tant de ressemblance ; mais il en fut détourné par la crainte de compromettre, aux yeux de l'opinion, l'Ordre auquel il eût appartenu, et de gêner, par là, la restauration, déjà si difficile, des Instituts monastiques. « Dans mon *Histoire*, disait-il, je vais attaquer une foule de préjugés et soulever contre moi des orages. Je veux être seul à me compromettre[1]. »

---

[1] *Op. cit.*, p. 74.

V

LES DERNIERS TEMPS.

SOMMAIRE. — Rohrbacher tourne les yeux vers la terre natale. — Au séminaire de Nancy. — Le professeur. — Le cénobite. — Les *Vies des Saints*. — Les distinctions. — A Paris. — Sainte mort.

Tout est fini maintenant. Pour Rohrbacher, comme pour Gerbet et pour Montalembert, celui qui fut leur père, leur maître, leur ami, a rompu avec l'Église et avec l'École Menaisienne. Rohrbacher revint au pays natal, cette terre vers laquelle nous nous tournons volontiers d'instinct, quand le vent de l'adversité souffle sur notre tête.

Nous allons l'y suivre, et ce caractère, fait d'énergie et de simplicité, va nous y apparaître dans sa mâle beauté, grâce aux récits de l'un de ses élèves que nous avons souvent cité dans le cours de cette notice, et à qui nous empruntons encore cette aimable page de souvenirs [1] :

« En septembre 1835, l'abbé Rohrbacher revint de Bretagne en Lorraine. A son arrivée, il fut placé au grand séminaire de Nancy, nommé professeur des cours d'Écriture sainte et d'histoire ecclésiastique. Nomination fort honorable, sans doute, mais qui s'explique à merveille par

---

[1] FÈVRE, *op. cit.*, p. 70.

le caractère élevé des personnes qui dirigeaient l'administration diocésaine, et surtout par les talents connus, par les vertus éprouvées de l'abbé Rohrbacher.

« La charge de professeur impose à tous ceux qui en comprennent les obligations trois devoirs : le devoir d'expliquer avec une simplicité lucide les éléments d'une science donnée, la plupart des élèves n'ayant jamais le talent assez développé pour tirer de leur fonds ce qu'ils doivent emprunter aux explications du professeur; le devoir d'entr'ouvrir aux élèves plus capables, et qui comprennent d'emblée tous les éléments d'une science, des horizons plus étendus; et enfin, le devoir de faire travailler les élèves, pour qu'ils ne se présentent pas à l'enseignement en êtres passifs, mais pour qu'ils ajoutent aux lumières du professeur leurs propres lumières. Tout professeur qui ne remplit pas ces trois conditions peut avoir toutes les vertus de Chapelain, y compris l'éloquence; mais ce n'est qu'une moitié, ou un quart du vrai professeur.

« L'abbé Rohrbacher, déjà exercé en Bretagne aux fonctions du professorat, se mit, dès le premier jour et de plein pied, aux devoirs de sa profession. De prime abord, il comprit que, dans un grand séminaire, où les antécédents, l'âge et la piété des jeunes lévites sont autant de faits acquis, il ne fallait pas traiter ces jeunes gens comme des enfants, mais les conduire moins en professeur qu'en directeur. Son premier soin fut d'exciter leur ardeur juvénile, et de l'appliquer au travail. Par une simplicité qui est d'ailleurs une grande habileté, et d'où l'on tire encore plus de profit que d'honneur, il voulait que ses élèves étudiassent avec lui les questions qui l'occupaient. Dans son ingénuité enfantine, il leur disait : « J'en suis à une telle question; voici les données nécessaires à son élucidation; voici les livres où l'on peut puiser; travaillez, vous irez peut-être plus loin que moi. Il y a quelqu'un qui a plus d'esprit que les gens d'esprit : c'est tout le monde. » Sur quoi, les élèves se piquaient d'amour-propre, écrivaient de petits mémoires, qu'on lisait en classe, qu'on discutait; et, quand la chose en valait la peine, le professeur rendait hommage au labeur de ses élèves, et décernait même des prix aux élèves laborieux.

« Le professeur excitait, d'ailleurs, au travail par son exemple. D'un caractère énergique, vif et tenace, Rohrbacher se levait, tous les jours, à quatre heures du matin, et ne se mettait jamais au lit avant dix heures du soir. Dix-huit heures de vie active ne lui causaient pas de lassitude, mais lui laissaient encore des réserves de forces. Tel est, en effet, le secret pour durer longtemps : il faut exercer ses forces, non les épuiser, et encore moins les user : l'exercice régulier augmente les forces en les exerçant, l'épuisement tue : ceux qui se dépensent meurent promptement. Rohrbacher donnait une heure aux soins corporels, à la méditation et au bréviaire. A cinq heures, il disait sa messe, implorant chaque jour sur ses élèves, au moment du réveil, la grâce de Dieu, et offrant à Jésus-Christ, à cette heure matinale, les effusions de son amour. On l'a vu souvent, à l'autel, le cœur surabondant d'émotion et le visage enflammé, surtout aux instants solennels du sacrifice, comme on le rapporte de saint Cyprien et de beaucoup d'autres. Après la messe, toujours suivie de l'action de grâces, le professeur entrait dans son cabinet de travail, d'où il ne sortait que pour la classe, s'il avait classe ce jour-là; et, dans le cas contraire, seulement pour le dîner. Au son de la cloche, il se mettait à table avec ses confrères, et prenait ensuite la récréation réglementaire, tantôt avec les professeurs, tantôt avec les élèves, tantôt se livrant à des exercices corporels de son choix. La récréation terminée, Rohrbacher se remettait à l'étude, qu'il interrompait seulement pour la récitation du chapelet ou des heures canoniales, quelquefois pour recevoir quelque visiteur étranger; et ainsi jusqu'au repas du soir. Après le souper et la récréation, Rohrbacher revenait à ses livres ou à sa plume, et travaillait derechef jusqu'à dix et onze heures avant minuit.

« Ce qui frappe avant tout, dans Rohrbacher, c'est l'esprit de travail : sa vie est d'un Bénédictin, comme on disait autrefois; bien plus, d'un Hercule de la science. Un de ses anciens élèves de la Chesnaie, Charles Sainte-Foi, le définissait un *grand consommateur de livres* : c'est le terme dont se servait l'orateur romain pour désigner l'austère et laborieux Caton. Rohrbacher aussi fut le Caton du sacerdoce. La science, le travail, les livres : voilà la carrière préférée de ce robuste et vaillant auteur.

« Comme il faut voir un général sur le champ de bataille, il faut, de même, voir la figure que faisait Rohrbacher au milieu de ses livres. C'est là qu'il était dans son élément. Rien ne peut s'imaginer de plus agréablement étrange que l'aspect de son cabinet. Le professeur occupait deux chambres, au deuxième étage du séminaire, dans le bâtiment adjacent à la rue du Faubourg Saint-Pierre. Ces deux chambres avaient vue sur le midi; elles étaient, l'une et l'autre, tapissées de livres depuis le plancher jusqu'au plafond. La première pièce servait d'antichambre : notre savant y avait son lit. La seconde formait, plus spécialement, son cabinet de travail. Rohrbacher avait établi son bureau tout près de la fenêtre, à laquelle il tournait le dos; une planche inclinée, élevée à hauteur de poitrine, portait son papier et le présentait dans une situation commode. Rohrbacher écrivait d'abord sur la page pleine et des deux côtés; dans la suite, il écrivit sur la feuille pliée en deux par le milieu, dans sa plus grande longueur : la moitié de gauche était affectée au texte; celle de droite, réservée aux notes et aux corrections. L'écriture était ferme, nette, voire même élégante : on reconnaissait, en lui, le fils d'instituteur. Un petit nombre de grands auteurs, excepté le cardinal Gerdil et le cardinal Wiseman, sont parvenus à écrire aussi bien; ce défaut de calligraphie s'explique, du reste, par la véhémence d'inspiration qui donne à la main des soubresauts nerveux et ne lui permet guère les grâces étudiées.

« En écrivant, Rohrbacher avait, à côté de lui, un pupitre immense, chargé de livres de tous formats et roulant sur un pivot, comme les lutrins de cathédrale. Chacun de ces livres était ouvert aux endroits que l'historien avait à consulter. Il y en avait parfois des multitudes. Cela seul montrait, non-seulement son ardeur au travail, mais surtout sa scrupuleuse conscience dans les recherches d'érudition.

« Le visiteur qui pénétrait dans la chambre de l'abbé Rohrbacher ne l'apercevait pas tout d'abord. Son pupitre le couvrait en partie. Sa tête vénérable ne dépassait guère cette montagne de livres, et il fallait quelque effort pour la découvrir. Un abat-jour, en taffetas vert, cachait la face de l'écrivain pour ménager ses yeux; et cet objet sur lequel apparaissaient, à la fin, des traces non équivoques de vétusté, semblait son compagnon inséparable. Le plus souvent, il arrivait en classe avec cet appendice ajusté à son front. Les savants sont comme les enfants : un rien devient une pièce importante dans leur existence.

« Avant de commencer à écrire un livre de son histoire, Rohrbacher prenait note des faits les plus saillants de l'époque qu'il voulait embrasser. Puis il lisait un livre ou deux de Virgile ou d'Homère, pour étudier l'agencement des faits et s'exercer à l'art de les raconter avec intérêt. Ensuite, il se livrait à l'élan contenu de son inspiration vigoureuse, se tenant avec soin à cheval sur les faits. Cette méthode donnait à son style le don des dons, la vie. On sait que c'est là, en effet, une des qualités de son histoire. On ne se lasse pas de la lire, et il suffit d'y avoir touché pour être entraîné à continuer.

« Au demeurant, dans son ordinaire, le plus simple et le meilleur des hommes. Observateur fidèle du règlement, il suivait avec une entière ponctualité les lois monotones du séminaire, sans chercher d'excuse dans ses travaux, ni de prétexte à infraction dans quelque principe réflexe. Aux repas, bien que son travail lui donnât un fort appétit, il mangeait modérément ; et lorsqu'on servait quelque morceau plus délicat, il s'en abstenait, ou n'y touchait que pour sauver les apparences. C'était l'homme *cibi parcus*, comme disaient les Latins, *et vini modicus;* non par délicatesse de tempérament : il eût pu user de toutes les libertés germaniques ; mais par raison de bonne conduite. Par cette sobriété austère, il entendait se garder sain de corps, sain d'esprit et de cœur, et plaire à Dieu.

« Après ses repas, il prenait une courte récréation. Il aimait beaucoup à se promener avec les séminaristes ou avec les confrères, en discutant certaines questions d'histoire, de théologie, de philosophie et de politique. Dans ces discussions, il était très-gai, causait, riait, laissait voler son esprit, semant à droite et à gauche les plaisanteries et les calembours du terroir allemand. Aux personnes qui s'étonnaient de le voir si expansif, il disait qu'il faut être un peu fou pour reposer l'esprit et rompre la monotonie de la raison. En quoi il traduisait ce mot de Sénèque : « Qu'il n'y a pas de génie sans un grain de folie. »

« En dehors de ces causeries, il avait à lui un genre de divertissement. Pour se reposer le corps de ses rudes labeurs, il aimait à mener, dans les allées du jardin, une brouette lourdement chargée et à scier du bois sous le hangar. En cherchant dans la thérapeutique des gens de lettres, je trouve ces occupations en faveur près de beaucoup d'hommes retenus par les travaux sédentaires. »

En 1852, l'abbé Rohrbacher terminait sa vie d'auteur par la publication, en six volumes, des *Vies des Saints*, pour tous les jours de l'année, à l'usage du clergé et du peuple fidèle.

Ces vies des saints sont tirées pour la majeure partie de l'*Histoire universelle de l'Église catholique*.

On lit en tête de l'ouvrage une dédicace au pape saint Léon IX : « Pourquoi cet hommage à un pape qui a, depuis plus de huit cents ans, échangé les misères d'ici-bas contre les joies du ciel ? » — « C'est un homme de votre pays et un prêtre de votre diocèse, dit l'abbé Rohrbacher, qui ose vous présenter, très-saint et très-aimé Père, ce tribut de piété filiale. Et à qui pourrais-je mieux offrir une Vie des Saints qu'à un saint de mon pays, qui est en même temps un saint de tous les pays, car, si Brunon de

Dabo est né pour la terre dans notre patrie particulière de Lorraine, Léon IX est mort, c'est-à-dire est né pour le ciel, à Rome, la patrie commune de tous les chrétiens. De plus, ce sont des fidèles et des prêtres de votre diocèse qui m'ont donné la première idée de cette collection. »

Estimé et aimé au séminaire, l'abbé Rohrbacher fut bientôt invité à fonder, de concert avec des littérateurs et des savants distingués, la société *Foi et lumières* de Nancy. L'évêque lui donna le camail de chanoine honoraire. En entrant à ce titre au chapitre de Nancy, Rohrbacher pouvait, sans trop déroger à la modestie, se flatter d'y apporter quelque gloire; mais il pouvait aussi, sans adulation complaisante, se flatter d'y recevoir quelque lustre. Le chapitre de Nancy était un sénat et un aréopage. On y voyait alors les vieux prêtres qui avaient contribué, après le Concordat, à la restauration des Églises lorraines; on y voyait surtout des savants. Là brillaient ou allaient briller, sous l'hermine canoniale, Delalle, l'auteur d'un *Cours de philosophie catholique,* le futur évêque de Rodez; Dieulin, qu'il suffit de nommer; Ferry, l'ingénieux critique; Garo, l'auteur très-désintéressé du *Monopole universitaire dévoilé à la France;* Michel, qui devait trop tôt mourir, et surtout Gridel, l'éminent auteur du premier grand *Traité sur la grâce* qu'on ait publié en ce siècle, l'infatigable écrivain des *Soirées chrétiennes,* des *Instructions sur la grâce, sur les sacrements, sur les vertus,* et notamment des *Instructions sur le mariage.*

Ce camail, avec un diplôme de docteur en théologie de l'Université de Louvain[1], constitue à peu près tout le

---

[1] L'*Université catholique* (t. XI, p. 404) annonçait qu' « usant du droit attaché à son institution par le Saint-Siége, l'Université catholique

bagage des honneurs et des distinctions qu'a récoltés en ce monde l'auteur de l'*Histoire de l'Église*.

Rohrbacher, avant de mourir, devait connaître encore une fois la contradiction.

Son dernier panégyriste à Nancy l'a très-spirituellement remarqué[1], « en ce siècle de la tolérance, il est impossible à un honnête homme d'écrire dix lignes sur certains sujets sans être appelé jacobin par son voisin de droite et *ultra* par son voisin de gauche, heureux encore s'il échappe à des insinuations plus désagréables! M. Rohrbacher fut d'autant plus exposé à ces qualifications qu'il les méritait toutes les deux dans une certaine mesure, et qu'en particulier il tenait sur l'origine du pouvoir et sur les souverains un langage qui, tout en s'inspirant de saint Thomas, scandalisait beaucoup le faubourg Saint-Germain. Il n'avait pas impunément reçu le coup de soleil de Juillet et écrit dans l'*Avenir!* On le dénonça à Rome, mais heureusement il fut acquitté et renvoyé sans dépens par le tribunal de l'*Index*, que présidait alors l'illustre Angelo Maï, un des rares cardinaux qui aient dû leur chapeau à Cicéron, dont il avait découvert la *République* sous un indéchiffrable palimpseste. »

Le dernier volume de l'*Histoire universelle de l'Église catholique* parut en 1849, et la première édition ayant été presque épuisée par les souscripteurs, le libraire Gaume en demanda aussitôt une seconde à l'auteur, qui voulut la perfectionner et jugea qu'il serait mieux placé à Paris

---

de Louvain a récemment conféré à M. l'abbé Rohrbacher le grade de docteur en théologie, en considération des services qu'il rend par ses travaux à la religion catholique ».

[1] MATHIEU, *op. cit.*, p. 30.

pour suivre ce travail. Il avait du reste formé, pour le remplacer dans sa chaire, un successeur qui fut, presque aussitôt, un maître; il quitta donc la Lorraine pour n'y plus revenir qu'en passant, et alla s'établir au séminaire colonial du Saint-Esprit, dans la rue des Postes, actuellement rue Lhomond.

C'est là que, le 22 janvier 1856, il fit une mort pieuse et simple, comme avait été sa vie.

« Quand son *Histoire de l'Église* fut achevée, l'abbé Rohrbacher sentit graduellement diminuer ses forces. Dieu, néanmoins, lui laissa l'illusion de croire qu'il pourrait le servir encore, et, tout en composant une *Vie des Saints* distribuée pour tous les jours de l'année, il méditait des travaux philosophiques et historiques étendus. Il voulait surtout reprendre à fond les erreurs de certains historiens modernes, dont sa droiture détestait la fausse impartialité. Huit jours avant sa mort, ayant eu quelques-uns de ces moments de mieux qui se rencontrent dans les maladies de langueur, il nous disait : « Ce sont là les ennemis qu'il faut maintenant combattre, et, si Dieu nous rend la santé, tout vieux que nous sommes, nous nous mettrons à l'œuvre, et nous compléterons ainsi notre *Histoire de l'Église*. J'ai à faire... Mais pour vous conter cela il faudrait du temps... et de la respiration ! Attendons la volonté de Dieu. »

« La volonté de Dieu était qu'il reçût sa récompense, et il l'avait bien gagnée. Depuis quelque temps déjà, sa vie n'était qu'une longue prière ; il est mort en priant. Dans les derniers jours, il ne voulait pas se séparer de son bréviaire, même lorsque sa vue, déjà presque éteinte, ne lui permettait plus d'y lire. Il le tenait sur ses genoux ou le faisait poser sur sa poitrine. Quand sa mémoire semblait voilée comme ses yeux et glacée comme ses mains, les prières de l'Église sortaient encore de sa bouche. Il oubliait le nom de ses amis et les faits qui venaient d'arriver, mais il savait toujours les psaumes par cœur, et il les récitait avec les témoins qu'édifiait son agonie.

« Il avait cru qu'il mourrait le 10 janvier. Le soir de ce jour-là, M. l'abbé Bouix, son ami, lui ayant suggéré cette oraison : *Amo te, Domine, amem ardentius,* il répondit : « Ce n'est pas assez, il faudrait aimer Jésus avec son cœur à lui. » Il ajouta : « J'avais proposé au bon Dieu de mourir aujourd'hui à midi, parce que c'est l'heure où il est allé au ciel. J'avais prié l'ange de la mort d'accompagner mon âme et de l'introduire dans le sein des miséricordes infinies. » Un des jeunes ecclésiastiques qui avaient eu le bonheur d'être choisis pour le servir dans sa maladie lui raconta qu'il venait de faire une longue promenade avec ses compagnons. L'abbé Rohrbacher sourit. « Vous avez été bien loin, lui dit-il; avez-vous fait un pas pour l'éternité? »

« On a noté les derniers murmures et les derniers bégayements de cette haute intelligence, lorsqu'elle semblait déjà, par intervalles, envahie de ces ténèbres d'un instant qui nous cachent les choses humaines avant de se dissiper pour jamais devant les choses de Dieu... « Mon Dieu! mon Dieu! disait-il, faites-moi miséricorde. Ainsi soit-il! Délivrez-moi et prenez-moi dans l'esprit de votre Église! — Je vous ai prié de me recevoir à l'heure où vous êtes mort, ô Jésus! Exaucez-moi! — *Mater misericordiæ, salus infirmorum, ora pro nobis!* — Mon Dieu, recevez mon âme en votre cœur compatissant. — *Miseremini saltem vos, amici mei.* — *Auxilium Christianorum!* — *In te,*

Domine, speravi; non confundar in æternum! — Jésus, Marie, Joseph, cœur agonisant de Jésus, ayez pitié de moi! — *Ora pro nobis, sancta Dei Genitrix, ut digni efficiamur promissionibus Christi.* » Comme on lui demandait s'il faisait volontiers à Dieu le sacrifice de sa vie, il répondit : « Notre-Seigneur, le premier, a fait le sacrifice de la sienne : comment ne lui abandonnerais-je pas le peu de jours qui pourraient encore me rester à vivre! Mon Dieu, ayez pitié de moi; et vous, monsieur l'abbé, priez pour moi. — *Dominus det nobis suam pacem et vitam æternam; amen.* — O Marie, conçue sans péché, priez pour moi qui ai recours à vous! — M. de Lamennais s'est-il confessé avant de mourir? Où est son âme? Mon Dieu, ayez pitié de moi, mon Dieu! mon Dieu! — Sainte Mère de Dieu, ayez pitié de moi! — Monsieur, dites à ces messieurs que je suis toujours très-attaché à l'Église romaine et au Souverain Pontife. »

Telles furent les dernières paroles de l'abbé Rohrbacher. « La mort, dit Bossuet, révèle le secret des cœurs. » Il s'endormit, et ne se réveilla de ce paisible sommeil que pour rendre doucement le dernier soupir.

FIN

TABLE DES MATIÈRES.

GERBET.

I. — NAISSANCE, ÉDUCATION, SÉMINAIRES.

Les montagnards du Jura. — Un cœur de mère. — Première communion. — La voix de Dieu dans le silence. — En rhétorique. — Modestie et douceur. — Sur le chemin du séminaire. — L'esprit de Dieu sur l'Église de France. — L'abbé Astier. — Une victime du doute. — Jouffroy et Gerbet. — Attendons! — Les cinq cents élèves en théologie à Besançon. — La place de Gerbet. — Académie au Séminaire. — Le régime intellectuel des grands Séminaires d'après M. Renan. — M. Olier et Saint-Sulpice. — L'Ange du Séminaire. — Gerbet à Saint-Sulpice. — Gerbet et Salinis. — Les amitiés de séminaire. — Lettre de Lacordaire. — Jonathas et David. — Devant le cercueil d'un ami. 1

II. — GERBET ET LAMENNAIS.

Félicité de Lamennais. — Secret de séduction. — Affinité de natures. — Lecture du premier volume de l'*Essai sur l'indifférence*. — Le premier noyau de l'École Menaisienne. — Aux Missions étrangères. — La thèse soutenue en Sorbonne. — Aumônier du collége Henri IV. — Le *Mémorial catholique*. — Gerbet journaliste. — Gerbet controversiste. — Opposition des Jésuites. — Secret de l'influence des doctrines de Lamennais. — A la Chesnaie. — Comment on y vivait. — Quelques noms. — Gerbet d'après Maurice et Eugénie de Guérin.

— Le David du nouveau Saül. — Parfaite communion d'idées. — Premières inquiétudes. — L'*Avenir*. — A Juilly. — Lion et épagneul. — Lamennais à Juilly. — Retour de la Chesnaie. — Le cri de l'amitié blessée. — Adieu, mon père bien aimé, mon meilleur ami, adieu ! — Les *Paroles d'un croyant*. — Réfutation. — Prières. — Seigneur, grâce et miséricorde ! 25

III. — A JUILLY.

Châtiment et récompense. — L'abbé Migne. — Fondation du journal *l'Univers*. — Soupçons. — Études sur la philosophie des Pères de l'Église. — Les trois âges de la science. — Alcuin. — Retour à Juilly. — Salinis à Juilly. — Ce qui manquait à Gerbet. — La maison de Thieux. — Le *Précis de l'histoire de la philosophie*. — Rôle de Gerbet à Thieux. — Quelques noms de visiteurs. — Les comédiens ordinaires de Juilly. — Un collége dans la lune. — Les deux courants des esprits. — Double travail de l'apologiste. — Programme salué par M. Guizot. — Les cinq Facultés — Vide douloureux. — Spirituel envoi. — Confessionnaux à cornes dorées. — Que sainte Hiltrude me pardonne ! — La vie de château. — Fort comme le diamant et plus tendre qu'une mère — Le secret royal — Albert et Alexandrine. — Harmonies des heures. — Première et dernière communion. — Sois toute à Dieu ! — Le *Credo de la douleur*. — L'imagination, le cœur, la volonté. — Le papillon de nuit. — Le Vicicili. — Une épitaphe. 50

IV. — A ROME.

Parti pour quelques jours. — Les souvenirs de Mgr de la Bouillerie. — *Considérations sur le dogme générateur de la piété catholique*. — Le parfum de Rome, d'après Mgr Berteaud. — *Esquisse de Rome chrétienne*. — Les tombeaux. — Le chant des Catacombes. — Gerbet aux Catacombes. — Une belle vue funèbre — Louis Veuillot et Sainte-Beuve. — Rome vivante. — Le *Dialogue entre Platon et Fénelon*. — Une mort selon Jésus-Christ. — La conversion de M. de Ratisbonne. — Lettre de Gerbet à madame Craven — Témoignage de madame Craven. — Chez les Volkrowski. — Comment Gerbet prêcha l'empereur Alexandre. — Pie IX hérite de l'affection de Grégoire XVI pour l'abbé Gerbet. — A Gaëte. — Appel de Mgr Sibour. — Offres de Mgr Donnet. — L'amitié dans un évêché. — Le concile provincial de Paris. — La requête d'un concierge. 78

V. — A L'ÉVÊCHÉ D'AMIENS.

L'abbé de Salinis est nommé évêque d'Amiens. — Rôle de Gerbet au Concile provincial de Soissons. — On demande son élévation à l'épiscopat. — A l'évêché d'Amiens. — Un cabinet d'études. — Les *Conférences d'Albéric d'Assise*. — Le Communisme est la conséquence logique du Rationalisme. — Conclusions formulées dans un parallélisme. — Travail acharné. — Rôle de Gerbet dans l'administration du diocèse. — Gerbet directeur spirituel chez les Dames du Sacré-Cœur d'Amiens. — Les salons de l'évêché. — Portrait par Sainte-Beuve. — Les *Nigauds* de l'abbé Gerbet. — Au Concile provincial d'Amiens. — Les intérêts du clergé inférieur. — Retour aux saintes règles du Droit. — Les reliques d'une sainte amiénoise. — Le *Livre de sainte Theudosie*. — Né pour l'épiscopat. — Il n'est pas administrateur ! — Les génies d'administration. — Un manifeste académique. — La candidature de l'abbé Gerbet à l'Académie française échoue. — Nomination à l'évêché de Perpignan. — Joie de Pie IX. — Les larmes de l'adieu. — La Croix à l'entrée d'un chemin. 103

VI. — GERBET, ÉVÊQUE.

L'administrateur modèle d'après saint Ambroise. — Mandement d'installation. — Le choléra à Perpignan. — Vis-à-vis de ses prêtres. — Récit de l'abbé Casamajor. — L'Évêque. — Directeur de religieuses. — Le désir d'une chape noire. — L'artiste. — Il ambitionne peu la gloire des lettres humaines. — Les intérêts généraux de la chrétienté. — *L'instruction pastorale sur diverses erreurs du temps présent*. — La colère aimante et la haine parfaite. — Résidence. — Auprès de Salinis mourant. — Pressentiments de fin prochaine. — Un coup de foudre. — Le rayon lumineux. — La tombe de Gerbet. 123

SALINIS.

I. — DE L'ENFANCE A LA PRÊTRISE.

Derniers accents d'un mourant. — La grande cause de l'École Menaisienne. — Les origines et les armes de la famille de Salinis. — Naissance d'Antoine. — Une mère. — Les férules du magister d'Oloron. — Un type de curé de campagne. — Le dialecte natal. — *Es francès aco?* — Le collége d'Aire. — Élégie sur la mort d'un moineau. — Chansons patriotiques. — Les premières fleurs du cœur. — Les souvenirs d'un archevêque. — Le père et le fils à Saint-Sulpice. — Refus d'un canonicat à Quimper. — Ce qu'était Saint-Sulpice à cette époque. — Les premiers transfuges du dix-neuvième siècle au séminaire. — Le nouveau Fénelon. — Les catéchismes de Saint-Sulpice. — L'abbé de Lamennais chez M. Teysseyrre. — Il fait la connaissance d'Antoine de Salinis. — Humble aveu de M. Frayssinous. — Le manuscrit du second volume de l'*Essai* à Saint-Sulpice. — Mémoire prodigieuse de l'abbé de Salinis. — Il collabore à la *Défense de l'Essai*. — Une thèse en Sorbonne. — Gerbet, de Scorbiac et le duc de Rohan. — Les amitiés de séminaire. — Grande liberté. — Apprentissage à l'apostolat des salons. — La première messe. 147

II. — L'AUMONIER DE COLLÉGE.

Lamennais réclame la destitution d'un proviseur. — Lettre de reproches écrite par M. de Quélen. — Réponse hautaine de Lamennais. — Série de faits incriminés. — Détermination de M. Frayssinous. — Le collége Henri IV en 1823. — Un nouvel aumônier. — Le premier discours de l'abbé de Salinis. — Appel de Mgr d'Astros. — Les conférences du collége Henri IV. — Autre trait d'audace. — Choron maître de chapelle. — Quelques élèves de l'abbé de Salinis. — Conduite de l'aumônier vis-à-vis de chacun. — Retraite prêchée par l'abbé de Scorbiac. — Un distique. — Apostolat de l'abbé de Salinis. — Il est question de le nommer aumônier à la Cour. — Reproche injuste. —

Ce qu'était alors la presse catholique. — Fondation du *Mémorial catholique*. — Les gallicans récriminent. — Hommage à l'École Menaisienne. — Cri d'alarme. — La situation de Lamennais grandit. — Salinis l'accompagne aux eaux de Saint-Sauveur. — Les conférences hebdomadaires et leur action sur la jeunesse. — L'*Association catholique*. — Vents d'orage. 169

III. — LE DIRECTEUR DE JUILLY.

L'Oxford et le Cambridge français. — L'Oratoire et Juilly. — Juilly après la Révolution. — Élèves et maîtres. — Les méthodes. — L'idée mère du plan d'éducation de Juilly. — Le régime disciplinaire. — Guerre à l'esprit de contrainte. — La vie de famille. — Les visiteurs de Juilly. — Pourquoi les jeunes gens y étaient si bien élevés. — Une sortie violente de Lamennais. — Je n'en suis plus digne. — Rancune de Lamennais. — Soumission de Salinis. — La dernière recommandation. 192

IV. — LE PROFESSEUR DE FACULTÉ.

Il faut assurer l'avenir de Juilly. — L'évêque de Troyes demande l'abbé de Salinis pour coadjuteur. — Oppositions. — On veut le nommer à l'évêché d'Angers. — Résistance de Louis-Philippe. — Intervention de Mgr Affre. — L'abbé de Salinis est écarté de l'épiscopat. — Les passions de partis. — Mgr Donnet appelle l'abbé de Salinis. — Lacordaire à Bordeaux. — Salinis continue son œuvre. — Le professeur. — Le directeur. — L'apostolat du salon. — Vicaire général. — Deux morts. — 1848. — Les candidatures du clergé. — Salinis candidat à la députation. — M. de Falloux ministre. — Sa lettre à M. de Salinis. — Comment M. de Salinis reçoit la nouvelle de sa promotion à l'épiscopat. — Le sacre. 214

V. — L'ÉVÊQUE D'AMIENS.

Les conciles provinciaux au dix-neuvième siècle. — Mouvement vers Rome. — Concile de Soissons. — Gerbet et M. Lequeux. — Concile d'Amiens. — Une date à noter. — L'*Univers*. — Les *Annales de philosophie chrétienne*. — L'Empire. — Lettre de Lacordaire. — La lettre pastorale sur le Pouvoir. — Adhésion à l'Empire. — Témoignage de M. de Ladoue. — Les reliques de sainte Theudosie. — Les synodes diocésains. — Les *Nigauds* de l'évêché. 234

VI. — L'ARCHEVÊQUE D'AUCH.

A vingt-cinq ans de distance. — Ce qu'il fit à Auch. — Le défenseur de la papauté. — Dernière visite à Napoléon III. — Dernières réceptions à l'archevêché. — La messe et l'office. — Le viatique et les adieux. — Les enfants. — Gerbet au lit de mort de son ami. — L'agonie. — Ce qui hâta la mort. 254

ROHRBACHER.

I. — VOCATION.

Autobiographie. — La genèse d'un grand esprit. — Voici mon hibou! — Sous le chêne de Langatte. — Les parrains intellectuels de Rohrbacher. — Il vaut encore mieux labourer avec des ânes! — Rohrbacher au séminaire. — Ses deux formateurs. — Une argumentation improvisée. — La piété. — A la veille d'entrer dans les saints Ordres. — A la veille de recevoir la prêtrise. — Portrait de Rohrbacher. 273

II. — PREMIERS DÉBUTS.

Au sortir du séminaire. — Vicaire à Lunéville. — Vie d'études au milieu des travaux du ministère. — Les trois influences. — En police correctionnelle. — Qu'est-ce qu'un Juif? — Le prône sur la Providence. — Comment il débuta dans la vie de missionnaire. — Son portrait à cette époque. — Un nouveau juron. — La politique en chaire. — Méthodes. — Les anecdotes sur Marc-Aurèle. — Nouveau portrait.

— Deux confrères lorrains. — Rohrbacher cherche sa voie. — Ce qu'il lui fallait. 296

III. — AVEC LAMENNAIS.

Par le coche de Lorraine. — Premier attrait. — Le *Catéchisme du sens commun*. — Genèse des écrits de Rohrbacher. — Le *tableau des conversions*. — Le livre sur la Grâce. — Un beau texte de saint Justin. — La *Religion méditée*. — Chute de Lamennais. — Vains efforts. — Douleur inconsolée. 317

IV. — L'HISTORIEN DE L'ÉGLISE.

Genèse de l'œuvre principale de Rohrbacher. — Un trait de génie. — Ce qu'est l'œuvre de Rohrbacher. — Portrait de Rohrbacher écrivant son histoire. —. Bossuet et Fleury. — Anecdote. — La bonne foi des critiques. — Rohrbacher les avait prévues. 338

V. — LES DERNIERS TEMPS.

Rohrbacher tourne les yeux vers la terre natale. — Au séminaire de Nancy. — Le professeur. — Le cénobite. — Les *Vies des saints*. — Les distinctions. — A Paris. — Sainte mort. 354

FIN DE LA TABLE DES MATIÈRES.

PARIS. — TYPOGRAPHIE DE E. PLON, NOURRIT ET Cie, 8, RUE GARANCIÈRE.

DU MÊME AUTEUR

L'ÉCOLE MÉNAISIENNE

I. Lamennais (3ᵉ *édition*).
II. Gerbet, Salinis et Rohrbacher (2ᵉ édition).
III. Lacordaire (2ᵉ *édition*).
IV. Montalembert.

Les Premiers Jansénistes et Port-Royal.

EN PRÉPARATION :

LA RENAISSANCE CATHOLIQUE
AU XIXᵉ SIÈCLE

I. L'Abbé Maury.
II. Les Négociateurs du Concordat.
III. Chateaubriand.
IV. Joseph de Maistre, de Bonald, etc.

Paris. Typographie de E. Plon, Nourrit et Cⁱᵉ, rue Garancière.

www.ingramcontent.com/pod-product-compliance
Lightning Source LLC
Chambersburg PA
CBHW050427170426
43201CB00008B/566